BLAUE
REIHE

Aus der BLAUEN REIHE empfehlen wir:

Strategisches Management im Sozialen Bereich
978-3-8029-5449-8

Auf der Suche nach Sozialmanagementkonzepten
978-3-8029-5452-8

Marketing im Sozialen Bereich
978-3-8029-5442-9

Leitbild- und Konzeptentwicklung
978-3-8029-5441-2

Betriebswirtschaftslehre für Sozialunternehmen
978-3-8029-5431-3

Personalentwicklung
978-3-8029-5445-0

Weitere Informationen unter: www.sozialmanagement-praxis.de

Wir freuen uns über Ihr Interesse an diesem Buch. Gerne stellen wir Ihnen zusätzliche Informationen zu diesem Programmsegment zur Verfügung.

Bitte sprechen Sie uns an:

E-Mail: WALHALLA@WALHALLA.de
http://www.WALHALLA.de

Walhalla Fachverlag • Haus an der Eisernen Brücke • 93042 Regensburg
Telefon (0941) 56 84-0 • Telefax (0941) 56 84-111

Astrid Herold-Majumdar

SOCIAL SERVICE DESIGN & MARKETING

Theorie und Kreativwerkstatt sozialer und gesundheitsbezogener Dienstleistungen – für mehr Wert und Wohlergehen in der „Helfer"-Branche

2. Auflage

WALHALLA

Bibliografische Information der Deutschen Nationalbibliothek
Die Deutsche Nationalbibliothek verzeichnet diese Publikation in der Deutschen Nationalbibliografie; detaillierte bibliografische Daten sind im Internet über http://dnb.d-nb.de abrufbar.

Zitiervorschlag:
Herold-Majumdar, A.: Social Service Design & Marketing, 2. Auflage
Walhalla Fachverlag, Regensburg 2016

Hinweis: Unsere Werke sind stets bemüht, Sie nach bestem Wissen zu informieren. Alle Angaben in diesem Buch sind sorgfältig zusammengetragen und geprüft. Durch Neuerungen in der Gesetzgebung, Rechtsprechung, sowie durch den Zeitablauf ergeben sich zwangsläufig Änderungen. Bitte haben Sie deshalb Verständnis dafür, dass wir für die Vollständigkeit und Richtigkeit des Inhalts keine Haftung übernehmen.

Bearbeitungsstand: September 2016

2. Auflage

© Walhalla u. Praetoria Verlag GmbH & Co. KG, Regensburg
Alle Rechte, insbesondere das Recht der Vervielfältigung und Verbreitung sowie der Übersetzung, vorbehalten. Kein Teil des Werkes darf in irgendeiner Form (durch Fotokopie, Datenübertragung oder ein anderes Verfahren) ohne schriftliche Genehmigung des Verlages reproduziert oder unter Verwendung elektronischer Systeme gespeichert, verarbeitet, vervielfältigt oder verbreitet werden.
Produktion: Walhalla Fachverlag, 93042 Regensburg
Umschlaggestaltung: grubergrafik, Augsburg
Printed in Germany
ISBN 978-3-8029-5468-9

Inhaltsverzeichnis

	Seite
Abbildungs- und Grafikverzeichnis	7
Tabellenverzeichnis	8
Handhabung für die LeserIn	9

Teil I: Theorie der Wertkonstruktion in der Sozial- und Gesundheitswirtschaft — 15

1. Was ist Service Design und wo kommt es her (geschichtlicher Abriss)? — 15

   1.1 Social Service Design im geschichtlichen Abriss der Dienstleistungswirtschaft — 15

   1.2 Design – Luxus oder Notwendigkeit? — 22

2. Die Beschaffenheit der sozialen und gesundheitsbezogenen Dienstleistungen als Modelliermasse im Kreativprozess — 29

   2.1 Das sozial- und gesundheitswirtschaftliche Leistungsgefüge – Wirkungsstätte der Social Service DesignerIn — 29

   2.2 Beschaffenheit der Modelliermasse im Kreativprozess — 32

   2.3 Die Zuwendungsbeziehung als zweckfreie, wirksame und Wert schaffende Dimension — 34

   2.4 Subjekte der Sozial- und Gesundheitswirtschaft – Subjektbezeichnungen und ihre Implikationen — 37

   2.5 Shared Decision Making versus rationale Kaufentscheidung — 44

3. Theorie der Wertkonstruktion in der Sozial- und Gesundheitswirtschaft — 47

   3.1 Wertkonzept und Wertschöpfungslogik (User-dominant Logic) im Social Service Design — 47

   3.2 Die simultane Wertkonstruktion als Konfigurationsmodell der Wertschöpfung in der Sozial- und Gesundheitswirtschaft — 52

   3.3 „Must it be sold?" als Kernfrage des Marketings sozialer Dienstleistungen — 59

   3.4 „Wert" statt „Knappheit" als Motor der Sozial- und Gesundheitswirtschaft — 64

**Teil II: Social Service Design –
Design Thinking und Instrumentarium** 71

4. Design – Von der Dienstleistungsindustrie über die „Erlebnisökonomie" zur erlebensorientierten Leistungsgestaltung 71

    4.1 Design thinking 81

    4.2 Innovation als Aufgabe der Sozial- und GesundheitsmanagerIn 82

    4.3 Entwicklungsbedarf erkennen, Visionen entwickeln 84

        4.3.1 Kennen und Verstehen der Erwartungen und Ansprüche der rat-/hilfesuchenden Person in ihrem Umfeld als Voraussetzung der Leistungsentwicklung und -gestaltung 92

        4.3.2 Methoden der „Klassischen Marktforschung" 96

        4.3.3 Kreative Methoden und Tools für tiefere Einblicke 98

    4.4 Tools für die Strategieentwicklung und Serivcemodellierung 118

    4.5 Prototyping: Pilotierung, Testung und Evaluation der Testphase in theoretisch fundierten Testszenarien 134

Teil III: Implementierung und Anwendung im Marketing 141

5. Implementierung 141

    5.1 Spaß und Wohlergehen am Service Encounter – Internes Personalmarketing und Employer Branding aus Sicht des Social Service Design (SSD) 146

        5.1.1 Internes Personalmarketing unter dem Blickwinkel des SSD 148

        5.1.2 Employer Branding als wichtige Strategie im Personalmarketing 154

    5.2 Der Design-Ansatz als nützliche Perspektive im Beziehungsmarketing 157

6. Entwurf einer Sozialmarketing Ethik 162

Literaturverzeichnis 169

Index 177

Die Autorin 180

Verzeichnis der Abbildungen, Grafiken und Tabellen

Abbildungs- und Grafikverzeichnis

Abb. 1:	Funktion des Sozialmanagements im sozial- und gesundheitswirtschaftlichen Leistungsgefüge (in Anlehnung an Klie & Roß 2005: 23)	30
Abb. 2:	Kontinuum der Souveränität und Aktivität der rat-/hilfesuchenden Person in der Sozial- und Gesundheitswirtschaft	40
Abb. 3:	Verkaufsentscheidungen	46
Abb. 4:	Mehrebenenbetrachtung: Wert in der Sozial- und Gesundheitswirtschaft	49
Abb. 5:	„Nina in der Schuldenfalle"	62
Abb. 6:	„Nina in der Schuldenfalle"	75
Abb. 7:	Sechs-stufiger Service Design Prozess in Anlehnung an Curedale 2013	80
Abb. 8:	Innovation in der Sozial- und Gesundheitswirtschaft und Politik: Mehrebenenansatz	84
Abb. 9:	Entwicklungsbedarf erkennen, Visionen entwickeln als erster Schritt im Service-Design Prozess	85
Abb. 10:	futures wheel (Grundaufbau)	87
Abb. 11:	Beispiel futures wheel	89
Abb. 12:	Der CTQ-Baum, schematisch	90
Abb. 13:	CTQ-Baum am Beispiel Schuldnerberatung	91
Abb. 14:	Kennen und Verstehen der Erwartungen und Ansprüche als zweiter Schritt und Ergebnisdokumentation als dritter Schritt im SD-Prozess	92
Abb. 15:	Methodenpool, Mixed-method Ansatz des Service Design	95
Abb. 16:	Stakeholder Map am Beispiel ambulanter Pflegedienst	103
Abb. 17:	Stakeholder Portfolio am Beispiel ambulanter Pflegedienst	104
Abb. 18:	Service Blueprinting am Beispiel „Hausarztbesuch bei akuter Durchfallerkrankung"	109
Abb. 19:	Behavior Mapping am Beispiel ambulant betreute Demenz-WG	114
Abb. 20:	Raum-Neugestaltung nach Auswertung der Behavior Map	115
Abb. 21:	Empathie-Karte am Beispiel: wartende PatientIn in der Notaufnahme eines Krankenhauses	117
Abb. 22:	635-Methode	120
Abb. 23:	Ideensammlung/Engineering, vierter Schritt im SD-Prozess	121
Abb. 24:	Schema House of Quality	123
Abb. 25:	House of Quality, „linker Flügel": Kundenanforderungen	125
Abb. 26:	Portfolio Priorisierung der Kundenanforderungen, exemplarisch	126
Abb. 27:	House of Quality: Bewertung der Kundenanforderungen	127
Abb. 28:	House of Quality: Produkt-/Dienstleistungseigenschaften	128
Abb. 29:	House of Quality: Optimierungsrichtung der Produkt-/DL-Eigenschaften	128
Abb. 30:	House of Quality: Matrix Kundenanforderungen/Produkteigenschaften	129

Abb. 31: House of Quality: Priorisierung der Bedeutung der einzelnen Produkteigenschaften — 129
Abb. 32: House of Quality: Korrelation der Produkteigenschaften — 130
Abb. 33: House of Quality: Wettbewerbssituation und Bedeutung für die Nachhaltigkeit — 130
Abb. 34: House of Quality: Bewertung der relativen Stärke zu Mitanbietern und Bedeutung für die Nachhaltigkeit — 131
Abb. 35: House of Quality: Beispiel Schuldnerberatung — 132
Abb. 36: Prototyping & Evaluation, fünfter Schritt im SD-Prozess — 136
Abb. 37: Shadowing Beispiel: Besuch einer Beratungsstelle mit dem Rollstuhl — 140
Abb. 38: Implementierung, sechster Schritt im SD-Prozess — 141
Abb. 39: Storytelling — 142
Abb. 40: Gefühlswanderkarte — 145
Abb. 41: Transduktionsprozess und Bedeutung der internen Kontaktperson in der unmittelbaren Interaktion mit der rat-/hilfesuchenden Person — 160

Tabellenverzeichnis

Tab. 1: SSD im Vergleich zu verwandten Gegenstandsbereichen — 22
Tab. 2: Schätzung der volkswirtschaftlichen Produktionsausfallkosten und der ausgefallenen Bruttowertschöpfung durch Arbeitsunfähigkeit 2013 — 24
Tab. 3: Simultane Wertkonstruktion im Vergleich zu „klassischen" Wertschöpfungskonfigurationsmodellen — 53
Tab. 4: Must it be sold? als zentrale Fragestellung in der nachhaltigen Gestaltung von Kundenbeziehungen im Sozialmarketing — 61
Tab. 5: Grundprinzipien des Service-Design-Ansatzes — 79

Handhabung für die LeserIn

Zeit mit diesem Buch verbringen

Schön, dass Sie das Buch bis hierher aufgeschlagen haben!

Astrid Herold-Majumdar

Vielleicht war es der Titel, der Sie neugierig gemacht hat. Sie müssen sich nicht erst durch die Theorie im ersten Teil arbeiten, um zu den Werkzeugen zu kommen, die Sie in Ihrem beruflichen Alltag gut gebrauchen können. Sie können das Buch auch von Hinten zu lesen anfangen oder Sie verfolgen erst einmal die Geschichte von „Nina in der Schuldenfalle". Lassen Sie sich von den Bildern anregen, mal anders zu denken, neue Wege zu gehen, um in der „Helferbranche" Perspektiven zu entwickeln. Ja, es geht um Wertschöpfung und Kundenorientierung, auch der Begriff des „Marktes" taucht auf, aber mit dieser Schrift wird eine Sozial- und Gesundheitswirtschaftslehre entwickelt, die aus dem konkreten Handlungszusammenhang sozialer und gesundheitsbezogener Leistungen und aus dem tiefen menschlichen Bedürfnis nach Selbstbestimmung, Lebensqualität und Glück, Teilhabe und Wertschätzung erwächst. Eine Theorie der Wertkonstruktion, die dem Knappheits- und Effizienzparadigma ein neues Paradigma entgegensetzt – eines das von einer Helferin und zugleich Rat-/Hilfesuchenden selber kommt. Eine Theorie, die sich aus den Erfahrungen, aus wissenschaftlichen Erkenntnissen und aus der Zusammenführung einschlägiger und in der Branche wenig bekannter Literatur entwickelt hat. Eine Theorie, die dem Menschen mit Bedarf nach sozialen oder gesundheitsbezogenen Leistungen und zugleich der HelferIn dienen soll und nicht umgekehrt. Erschöpfungszustände, hohe Fluktuations- und Ausstiegsraten in den „Helfer"-Berufen und Rat-/Hilfesuchende, die nicht das finden, was sie suchen, sind Symptome einer Branche, die unter den gegensätzlichen Phänomenen der „Ökonomisierung" und der „Verklärung als Liebesdienst" leidet. Machen Sie Schluss mit ritualisierten, langweiligen Besprechungsrunden, bei denen zum x-ten Mal über die schlechten Rahmenbedingungen lamentiert und über AdressatInnen, die sich nicht in das Leistungsprogramm einfügen wollen, gelästert wird. Werden Sie kreativ, erlaubt ist alles, was dazu beiträgt, neue Welten durch die Brille der rat-/hilfesuchenden Person zu entdecken. Kompetent ist, wer die AdressatIn und ihre Sicht der Dinge am besten kennt. Erlaubt ist alles, was das Leistungsgeschehen an den beteiligten Personen und ihrer Wahrnehmung der Situation ausrichtet. Die HelferIn wird Teil der gemeinsamen Wertschöpfung mit der AdressatIn. HelferInnen sind Werttreiber und keine Kostenfaktoren. Wert wird gemeinsam konstruiert und nicht von außen vorgeschrieben.

Die in diesem Buch entwickelte Theorie und die kreativen Tools des Service Design sollen Impulse setzen, für mehr Wert und Wohlergehen in der „Helferbranche". Dabei wird zwar die Beziehung zwischen HelferIn und hilfe-/ratsuchender Person fokussiert, jedoch werden auch Perspektiven aufgezeigt, wie der auf der Mikroebene geschaffene Wert bis hin zur Sozialpolitik wirken kann. Social Service Design ist eine Bottom-up Strategie, die auf Strukturen verändernd wirken, jedoch eine adäquate und gerechte Sozialpolitik nicht ersetzen kann.

Aufbau des Buches

Teil I gibt einen kurzen Überblick, was Social Service Design ist und führt in die *Theorie der Wertkonstruktion*, als Grundlage einer eigenständigen Sozial- und Gesundheitswirtschaftslehre, ein. Dabei wird der wirtschaftliche „Wert" (**value**) als Konstrukt mit einem erweiterten und am Nachhaltigkeitsdenken ausgerichteten Verständnis erläutert. Die Spezifika der Wertschöpfungskonfiguration in der Sozial- und Gesundheitswirtschaft werden herausgearbeitet. „Wert", und nicht „Knappheit", wird als Motor in der Sozial- und Gesundheitswirtschaft belegt. Der von der NutzerIn sozialer und gesundheitsbezogener Dienstleistungen wahrgenommene und erfahrene Wert (**user-perceived value**) steht im Mittelpunkt des Service Design-Ansatzes. Dieser wird in *Teil II* als Denkansatz (**design thinking**) vorgestellt, um darauf aufbauend einen kleinen Einblick in die Vielfalt der Methoden und **Tools** (Instrumentarium des Service Design) und in ihre exemplarische Anwendung zu geben. Abschließend wird in *Teil III* im Rahmen der Implementierung der Versuch unternommen, Ansätze einer **Sozialmarketingethik** zu entwickeln, denn Service Design ist durch die Neuanlage und Entwicklung von Dienstleistungen auch mit marktausgerichteten Strategien verwoben. Im Zuge dessen wird der angespannte Arbeitsmarkt der „Helferbranche" beleuchtet und welchen Beitrag das Service Design zur Entspannung der Marktsituation leisten kann. Aufgrund der Besonderheiten der sozialen und gesundheitsbezogenen Dienstleistungen und der Situation der Rat-/Hilfesuchenden in der Sozial- und Gesundheitswirtschaft bedürfen die Theorien und Modelle sowie die angebotenen Instrumente einer ethischen Reflexion. Inwiefern Marktwirkungen überhaupt entstehen und eine steuernde Funktion übernehmen können und sollen, wird differenziert betrachtet.

Zum Sprachgebrauch

Geschlechtergerechte Sprache (Gender Correctness)
Zur Verkürzung und bei einer Vielzahl von Substantiven, die die Nennung beider Geschlechter erfordern, wird auf das Binnen-I zurückgegriffen. Geschlechterneutrale Formen und Passivkonstruktionen werden vermieden, um die Person und ihr Handeln in den Mittelpunkt der Betrachtung zu stellen.

Handhabung für die LeserIn

Englische Begriffe
Englischsprachige Entsprechungen von zentralen Fachbegriffen werden meist in Klammer angegeben, um sich der internationalen Fachdiskussion anzuschließen. Übersetzungsprobleme sollen damit gemindert werden und die LeserIn hat die Möglichkeit, mit dem Schlüsselbegriff auf einschlägigen Datenbanken selbst zu recherchieren.

Grundlagen der vorliegenden Studiums- und Berufsschrift

Diese Studiums- und Berufsschrift basiert auf einer Literaturanalyse von insgesamt n = 119 Quellen. Es wurde auf den Datenbanken „Business Source Premier", „WISO.net" und „CINAHL" recherchiert, sowie im Schneeballverfahren nachrecherchiert. Auf „Business Source Premier" wurde zudem systematisch nach Berichten gesucht, die den Zusammenhang zwischen Social Service Design und Qualität des Arbeitslebens (oder jeweils Teilaspekten davon) untersuchten. Nach Analyse der Kurzzusammenfassungen von insgesamt 295 Treffer wurden 30 Studien im Volltext analysiert, 25 mit Begründung ausgeschlossen und schließlich 5 Studien zu der Fragestellung eingeschlossen und in der vorliegenden Schrift narrativ, inhaltlich zusammengefasst. 14 Berichte aus dem systematischen Review wurden für den allgemeinen Teil der Schrift ausgewertet.

Des Weiteren liegen den nachfolgenden Ausführungen mehrjährige, praktische Erfahrung in der Altenpflege und -hilfe zugrunde, sowohl in der unmittelbaren Arbeit mit pflegebedürftigen, alten Menschen, als auch in der Leitung einer stationären Altenpflegeeinrichtung, im Qualitätsaudit und in der Organisationsberatung. Die in diesem Beitrag beschriebenen Methoden und Tools wurden von der Autorin selbst in der beruflichen Praxis angewandt und erprobt. Die Ergebnisse und Schlussfolgerungen einer empirischen Studie mit einer Gesamtpopulation von N (Grundgesamtheit) = 1128 mit psychometrischer Testung eines neuentwickelten Testinstrumentariums zur Beurteilung der Berücksichtigung der individuellen Lebensqualitätsaspekte im Pflegeprozess (LQ-Index) (Herold-Majumdar & Behrens 2012) flossen in die Grundlegung der Theorie der Wertkonstruktion in der Sozial- und Gesundheitswirtschaft ein.

Fallbeispiel
„Nina in der Schuldenfalle"

Am Fallbeispiel „Nina" werden die Spezifika der sozialen und gesundheitsbezogenen Dienstleistungen anschaulich dargelegt. „Ninas" Schicksal begleitet die LeserIn durch dieses Buch. Immer, wenn das Symbol am linken Seitenrand erscheint, findet die Geschichte ihre Fortsetzung. Der Fall „Nina" ist konstruiert und kann weder die Komplexität realer Fälle abbilden noch repräsentativ sein. Ansätze zur Entwicklung des Leistungsangebots sind in den Fall bereits integriert, sodass Perspektiven aufgezeigt werden, die nicht der realen Situation in Schuldnerberatungsstellen entsprechen müssen. Das Fallbeispiel dient der Veranschaulichung und stellt keinen „Idealfall" dar.

Das Fallbeispiel „Nina" wurde auf Basis der statistischen Daten des „SchuldnerAtlas Deutschland" (2012), des Instituts für Finanzdienstleistungen e.V. (IFF 2012) und des Bundesministeriums für Familie, Senioren, Frauen und Jugend (BMFSFJ 2012) entwickelt. Keinesfalls soll dadurch der Eindruck entstehen, dass nur Frauen von Überschuldung betroffen sind.

„Nina" in der Schuldenfalle

„Nina" ist 41 Jahre alt und lebt im Saarland in einem kleinen Dorf. Sie ist alleinerziehend und wohnt mit zwei Kindern (9 und 3 Jahre alt) in einer Drei-Zimmer-Mietwohnung. „Nina" liegt somit altersmäßig in der Gruppe der 40 bis 49 Jährigen, die angesichts ihrer Lebens- und Einkommenssituation das höchste Schuldenvolumen aufweisen (66 Milliarden Euro, SchuldnerAtlas Deutschland 2012, S. 22). In neun von zehn Fällen ist der alleinerziehende Elternteil die Mutter. Alleinerziehende Mütter betreuen häufiger jüngere Kinder, alleinerziehende Väter dagegen eher bereits ältere Kinder (BMFSFJ 2012: 7). Bei einer Analyse der Hauptauslöser von Überschuldungsprozessen in den Jahren 2006 bis 2011 durch das Institut für Finanzdienstleistungen e.V., IFF (vgl. Knobloch & Reifner 2012) für die Jahre 2005 bis 2012 können Arbeitslosigkeit (Anteil 2011: 32 Prozent), Scheidung/Trennung (12 Prozent), Konsumverhalten (11 Prozent) sowie Krankheit (10 Prozent) und gescheiterte Selbstständigkeit (10 Prozent) als die wichtigsten auslösenden Faktoren identifiziert werden. Bei „Nina" kommen die Faktoren Arbeitslosigkeit und Scheidung zusammen. Sie bestreitet mit dem Arbeitslosengeld ihren Lebensunterhalt. Die Unterhaltszahlungen des Vaters der Kinder erfolgen unregelmäßig. Als ausgebildete Chemielaborantin findet sie derzeit keine Arbeitsstelle in der Region. Zudem ist sie alleinerziehend mit zwei Kindern, sodass sie keine zu weiten Arbeitswege in Kauf nehmen will, um die Betreuung der Kinder zu gewährleisten. „Mit einem Betroffenheitsfaktor von über 2,6 sind die Alleinerziehenden unverändert die am häufigsten von Überschuldung betroffene Gruppe. Bei ihnen kumulieren ihre wegen der Sorge für die Kinder gebundenen zeitlichen Ressourcen, ihre geringeren Einkünfte und Zugangsmöglichkeiten zum Arbeitsmarkt, ihre vergleichsweise höheren Ausgaben und der fehlende Rückhalt durch weitere erwachsene Haushaltsmitglieder zu einer besonders hohen Anfälligkeit für Liquiditätsschwankungen. Ganz besonders stark wirken sich diese Faktoren bei den allein Erziehenden mit minderjährigen Kindern aus" (IFF 2012: 48).

Handhabung für die LeserIn

Symbole zur schnellen Orientierung bei der Erklärung der Tools (Teil II und III)

Die nachfolgenden Symbole werden im Teil II verwendet, um der LeserIn eine schnelle Orientierung bei der Erläuterung der Tools des Social Service Design zu geben.

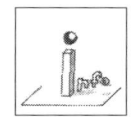

Kurzbeschreibung

Hier wird die Methode kurz beschrieben, welche Ziele damit erreicht werden können und was das Tool auszeichnet. Die Eignung für die Unterstützung der jeweiligen Phase des Design-Prozesses wird in diesem Abschnitt dargelegt.

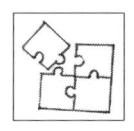

Umsetzung

Hier wird die Umsetzung des Tools Schritt für Schritt erklärt. Die LeserIn erfährt, wie viel Zeit, wie viele TeilnehmerInnen, aus welchen Unternehmensbereichen und ggf. welches Material benötigt wird. Es werden Hinweise für die Moderation gegeben.

erwünschte Wirkungen der Methode

Hier werden Effekte, die mit dem Tool erzielt werden können, aufgeführt, ohne Anspruch auf eine abschließende Beurteilung der wissenschaftlichen Belege über die Wirkung. Diese beziehen sich auf den Innovationsprozess und die Produktentwicklung, sowie auf die Wahrnehmung durch die rat-/hilfesuchende Person und HelferIn.

Management

Teil I: Theorie der Wertkonstruktion in der Sozial- und Gesundheitswirtschaft

1. Was ist Service Design und wo kommt es her (geschichtlicher Abriss)?

Service Design (SD), als Denkhaltung (design thinking) und Produktentwicklungsstrategie, unterstützt die Neuanlage (Innovation) und Entwicklung von Dienstleistungen, die für die NutzerIn und die AnbieterIn der Leistung wertvoll und sinnstiftend sind. Dabei steht das Erleben des Leistungsgeschehens durch die am DL-Prozess unmittelbar Beteiligten im Mittelpunkt. SD kann damit Tiefenhandeln[1] fördern und ist eine Option von vielen, um der Tendenz der gefühlsmäßigen Belastung von Personen im unmittelbaren Kundenkontakt (nachfolgend Kundenkontaktpersonen genannt) in der Sozial- und Gesundheitswirtschaft entgegenzuwirken. Tiefenhandeln kann die „emotionale Dissonanz" (Hochschild 1990 zit. in Rosenstiel & Nerdinger 2011:63), also die von der handelnden Person empfundene Diskrepanz zwischen tatsächlich erlebtem Gefühl (z. B. Ekel) und nach außen hin dargestelltem Gefühl (z. B. entspannte Freundlichkeit) ausgleichen. Dies kann sich nicht nur positiv auf die Kundenkontaktperson sondern auch auf die KundIn selbst auswirken, denn die KundIn empfindet das ihr entgegengebrachte Gefühl als authentisch. Rosenstiel und Nerdinger (2011) verweisen auf erste gute Belege dieses Zusammenhangs in der Literatur (u. a. Zapf & Holz 2006 zit. in Rosenstiel & Nerdinger 2011: 65).

Design Thinking

Erleben des Leistungsgeschehens
Tiefenhandeln

1.1 Social Service Design im geschichtlichen Abriss der Dienstleistungswirtschaft

Lange Zeit galt die Dienstleistung nicht als wirtschaftliches Gut (18. Jhdt., Adam Smith). Erst Jean Baptiste Say, französischer Ökonom und Geschäftsmann (1767 bis 1832) charakterisierte die Dienstleistung als produktive Leistung und gab ihr einen ökonomischen Wert. In der Nachkriegszeit, zu der Zeit des wirtschaftlichen Aufschwungs, herrschte auch für Dienstleistungen eher die sog. Inside-out-Sichtweise vor, bei der aufgrund der hohen Nachfrage zunächst produziert wurde, um dann mit entsprechenden absatzpolitischen Maßnahmen den Markt mit seiner hohen Nachfrage zu bedienen. Mit zunehmender Sättigung des Marktes und aufgrund des hohen Wettbewerbs fand im Verlauf der 70er und 80er Jahre ein Umdenkungsprozess zur Outside-In-Sichtweise statt. Die Unternehmensstrategie wurde zunehmend durch ein Denken vom Markt her bestimmt, d. h. dem Produktionsprozess

Outside-In-Sichtweise

---

[1] **[Tiefenhandeln]** „Im Unterschied zum Oberflächenhandeln wird beim <<Tiefenhandeln>> versucht, das zu fühlen, was man darstellen soll." (Rosenstiel & Nerdinger 2011: 63) Dazu setzen Mitarbeiter nach Hochschild (1990) Techniken ein, die z.T. aus der Theaterdramaturgie kommen.

wurde die Marktanalyse vorgeschaltet. Der Wandel vom VerkäuferInnen- zum KäuferInnenmarkt bedarf einer verstärkten Ausrichtung der Produkte an den Bedürfnissen der KäuferInnen. 1969 übertrugen Kotler und Levy erstmals das Marketing-Konzept systematisch auf den sozialen Bereich (vgl. Kotler 1979). Marketing zählte schließlich auch im Dienstleistungssektor zur Führungskonzeption. Die Bedeutung der Marketingfunktion der MitarbeiterInnen im unmittelbaren Kundenkontakt wurde dabei besonders hervorgehoben. In den 80er Jahren entwickelte sich die sog. „Dienstleistungsgesellschaft". Der Anteil dieser intangiblen, wenig greifbaren Produkte am Bruttosozialprodukt wuchs ständig. In den 90er Jahren haben die sog. Neuen Medien, sich wandelnde Rollenbilder und Werte, der demographische Wandel und die zunehmende Individualisierung, Strategien zur Anpassung an sich laufend ändernde Märkte entwickeln lassen. In den Bereichen der sozialen und gesundheitsbezogenen Dienstleistungen wurde die Ausrichtung an betriebswirtschaftlichen und marktorientierten Konzepten in Deutschland kontrovers diskutiert. Wirtschaftliche Krisen und Arbeitslosigkeit führten zur Verknappung der Mittel im öffentlichen Sektor. Leistungskürzungen prägten den sozialen und gesundheitlichen Bereich. Die Abkehr vom Kostendeckungsprinzip im Krankenhaus durch Einführung einer fallpauschalierten Vergütung (Diagnosis Related Groups, DRG) Anfang der Jahrtausendwende ließ auch in diesem sensiblen Sektor Rationalisierungs- und Effizienzsteigerungstendenzen (Verweildauerverkürzung, sog. „blutige Entlassung") entstehen. Zunehmend versöhnte sich der soziale und gesundheitliche Sektor mit dem Wettbewerbs- und Marktgedanken. Doch bis heute bleibt die Skepsis gegenüber betriebswirtschaftlichen Ansätzen in der Helferbranche bestehen.

Wettbewerbs- und Marktgedanken

Das zweite Jahrzehnt im neuen Jahrtausend ist geprägt durch globale Krisen, gegensätzliche Tendenzen im Hinblick auf Globalisierung und Europäisierung sowie einer zunehmenden Komplexität des wirtschaftlichen und sozialen Systems. Die europäische Dienstleistungsrichtlinie (RL 2006/123/EG) soll bestehende Hindernisse im europäischen Raum abbauen, den grenzüberschreitenden Handel mit Dienstleistungen fördern und damit zur Verwirklichung des einheitlichen Binnenmarktes beitragen. Mittlerweile ist ein europaweiter Wettbewerb um Fachkräfte im sozialen und gesundheitlichen Bereich entstanden, wobei die unterschiedlichen Lohnstrukturen zwischen ost- und westeuropäischen Staaten als Regulatoren wirken. Bei der marktwirtschaftlichen Betrachtung sozialer und gesundheitsbezogener Dienstleistungen ist stets auch der Arbeitsmarkt ein wichtiges Segment, stellen doch das Wissen, die Zuwendung und die Fähigkeit zur Lösungsverständigung des Menschen zentrale Ressourcen und wichtige Produktionsfaktoren in der Sozial- und Gesundheitswirtschaft dar.

Wissen, Zuwendung, Fähigkeit zur Lösungsverständigung: zentrale Produktionsfaktoren

Im Jahr 1970 hatte der Dienstleistungssektor bereits einen Anteil von etwa 48 Prozent am Bruttoinlandsprodukt, 2003 war der Anteil auf 70 Prozent angestiegen. Ein Teil dieses Wachstums ist auf die verstärkte Arbeitsteilung in der Wirtschaft zurückzuführen. Dienstleistungsfunktionen vor allem aus dem produzierenden Gewerbe wurden ausgelagert (Outsourcing). Dadurch entstanden im Dienstleistungsbereich zahlreiche neue Unternehmen. Ein anderer Teil des Wachstums ist durch den technischen Fortschritt hervorgerufen. Es entstanden völlig neue Wirtschaftszweige, wie zum Beispiel elektronische Informationsbeschaffung und -verarbeitung, Telekommunikationsdienstleistungen, Logistikleistungen und Leasing. Nicht zuletzt expandiert die Gesundheits- und Pflegewirtschaft durch den demographischen Wandel. Die Gesundheitsquote, der Anteil der Gesundheitsausgaben am Bruttoinlandsprodukt, beträgt im Jahr 2010, 11,6 Prozent. Die Gesundheitswirtschaft ist eine Wachstumsbranche und ihre Bruttowertschöpfung ist im Zeitraum von 2007 bis 2012 jährlich im Schnitt um 3,7 Prozent gestiegen – deutlich schneller als diejenige der Gesamtwirtschaft mit 2,3 Prozent Wachstum (vgl. BMG 2013: 133).

Als Vertreter der klassischen Nationalökonomie argumentierte Jean Baptiste Say gegen Adam Smith und vertritt die Auffassung, dass immaterielle Güter nicht weniger real sind als Sachgüter. In seiner Werttheorie wird der Wert eines Gutes über seinen subjektiven Wert bestimmt. Nur, dieser von der NutzerIn erfahrene, vor dem Hintergrund der jeweils eigenen Lebenswelt und Bedeutungszuschreibungen bemessene Wert eines Gutes verwandelt es in Wohlstand. Damit ein Wert überhaupt Wohlstand werden kann, muss er nach Say von einer anderen Person erst einmal subjektiv anerkannt werden; dies geschieht im Warenaustausch, oder bei Dienstleistungen im Interaktionsgeschehen zwischen Kundenkontaktperson und KundIn.

Subjektiver Wert

In der Literatur zum Service Design finden sich viele Verknüpfungen zum Marketing (vgl. Stauss 2008, Meffert & Bruhn 2009). In den ersten Beiträgen zu Service Design Anfang der 1980er Jahre (Shostack 1982; Shostack 1984) wurde das Design als Bestandteil des Marketings und Managements betrachtet. Shostack (Shostack 1982) hat bereits die immateriellen Produktkomponenten (Dienstleistungen) beleuchtet. Die Verknüpfung der sozialen und gesundheitsbezogenen Dienstleistung mit Kunst und Ästhetik wird in der Pflegetheorie bereits Ende der 70er Jahre und bis in die 90er Jahre (Johnson 1994, Hampton 1994, Carper 1978 zit. in Wainwright 2000) hergestellt. Im Zuge der Akademisierung der Pflege in Deutschland, seit etwa den 90er Jahren, werden die Ansätze jedoch durch die konsequente Ausrichtung am Stand des Wissens im Sinne des Evidence-based Nursing in Deutschland schnell wieder verdrängt. Fertigkeiten und instrumentell-technische Kompetenz werden sowohl von den Bildungseinrichtungen als auch vom Qualitätsmanagement und der externen Qualitätssicherung groß geschrieben. Relativ hartnäckig hält sich in der Pflege und in der Gesellschaft zugleich der Dienstgedanke im Sinne des „Liebesdienstes". Die Pflege selbst und ihre BeobachterInnen schwanken zwischen den Polen der Technologisierung sowie Ökonomisierung und der Verklärung als Liebesdienst. Das Service Design findet bisher in der Pflege und Gesundheitswirtschaft, als Möglichkeit zur systematischen und methodengestützten Entwicklung von Dienstleistungen in der Alltagspraxis, noch kaum Beachtung. In der Sozialen Arbeit wird eher das Social Design im Zusammenhang mit sozialpolitischen Fragen und der Gestaltung gesellschaftlicher Strukturen diskutiert und angewandt.

Liebesdienst

Teil I: Theorie der Wertkonstruktion

Design-Forschung

Prof. Dr. M. Erlhoff Köln International School of Design (KISD) Service Design

Service Design ist ein relativ junges Feld, das auf eine etwa 20-jährige Entwicklung zurückblicken kann. Wobei seine Methoden und Tools bis in die frühe Menschheitsgeschichte zurückgehen. In den 1950er Jahren wurden viele kreative Techniken entwickelt und in den 1960er Jahren entstand die methodengestützte Design-Forschung mit Erklärungsansätzen für den Design-Prozess (Curedale 2013: 4). 1962 fand in London die erste Konferenz mit Schwerpunkt Methoden des Designs statt. Dabei wurden systematische und intuitive Methoden des Engineering, Industriellen Designs, der Architektur und der Kommunikation diskutiert. 1991 hat Prof. Dr. Michael Erlhoff an der Köln International School of Design (KISD) Service Design erstmals in Deutschland als Disziplin im universitären Bereich eingeführt. Prof. Birgit Mager ist seit 1995 für das Lehrgebiet „Service Design" am Fachbereich Design der Fachhochschule Köln verantwortlich. Im Jahr 2004 wurde das Service Design Network von der Köln International School of Design, der Carnegie Mellon University, der Universität Linköping, der Politecnico di Milano, der Domus Academy und der Agentur Spirit of Creation ins Leben gerufen, um ein internationales Netzwerk für Service-Design aufzubauen. Die KISD schloss sich 2004 dem internationalen Netzwerk „Service Design Network" an. Das Netzwerk erstreckt sich heute weltweit auf Designexperten sowie Design-Beratungsunternehmen, die begonnen haben, Service Design anzubieten. In der Pflege wurde der Design-Ansatz überwiegend auf die Gestaltung des tangiblen Umfeldes bezogen. Dabei soll z. B. durch die farbliche Gestaltung von Einrichtungen der Pflege das Wohlbefinden und der Genesungsprozess unterstützt werden. Stark kontrastierende Farben werden beispielsweise zur Verbesserung der Orientierung von demenzkranken, kognitiv eingeschränkten HeimbewohnerInnen eingesetzt. Anthroposophisch ausgerichtete Einrichtungen unterstreichen z. B. ihre Philosophie durch runde und nicht rechtwinkelige Formen in der Architektur. Der Service Design Ansatz wird jedoch noch nicht gezielt zur Modellierung der Dienstleistung selbst eingesetzt.

Die Perspektive der organisationsinternen Kontaktpersonen, der pflegebedürftigen Personen und anderer, wichtiger Anspruchsgruppen, wie z. B. die pflegenden Angehörigen, wird mit Hilfe qualitativer Verfahren der Sozialforschung (z. B. Fokusgruppen vgl. Hull & Turton 2014, narrative Interviews) herausgearbeitet, um die Wirkung von neu angelegten oder weiterentwickelten Dienstleistungen zu evaluieren. Meist enden solche Forschungsprojekte mit den gewonnenen Erkenntnissen über das Erleben der StudienteilnehmerInnen, ohne diese in der Produktentwicklung systematisch aufzugreifen und in neue Produkte zu übersetzen. So werden z. B. innovative Tele-Gesundheitsdienste nicht nur hinsichtlich der Anforderungen der NutzerInnen sondern auch in Bezug auf die Akzeptanz durch die unmittelbaren AnbieterInnen (Tele-Gesundheitsschwestern und -pfleger) untersucht (Odeh 2014), um diese nachhaltig zu implementieren. Service Design geht über die Frage der Usability (Anwenderfreundlichkeit) weit hinaus und untersucht das Erleben von neuen Technologien durch die AnwenderInnen und mittelbar Betroffenen, hier die PatientInnen.

Usability

Was ist Service Design und wo kommt es her

Exkurs: Geschichtlicher Abriss der Entwicklung des Social Service Design (SSD)

Zeit	Entwicklung	Bedeutung für das Social Service Design
18. Jhdt.	Lange Zeit galt die Dienstleistung nicht als wirtschaftliches Gut (Adam Smith). Erst Jean Baptiste Say, französischer Ökonom und Geschäftsmann (1767 bis 1832) charakterisierte die Dienstleistung als produktive Leistung und gab ihr einen ökonomischen Wert.	Der Wertbegriff wurde später dann mit dem Service Design Ansatz erweitert und beinhaltet nicht nur die monetäre Dimension, sondern auch die Dimension der individuellen Werterfahrung, die auch immateriell sein kann.
1950er Jahre	In der Nachkriegszeit, zu der Zeit des wirtschaftlichen Aufschwungs, herrschte auch für Dienstleistungen eher die sog. Inside-out-Sichtweise vor. 1969 übertrugen Kotler und Levy erstmals das Marketing-Konzept auf den sozialen Bereich (vgl. Kotler 1979). Entwicklung vieler kreativer Methoden des Service Design.	Die Literatur des Service Design nimmt an vielen Stellen Bezug zum Marketing. Die in den 1950er Jahren entwickelten Design-Methoden werden in den 1960er Jahren dann systematisch erforscht und zu einem Konzept zusammengefügt.
1960er Jahre	1962 erste Konferenz der Service DesignerInnen mit Schwerpunkt Methoden des Designs in London	Systematische Methodenentwicklung und Anfänge des Service Design als Disziplin
1970er und 1980er Jahre	Anteil des DL-Sektor am BIP beträgt mittlerweile 48% Wandel vom VerkäuferInnen- zum KäuferInnenmarkt Die Unternehmensstrategie wurde zunehmend durch ein Denken vom Markt her (Outside-in-Sichtweise) bestimmt. Entwicklung der sog. „Dienstleistungsgesellschaft"	Die Outside-in-Sichtweise prägt das Service-Design-Denken, ein Denken vom Markt her. Service DesignerInnen setzen zudem qualitative und kreative Methoden ein, um dieses Denken systematisch zu fördern und in Produktmerkmale zu übersetzen.
90er Jahre und Jahrtausendwende	Neue Medien, sich ändernde Rollenbilder und Werte, demographischer Wandel und zunehmende Individualisierung erfordern die Entwicklung von Strategien zur Anpassung an sich laufend wandelnde Märkte. Wirtschaftliche Krisen und Arbeitslosigkeit führten zur Verknappung der Mittel im öffentlichen Sektor. Leistungskürzungen prägten den sozialen und gesundheitlichen Bereich. Rationalisierungs- und Effizienzsteigerungstendenzen Übertragung von umfassenden Qualitätsmanagementansätzen aus dem Profit in den Not-for-Profit-Bereich Kontroverse Diskussion der Ausrichtung sozialer und gesundheitsbezogener Dienstleistungen an betriebswirtschaftlichen und marktorientierten Konzepten 1991 hat Prof. Dr. Michael Erlhoff an der Köln International School of Design (KISD) Service Design erstmals in Deutschland als Disziplin im universitären Bereich eingeführt.	Die instrumentell-praktische Ausrichtung der sozialen und gesundheitsbezogenen Dienstleistungen sowie die Rationalisierungs- und Rationierungstendenzen verdrängen ästhetische und kreative Ansätze. Der Wirtschaftlichkeitsbegriff wird dabei z. T. recht unreflektiert aus dem Profit-Bereich in den Not-for-Profit Bereich übertragen.

Zeit	Entwicklung	Bedeutung für das Social Service Design
1. Jahrzehnt im 2. Jtsd.	Bis 2003 steigt der Anteil des DL-Sektors am BIP weiter auf 70%. Der soziale und gesundheitliche Sektor versöhnt sich zunehmend mit dem Wettbewerbs- und Marktgedanken: z.B. Pflege-Transparenzvereinbarung nach dem Pflege-Weiterentwicklungsgesetz vom 28. Mai 2008 (§ 115 Abs. 1a SGB XI) Die europäische Dienstleistungsrichtlinie (RL 2006/123/EG) soll bestehende Hindernisse im europäischen Raum abbauen, den grenzüberschreitenden Handel mit Dienstleistungen fördern und damit zur Verwirklichung des einheitlichen Binnenmarktes beitragen. Mittlerweile ist ein europaweiter Wettbewerb um die Fachkräfte im sozialen und gesundheitlichen Bereich entstanden. Die KISD schloss sich unter der Leitung von Prof. Dr. Birgit Mager 2004 dem internationalen Netzwerk „Service Design Network (SDN)" an. Über jährlich stattfindende internationale Konferenzen und eine Internet-Plattform sind die Mitglieder des SDN verbunden und tauschen sich als Scientific Community über Entwicklungen in der Disziplin aus.	Die Sozial- und Gesundheitswirtschaft bedient sich als bedeutender Teil des Dienstleistungssektors selbstverständlich der Instrumente und Konzepte der Allgemeinen Betriebswirtschaftslehre. Eine eigenständige Sozial- und Gesundheitswirtschaftslehre beginnt sich zu entwickeln und gegenüber der klassischen Betriebswirtschaftslehre zu emanzipieren. Die zunehmend komplexeren Leistungsanforderungen (Multimorbidität, Überlagerung sozialer Notlagen mit chronischer Krankheit und Alter, vielschichtige Versorgungsarrangements), sich dynamisch wandelnde Märkte und rechtliche Rahmenbedingungen sowie der sich zuspitzende Fachkräftemangel forcieren die Suche nach Lösungsstrategien. Social Service Design kann hier einen Beitrag leisten und wird neu entdeckt. Die qualitative Sozialforschung erfährt zunehmend mehr Anerkennung und stellt eine wichtige Ergänzung zu dem empirisch-analytischen Ansatz der Wirksamkeitsforschung dar. Das Social Service Design kann auf diese Methodenentwicklung zurückgreifen.

Service Engineering

Neben der Bezeichnung Service Design findet sich gleichermaßen im deutschsprachigen Raum der Begriff „Service Engineering". Aus der ingenieurswissenschaftlichen Tradition heraus, wurde dieses Forschungsfeld seit Mitte der 1990er Jahre in Deutschland etabliert und ist heute eine Disziplin, die sich mit der Entwicklung und dem Design von neuen Dienstleistungen unter Verwendung geeigneter Vorgehensmodelle, Methoden und Werkzeuge befasst (Spath et al. 2008: 46).

Der Methodeneinsatz erfolgt im Service Engineering mit dem vorrangigen Ziel der Effektivitäts- und Effizienzsteigerung. „Das Service Engineering ist dabei nicht nur für das industrielle Umfeld interessant, sondern für alle Branchen anwendbar" (Siegfried 2010: 10). Dieser ingenieurswissenschaftliche Ansatz kann die stark emotional betonten Aspekte des Service Design, das seine Methoden schwerpunktmäßig zum besseren Verstehen der Kundenperspektive einsetzt, ergänzen, aber nicht ersetzen. Neben der Kundenzufriedenheit spielen die persönliche Erlebensdimension und die Emotionen im Service Design eine große Rolle. Das Kundenkonzept wird um die Dimension der individuellen Bedeutungszuschreibungen der Person erweitert. Die emotionale Ebene wird bei der Leistungsbeurteilung und Entwicklung gezielt einbezogen. Darin liegen Chancen und Risiken. Rat-/hilfesuchende Menschen werden in ihren besonderen Lebenslagen als Person ganzheitlich wahrgenom-

Persönliche Erlebensdimension

Was ist Service Design und wo kommt es her

Konsumentenrolle

men und nicht auf ihre Konsumentenrolle reduziert. Wenn Service Design jedoch rein zum Zwecke des Wettbewerbsvorteils eingesetzt wird und mit den Emotionen der VerbraucherInnen gezielt taktiert wird, dann entstehen marketingethische und berufsethische Probleme. Soziale und gesundheitsbezogene Bedarfslagen sind komplex und tangieren meist menschlich-existenzielle Dimensionen. Der konsequent demokratische und personzentrierte Ansatz und die kreativen sowie qualitativen Methoden des SSD zum tieferen Verstehen der Perspektive der rat-/hilfesuchenden Person können depersonalisierenden Effekten[2] („perceived antisocial impact" nach Grant & Campbell 2013: 667) entgegenwirken. Solche Effekte können entstehen, wenn z. B. betriebswirtschaftliche Konzepte aus dem Profit-Bereich unreflektiert auf die Sozial- und Gesundheitswirtschaft übertragen werden, oder wenn emotionale Überforderung zu Erschöpfungszuständen bei den Kundenkontaktpersonen führen.

Zur Begriffsklärung des Social Service Design und zur Abgrenzung zu verwandten Gegenstandsbereichen dient die nachfolgende Tabelle, bei der jeweils der betrachtete Gegenstand, die Ebene der Sozial- und Gesundheitswirtschaft, auf die sich der Ansatz überwiegend bezieht, die Zielrichtung und die eingesetzten Methoden verglichen werden.

Tab. 1: Social Service Design im Vergleich zu verwandten Gegenstandsbereichen

	(Social) Service Design	**Social Design**	**Service Engineering**	**Marketing**
Gegenstand	Erleben und individuelle Wertzuschreibung im Dienstleistungsprozess und in der Interaktion zwischen KundIn und Kundenkontaktperson (in Bezug auf soziale und gesundheitsbezogene DL) Kundenkontaktpunkte einer Organisation	partizipative Gestaltung gesellschaftlicher, räumlicher und organisationaler Strukturen und Aufgaben zum Nutzen des Menschen	innovative (Anteile von) Dienstleistungen; Entwicklung und Gestaltung von Dienstleistungen	Aktivitäten, Institutionen und Prozesse zur Schaffung, Kommunikation, Bereitstellung und zum Austausch von Angeboten, die einen Wert haben für Kunden, Auftraggeber, Partner und die Gesellschaft insgesamt
Ebene der Sozialwirtschaft, die im Fokus ist	Mikroebene	Meso- und Makroebene	Mikroebene	Mikro-, Meso- und Makroebene

---

2 Tom Kitwood bezeichnet Handlungen, bei denen Personen Erniedrigungen erfahren und die Anerkennung als Person gemindert wird, als Personale Detraktionen oder Maligne Sozialpsychologie. Der Mensch wird in seinem Person-sein beschädigt und abgewertet. Am Beispiel demenzkranker Menschen führt Kitwood Verhaltensweisen von Pflegenden auf, die z. B. die erwachsene Person wie ein Kind behandeln (infantilisieren) oder etikettieren, d. h. die Person nur über das Merkmal „Demenz" bestimmen. Häufig entstehen solche Verhaltensweisen aus einer geschichtlich geprägten Pflege- und Betreuungskultur heraus und werden selten reflektiert (vgl. Hennig et al. 2006).

	(Social) Service Design	Social Design	Service Engineering	Marketing
Zielrichtung	nachhaltige und individuelle Wertschaffung positives Erleben im DL-Erstellungsprozess zur Stärkung nachhaltiger Kundenbeziehungen Person-fördernde DL-Prozesse, individuelle Lebensqualität und Gesundheit	Soziale Innovation, Inklusion und Teilhabe Verbesserung von Gesundheit und Lebensqualität	Entwicklung neuer und innovativer Produkte zur Erschließung neuer Marktsegmente	optimale Gestaltung von Kundenbeziehungen Akquise, Bindung und Rückgewinnung von KundInnen
Methodik	Methodenmix unter Ausschöpfung der Methoden der qualitativen Sozialforschung und kreativer Methoden u.a. aus der Dramaturgie	Methodenmix	Anwendung systematischer Produkt-Entwicklungsverfahren, Methoden und Werkzeuge	Instrumente zur Marktforschung, Marktbearbeitung und strategischen Ausrichtung von Organisationen

Die KritikerIn fragt sich an dieser Stelle vielleicht, warum es jetzt auch noch den Ansatz des Social Service Design braucht, wenn ohnehin in der Sozial- und Gesundheitswirtschaft Mangel und Überdruss in Bezug auf Managementansätze und Ökonomisierungstendenzen herrschen.

1.2 Design – Luxus oder Notwendigkeit?

Fachkräftemangel und knappe finanzielle Ressourcen in der Sozial- und Gesundheitswirtschaft führen zur Forderung nach Effizienzsteigerung und nach Leistungen, die das „Notwendige" nicht übersteigen. So heißt es im § 12 SGB V, Wirtschaftlichkeitsgebot:

„(1) Die Leistungen müssen ausreichend, zweckmäßig und wirtschaftlich sein; sie dürfen das Maß des Notwendigen nicht überschreiten. Leistungen, die nicht notwendig oder unwirtschaftlich sind, können Versicherte nicht beanspruchen, dürfen die Leistungserbringer nicht bewirken und die Krankenkassen nicht bewilligen."

Daseinsvorsorge wird am Existenzminimum ausgerichtet (z. B. Hartz IV-Regelsatz gem. § 20 SGB II) und pflegerische Leistungen gemäß SGB XI als „Teilkaskoversicherung" kommuniziert.

Was ist Service Design und wo kommt es her

Bis zum Jahr 2030 werden in Deutschland rund 740.000 Pflegekräfte fehlen, bis 2020 bereits 380.000. Das ist das Resultat der neuen Studie „Pflegelandschaft 2030", die die Prognos AG im Auftrag der vbw-Vereinigung der Bayerischen Wirtschaft e.V. erstellt hat. Für die Soziale Arbeit hat die akquinet business consulting GmbH, die Universität St. Gallen (Institut für Wirtschaftsethik), die Beuth Hochschule für Technik Berlin (Fachgebiet Unternehmensführung) 2012 die Situation bzgl. zur Verfügung stehender Fachkräfte untersucht. Dabei wurden unterschiedliche Handlungsfelder einbezogen: Behindertenhilfe, Werkstätten für Menschen mit Behinderung, Kindergärten, -tagesstätten, Kinder-, Jugend-, Familienhilfe sowie die stationäre Altenpflege und die ambulante Pflege. Damit deckt die Studie die gesamte Breite der Sozial- und Gesundheitswirtschaft ab. Die AutorInnen fassen zusammen, dass der Fachkräftemangel[3] in der Sozial- und Gesundheitswirtschaft kein kommender Trend oder ein Zukunftsszenario sei, sondern bereits Realität. 82 Prozent der Unternehmen/Organisationen seien davon betroffen, unabhängig von der Größe, der Gesellschaftsform der Teilnehmer oder deren inhaltlichem Handlungsfeld. Der Fachkräftemangel wird in der Studie u.a. durch die Anzahl der offenen Stellen operationalisiert. 81 Prozent der untersuchten Organisationen weisen mindestens eine Stelle auf, die länger als drei Monate nicht besetzt ist. Am häufigsten fehlen 1-3 Stellen (40 %), aber immerhin 8 Prozent der Organisationen können mehr als 20 Stellen nicht besetzen (König et al. 2012: 11 ff.).

Fachkräftemangel in der Sozial- und Gesundheitswirtschaft

Professionelle „HelferInnen[4]" (Kundenkontaktpersonen) sozialer und gesundheitsbezogener Dienstleistungsorganisationen im unmittelbaren Kontakt mit Rat-/Hilfe- oder Gesundheit-Suchenden erfahren immer öfter verschiedene Formen emotionaler Erschöpfungszustände. Diese sog. Frontline-Personen (frontline staff) sind häufig von Depersonalisation (Entfremdungserleben von sich selbst) und verminderter Leistungsbereitschaft und -fähigkeit betroffen. Diese Zustände werden dann meist mit dem sog. Burnoutsyndrom charakterisiert, wenn auch nicht eindeutig differentialdiagnostisch (in Abgrenzung zu ähnlichen Krankheitsbildern) bestimmt (Korczak 2010). Die Manifestation in einer Depression oder in einer anderen psychiatrischen Erkrankung wird hingegen statistisch recht zuverlässig erfasst. Diese Tendenz ist durch zahlreiche epidemiologische Statistiken belegt. Die Beurteilung ist jedoch aufgrund fließender Übergänge, von vorübergehender Verstimmung bis hin zur eindeutig

Erschöpfungszustände Entfremdungserleben von sich selbst

---

3 Der **Fachkräftemangel** wird in der Statistik mit der Anzahl an offenen Stellen, die länger als 3 Monate nicht besetzt werden können, operationalisiert.

4 [professionelle HelferIn] Für die professionell Handelnde in der Gesundheits- und Sozial- und Gesundheitswirtschaft wird u.a. die Bezeichnung „HelferIn" unabhängig vom Setting, also dem jeweiligen Einsatzbereich (Kinder- und Jugendhilfe, Altenhilfe, Pflege, Schulsozialarbeit etc.), verwendet. Damit sollen die je nach Wirkungsbereich unterschiedlich ausgeprägten Anteile an altruistischen, selbstlosen und uneigennützigen Verhaltensweisen ihren Ausdruck finden, die sich in der Zuwendungsbeziehung zeigen. Dieses zutiefst menschliche Verhalten in Situationen sozialer und gesundheitlicher Notlagen ist Gegenstand verschiedener Wissenschaften, z.B. Philosophie, Ethik, Psychologie, Ethnologie, Pflegewissenschaft oder Soziologie und schließlich auch immanenter Bestandteil sozial- und gesundheitswirtschaftswissenschaftlicher Betrachtung. Keinesfalls soll damit einem überstülpenden, fürsorglichen Verhalten professionell Handelnder gegenüber Rat-/Hilfesuchenden Vorschub geleistet werden. Vielmehr wird nachfolgend der Ansatz des Service Design auch dahingehend verstanden, die AkteurInnen auf *beiden* Seiten der Interaktion zu ermächtigen und in ihrem Person-sein zu fördern. Im weiteren Verlauf des Textes wird die HelferIn deshalb auch als „Kundenkontaktperson" bezeichnet, um ihr Person-sein und ihre Bedeutung für die Organisation durch den unmittelbaren Kundenkontakt hervorzuheben.

diagnostizierten Erkrankung (z. B. Depression), schwierig. Seit 2001 ist die Zahl der Fehltage aufgrund psychischer Erkrankungen in den vergangenen zehn Jahren um 66,6 Prozent gestiegen, während die Fehltage aufgrund anderer Erkrankungen hingegen tendenziell rückläufig sind oder stagnieren (Pressestelle des AOK Bundesverbandes 2013: 8). Psychische Erkrankungen machen inzwischen 10 % der Fehlzeiten aus und verursachen die längsten Ausfallzeiten (WidO 2012), wobei es branchen- und organisationsspezifische Unterschiede gibt. Sozialberufe sind am stärksten betroffen. 2011 lagen die HeimleiterInnen und SozialpädagogInnen, gefolgt von den SozialarbeiterInnen und SozialherlferInnen und HelferInnen in der Krankenpflege an der Spitze der Arbeitsunfähigkeitsstatistik der Allgemeinen Ortskrankenkassen. Neben dem Leid der betroffenen ArbeitnehmerInnen und ihrer Familien entstehen dadurch erhebliche, betriebs- und volkswirtschaftlich relevante Kosten. Mit einer durchschnittlichen Arbeitsunfähigkeit (AU) von 15,0 Tagen je Arbeitnehmer ergeben sich im Jahr 2013 insgesamt 567,7 Millionen AU-Tage. Dieser Arbeitsausfall verursacht nach Schätzung und Hochrechnung der Bundesanstalt für Arbeitsschutz und Arbeitsmedizin einen volkswirtschaftlichen Produktionsausfall von insgesamt 59 Milliarden Euro bzw. einen Ausfall an Bruttowertschöpfung von 103 Milliarden Euro (BAuA 2015: 1). Psychische Probleme und Verhaltensstörungen sind die Ursache für 13,9 % der Arbeitsunfähigkeitstage. Nur die Krankheiten des Muskel-Skelett-Systems und des Bindegewebes mit 22,1 % und Krankheiten des Atmungssystems mit 14,7 % verursachen mehr Arbeitsunfähigkeitstage.

Tab. 2: Schätzung der volkswirtschaftlichen Produktionsausfallkosten und der ausgefallenen Bruttowertschöpfung durch Arbeitsunfähigkeit 2013
(Quelle: Bundesanstalt für Arbeitsschutz und Arbeitsmedizin, März 2015)

Ausfallzeiten	
37.824 Tsd. Arbeitnehmer x 15,0 Arbeitsunfähigkeitstage ➤ 567,7 Mio. Arbeitsunfähigkeitstage, beziehungsweise	1,6 Mio ausgefallene Erwerbsjahre
Schätzung der Produktionsausfallkosten anhand der Lohnkosten (Produktionsausfall)	
1,6 Mio. ausgefallene Erwerbsjahre x 37.700 € durchschnittliches Arbeitgeberentgelt [1]	
➤ ausgefallene Produkte durch Arbeitsunfähigkeit	59 Mrd. €
➤ Produktionsausfall je Arbeitnehmer	1.550 €
➤ Produktionsausfall je Arebitsunfähigkeitstag	103 €
➤ Anteil am Bruttonationaleinkommen	2,0 %
Schätzung des Verlustes an Arbeitsproduktivität (Ausfall an Bruttowertschöpfung)	
1,6 Mio. ausgefallene Erwerbsjahre x 66.400 € durchschnittliche Bruttowertschöpfung [1]	
➤ ausgefallene Bruttowertschöpfung	103 Mrd. €
➤ Ausfall an Bruttowertschöpfung je Arbeitnehmer	2.731 €
➤ Ausfall an Bruttowertschöpfung je Arbeitsunfähigkeitstag	182 €
➤ Anteil am Bruttonationaleinkommen	3,6 %

1 Volkswirtschaftliche Gesamtberechnung (Statistisches Bundesamt) *Rundungsfehler*

Arbeitswissenschaftliche und psychologische Studien (vgl. u. a. Yagil et al. 2008) belegen zunehmend den Zusammenhang zwischen Arbeitsbedingungen sowie psychischer Belastung der „HelferInnen" und Ergebnissen auf Seiten der Rat- und Hilfesuchenden. Diese „Produktionsausfälle" und Fehlerkosten sind in der BAuA-Statistik gar nicht berücksichtigt und auch schwer ermittelbar. Yagil und KollegInnen haben in einer gut kontrollierten Studie festgestellt, dass Oberflächenhandeln[5], also Darstellung von Gefühlen nach außen („Servicefreundlichkeit") ohne diese tatsächlich oder sogar gegenteilige Emotionen (z. B. Ekel) zu empfinden, vermehrte Emotionsarbeit erfordert und das Risiko für Burnout erhöht (Yagil et al. 2008 und Dormann & Zapf, 2004; Maslach & Jackson, 1981; Zapf, 2002 zit. in Grant & Campbell 2007). Sicher wirken viele Faktoren bei Fachkräftemangel und hohen Krankheitsraten in der Sozial- und Gesundheitswirtschaft zusammen und Wirkungsbeziehungen können nur schwer kausal belegt werden. Dennoch kann ein wesentlicher Ansatzpunkt zur Verbesserung der Situation der betroffenen HelferInnen sein, dass die in der Kundenbeziehung erlebten Gefühle und Wahrnehmungen Person-fördernd und sinnstiftend gestaltet werden.

Produktionsausfälle und Fehlerkosten

Wie kann in dieser Situation Ästhetik und Design gefordert werden?

Die Begriffe „Ästhetik" und „Design" vermitteln eher den Eindruck von Luxus und scheinen vor dem Hintergrund der Ressourcenknappheit in der Sozial- und Gesundheitswirtschaft zunächst überflüssig. Die Gestaltung sozialer und gesundheitsbezogener Leistungen mit Hilfe von Ästhetik und Design kann jedoch mehr Freude und Motivation bei den Leistungsanbietern und Empfängern bewirken. Darüber hinaus erhalten die Menschen, die ihre menschliche Zuwendung, ihre Kraft und Ihre Emotionen für die intensive Arbeit mit den AdressatInnen zur Verfügung stellen, Gestaltungsräume, um in der Interaktion mit den „KundInnen" positive, Person-fördernde Erfahrungen für die AdressatIn und für sich selbst zu generieren. Damit kann neben Glück und Gesundheit eine höhere Produktivität, u. a. durch geringere Ausfallkosten, erreicht werden, weil die Leistungsanbieter im unmittelbaren Kundenkontakt zufriedener und ausgeglichener sind. Nachhaltige Gesundheitsentwicklung, Wertschaffung und Teilhabe, sowohl auf Seiten der Dienstleister als auch auf Seiten der rat-/hilfesuchenden Personen, sind gerade in Zeiten knapper Ressourcen von hoher Bedeutung. Die Methoden des SSD erfordern die gleichberechtigte Teilhabe vor allem der Kundenkontaktpersonen an der Produktentwicklung und marktstrategischen Ausrichtung der Organisation. Durch die konsequente Anknüpfung der Leistungsangebote an den Wahrneh-

Nachhaltige Gesundheitsentwicklung, Wertschaffung und Teilhabe

---

5 [**Oberflächenhandeln**] In Organisationen gibt es Regeln und Erwartungen, teils formuliert, teils unausgesprochen, *welche* Gefühle, *wie* gegenüber der KundIn geäußert und gezeigt werden dürfen (**Darstellungsregeln**). Diese Regeln wirken unterschiedlich stark auf das tatsächliche Handeln des Kundenkontaktpersonals ein. Wenn z. B. die Leitungsperson repräsentativ für den Arbeitgeber an der Interaktion teilnimmt z. B. als BeobachterIn, kann der Erwartungsdruck höher sein, als wenn die Kontaktperson mit der „KundIn" alleine ist und diese zudem aufgrund Krankheit und Behinderung eingeschränkt ist, ihre Forderungen durchzusetzen. „Beim <<**Oberflächenhandeln**>> wird versucht, die sichtbaren Anteile der Emotion – den Gefühlsausdruck – unabhängig von den erlebten Gefühlen in Einklang mit den Darstellungsregeln zu bringen. Wenn also z. B. gefordert ist, den Kunden freundlich zu begegnen, werden die Kunden angelächelt. Allerdings ist der nonverbale Ausdruck von Gefühlen nicht so leicht zu beeinflussen wie das verbale Verhalten und wirkt daher leicht unglaubwürdig." (Rosenstiel & Nerdinger 2011: 62)

mungen der EndverbraucherInnen, an ihrem Verständnis von ihrer jeweils einzigartigen Situation und an ihren Bedeutungszuschreibungen kann eine größere Wirkung der knappen Ressourcen entfaltet werden (Miettinen & Valtonen 2013). Die Wettbewerbsposition der Organisation wird gestärkt, weil das Leistungsprogramm konsequent an der KundIn augerichtet wird.

Wettbewerbsposition

„In the health-care labour markets of the future, developing management through paying attention to aesthetic understanding may indeed become an important competitive advantage for health and social care organizations" (HUJALA 2011: 446).

Nachhaltige Wertschöpfung

Dabei geht es nicht nur um Wettbewerbsvorteile für das Dienstleistungsunternehmen sondern um nachhaltige Wertschöpfung im volkswirtschaftlichen Sinne mit einem erweiterten Verständnis von ökonomischem Wert in der Sozial- und Gesundheitswirtschaft.

„In den Schuhen der KundIn wandern"

„Customer Journey" heißt eine Methode der Service-DesignerIn. Das bedeutet, gewissermaßen in den Schuhen der „KundIn" durch die Service-Welt zu wandern und z. B. zu sehen, wenn ein Ort schlecht ausgeschildert oder mit dem Rollstuhl nicht erreichbar ist oder das Kind der KlientIn bei der Schuldnerberatung nicht mit hinein darf bzw. während des Gesprächs nicht betreut werden kann. Die „Reise" wird im Rahmen der Produktentwicklung dokumentiert und hinsichtlich der Konsequenzen für die Ausgestaltung des Leistungsangebotes beurteilt (Mager 2007: 115). Dadurch können die knappen Ressourcen zielgenau eingesetzt werden. Denn, was am Bedarf der rat-/hilfesuchenden Person vorbei geht, führt in der Regel ins Leere, wird von der AdressatIn nicht angenommen. Insbesondere im Erstkontakt, wenn es darum geht, die rat-/hilfesuchenden Person für das Angebot zu gewinnen und Vertrauen aufzubauen, ist es wichtig, die Person zu verstehen, wie sie selbst ihre Situation sieht und einschätzt.

Aufrichtige und zweckfreie Zuwendung

Ein wichtiges ästhetisches, ja fast schon kontemplatives Element in der Gestaltung sozialer und gesundheitsbezogener Leistungen ist die aufrichtige und zunächst zweckfreie Zuwendung zu der rat-/hilfesuchenden Person. Damit ist das aktive und wertschätzende Zuhören und Anschauen, das zunächst ganz frei von Wertung ist, gemeint. In der qualitativen Sozialforschung findet sich diese Haltung auf Seiten der ForscherIn, die sich zunächst ins Forschungsfeld begibt und eintaucht, um ihre Daten, hier die Wahrnehmung und das Erleben der StudienteilnehmerInnen selbst, zu sammeln. Vorannahmen und mögliche Verzerrungseffekte bei der Wahrnehmung werden expliziert und in der Feldarbeitsphase möglichst in den Hintergrund gestellt (eidetische Reduktion).

Passgenaues Serviceangebot

Um ein wirklich passgenaues Serviceangebot zu entwickeln, ist genau diese Grundhaltung, wie die einer qualitativen ForscherIn, erforderlich. Auch wenn die zeitliche und räumliche Zusammenkunft von Kundenkontaktperson und KundIn zunächst einen Zweck verfolgt (die KundIn sucht nach Rat und Hilfe, die Kundenkontaktperson möchte ihr Angebot an die Frau/den Mann bringen), so ist zumindest für einen kurzen Moment, dieser Zweck in den Hintergrund zu stellen, um die Vertrauens- und Informationsbasis für die weitere Interaktion zu schaffen. Service Design wendet deshalb auch Methoden der Ethnographie an, um in die Welt der „KundIn" einzutauchen und die Situation aus ihrer Perspektive zu verstehen. Fallanalysen, Video- und Bilderdokumentationen unterstützen dabei, in die Binnenperspektive der rat-/hilfesuchenden Person zu kommen und das Leistungsangebot konsequent und systematisch danach auszurichten (Mulgan 2014: 2). Angesichts der Ressourcenknappheit kann es sich die Sozial- und Gesundheitswirtschaft einfach nicht leisten, Leistungsangebote und den Leistungserstellungsprozess an den Bedarfen vorbei anzubieten. Hier bedeutet eine sorgfältige Bestandsaufnahme im Sinne der Auftragsklärung unter Einbeziehung der Perspektive der rat-/hilfesuchenden Person eine sinnvolle Investition. Durch die Erlebensorientierung und subjektive Nutzenorientierung kann mehr Wohlergehen auf Seiten der Leistungserbringer und der Rat-/Hilfesuchenden erreicht werden. Ökonomischer Wert wird nachhaltig geschaffen, indem z. B. Dienstleistungsbeziehungen auf einer stabilen Vertrauensbasis lange währen und die am Leistungsgeschehen unmittelbar Beteiligten, Wertschätzung und die Leistung selbst als Person-fördernd und bereichernd erfahren. Der Nutzen entsteht auf mehreren Ebenen und zeigt sich häufig erst langfristig und über die einzelnen Finanzierungstöpfe des Sozialleistungsrechts hinweg, was den Beleg der Wirkung von Service Design erschwert.

Wohlergehen

Ziel der wirtschaftlichen Tätigkeit ist das Schaffen und Bereitstellen von Gütern (Sachgüter und Dienstleistungen sowie Leistungsbündel), die der menschlichen Bedürfnisbefriedigung dienen. Dabei geht die „klassische" Betriebswirtschaftslehre mit ihren Modellen und Konzepten nicht von einer reinen wohlfahrtlichen Bedürfnisbefriedigung aus, sondern für Betriebswirtschaften sind der Bedarf, d. h. wenn das Bedürfnis konkretisiert und mit Kaufkraft gekoppelt ist, von Interesse. Die klassische ökonomisch-rationale Perspektive sieht die im Wirtschafts- und Marktgeschehen handelnde Person als Homo oeconomicus, der die Nutzenmaximierung als Ziel hat, der vollkommene Informationen besitzt, eine freie Kaufentscheidung trifft und unendlich schnell reagieren kann. Freilich handelt es sich hier um einen theoretisch konstruierten Idealtypus mit Grundannahmen zur Motivation menschlichen Entscheidungsverhaltens im Wirtschaftsgefüge, um Komplexität zu reduzieren und Theorien mit Vorhersagekraft zu entwickeln. Dennoch müssen vor der Übertragung betriebswirtschaftlicher Modelle in sensible Bereiche der Sozial- und Gesundheitswirtschaft kritisch hinterfragt werden. Den Steuerungsmodellen des Marktes und der Organisationen liegt häufig dieser Idealtypus zugrunde. Veränderungsprozesse folgen dabei einer linearen Ursache-Wirkungskette. In den Wirtschaftswissenschaften entwickelten sich weiterführende Ansätze wie z. B. die systemisch-evolutorische, die systemisch-konstruktivistische Perspektive oder verhaltensorientierte Ansätze. Insbesondere diese systemtheoretisch begründeten Ansätze führten dazu, dass sich die Betriebswirtschaftslehre als „eine Wissenschaft, deren Modelle und Konzepte unabhängig vom Wirtschaftszweig und Unternehmen einsetzbar sind" versteht (Halfar et al. 2014: 79). Die Übertragung von einzelnen Denkweisen und Instrumenten der Betriebswirtschaft auf Sozialeinrichtungen gelingt mehr oder weniger und unterstützt in den letzten Jahren unterschiedlich die Professionalisierung des Managements in der Sozial- und Gesundheitswirtschaft.

Systemisch-konstruktivistische Perspektive

„Bei der Anwendung der Betriebswirtschaft ist zu unterscheiden, welche Bereiche wirklich unabhängig vom Wirtschaftszweig sind und daher problemlos in die Sozial- und Gesundheitswirtschaft übertragen werden können, und welche Bereiche eben doch einer gewissen Adaption bedürfen" (Halfar et al. 2014: 79).

Sozial- und Gesundheitswirschaftslehre als eigenständige, sozialwissenschaftliche Disziplin

Diese Transferprozesse basieren auf einer noch schwachen theoretischen Basis der Sozial- und Gesundheitswirtschaftslehre als eigenständige, sozialwissenschaftliche Disziplin (Brinkmann 2010: 9). Mit einer Adaption des Instrumentariums ist es nicht getan, dazu ist der Gegenstand der Sozial- und Gesundheitswirtschaftslehre zu unterschiedlich zu dem der Betriebswirtschaftslehre. Alleine schon die Zuwendungsbeziehung, der sich keine HelferIn entziehen kann, begründet eine eigenständige Theorie, in deren Folge ein adäquates Instrumentarium zu entwickeln ist. Darum wird nun versucht, eine zusammenhängende Theorie für die Sozial- und Gesundheitswirtschaftslehre auf Basis des Wert-Paradigmas zu entwickeln, um die Instrumente wirklich zum Nutzen der AkteurInnen einsetzen zu können und nicht umgekehrt die AkteurInnen zu instrumentalisieren. Es ist an der Zeit, dass sich die Angehörigen der „helfenden" Professionen eine eigene Wirtschaftslehre geben, die an den konkreten Handlungszusammenhängen häufig existenziell bedeutungsvoller, von menschlichem Leid und menschlicher Zuwendung geprägter „Tausch"-beziehungen anknüpft. Zunächst ist dazu der Gegenstand genauer zu bestimmen.

Wert-Paradigma

2. Die Beschaffenheit der *sozialen und gesundheitsbezogenen Dienstleistungen als Modelliermasse im Kreativprozess*

Jede HandwerkerIn und KünstlerIn muss zunächst das Material, mit dem gearbeitet wird, kennen und vorbereiten. Die TöpferIn muss z. B. wissen, wie sich der Ton in verschiedenen Zuständen verhält, was passiert, wenn zu wenig oder zu viel Wasser beigemischt wird oder das fertige Tongefäß gebrannt wird. Die WissenschaftlerInnen sprechen hier auch vom „Gegenstand", der beschrieben, erklärt und in seinem Verhalten vorhergesagt werden soll. Die Methoden zur Beforschung dieses Gegenstandes sind adäquat und angemessen zu wählen. Bevor wir also mit dem Gegenstand der Sozial- und Gesundheitswirtschaftslehre irgendetwas anstellen, müssen wir wissen, was eigentlich der Gegenstand ist und welches die kennzeichnenden Eigenschaften sind. Mit einem konstitutiven Ansatz sollen nun die sozialen und gesundheitsbezogenen Leistungen als Dienstleistungen der Sozial- und Gesundheitswirtschaft charakterisiert werden. Da die Menschen, die diese Dienstleistungen anbieten und in Anspruch nehmen, integraler Bestandteil des Leistungsgeschehens sind, müssen die Rollen der HelferIn und der rat-/hilfesuchenden Person erklärt werden, bevor wir sie in den Design-Prozess verstricken – oder, um im Bild der Töpferei zu bleiben, zu Gefäße formen. Zu allererst ist aber die „Werkstätte", also der Rahmen, in dem soziale und gesundheitsbezogene Dienstleistungen erbracht werden, zu beschreiben.

Gegenstand

2.1 Das sozial- und gesundheitswirtschaftliche Leistungsgefüge – Wirkungsstätte der Social Service DesignerIn

DienstleisterInnen in der Sozial- und Gesundheitswirtschaft bewegen sich zwischen **primären Netzen** (informeller Sektor, z. B. Helferstrukturen in Familie, Nachbarschaft und Freundeskreis), **Markt**, **Staat** und **Assoziationen** (**Dritter Sektor**, bürgerschaftliches Engagement, Wohlfahrtsverbände, Kirchen) (vgl. Klie & Roß 2005: 23). Dabei übernimmt das Sozial- und Gesundheitsmanagement ausgleichende, steuernde und gestaltende Funktionen. Um den Aufgaben in diesem Spannungsfeld gewachsen zu sein, sind Kompetenzen und instrumentelle Fertigkeiten in unterschiedlichen Bereichen auszubilden: Netzwerk- und Teamarbeit, zugleich die Bereitschaft, Führungsverantwortung zu übernehmen sowie die Förderung und Handhabung der Vielfalt von Lebensentwürfen, kulturellen Hintergründen und geschlechtlicher Identität (Diversity Management). Zumeist sind soziale und gesundheitsbezogene Dienstleistungen wissensintensiv und erfordern vom Sozial- und Gesundheitsmanagement die Fähigkeit der Ermittlung des aktuellen Wissensstandes (state of the art) als auch dessen Implementierung in die Praxis (Evidence-Basierung und Dissemination).

Sozial- und Gesundheitsmanagement

Sozial- und Gesundheitsmanagement

Dritter Sektor
- Not-For-Profit
- feiwillige Mitgliedschaft
- Interessenvertretung
- Solidarität
- Wertorientierung

Staat
- Grundsicherung
- Wohlfahrtsorientierung
- Wertorientierung
- Haushaltsplanung und -entscheidung nach den vorherrschenden Werten der politischen Mehrheit

Primäre Netze
- Soziale Präfenzen
- Beziehung
- Vertrauen
- Freiwilligkeit
- Unsichere Verfügbarkeit

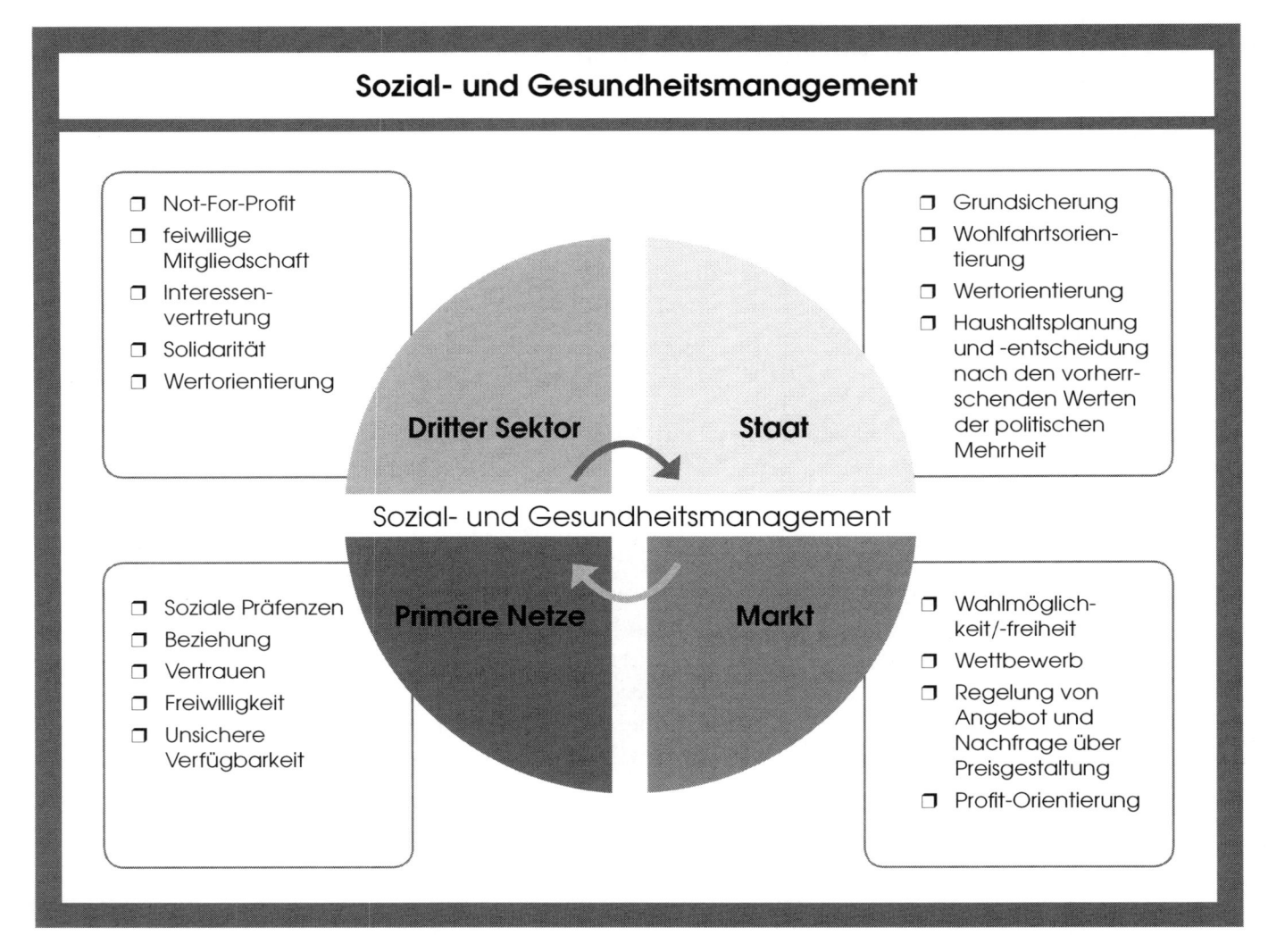

Markt
- Wahlmöglichkeit/-freiheit
- Wettbewerb
- Regelung von Angebot und Nachfrage über Preisgestaltung
- Profit-Orientierung

Abb. 1: Funktion des Sozialmanagements im sozialwirtschaftlichen Leistungsgefüge (in Anlehnung an Klie & Roß 2005: 23)

Primäre Netze Unterstützende co-produzierende Wirkung

Soziale und gesundheitsbezogene Dienstleistungen können in den vier Sektoren der Sozial- und Gesundheitswirtschaft getrennt und auch zugleich in mehreren Sektoren erbracht werden. **Primäre Netze** spielen stets eine Rolle, auch wenn sie unterschiedlich ausgeprägt sind und ihre unterstützende bzw. co-produzierende Wirkung differiert. Sie funktionieren auf Basis von Vertrauen und Beziehung. Aus sozialen Präferenzen heraus, werden Leistungen freiwillig erbracht. Die Verfügbarkeit von freiwillig Helfenden ist jedoch unsicher, denn die Arbeitswelt und sonstige Verpflichtungen, z. B. in der eigenen Familie, sind umfangreich und lassen zunehmend weniger Spielraum für bürgerschaftliches und familiäres Engagement. Beziehungsbrüche können die Leistungsbereitschaft von heute auf morgen in den primären Netzen ganz auf Null setzen. **Marktprinzipien** können nur in den Bereichen wirken, in denen die NutzerInnen faktisch eine Wahlmöglichkeit haben und frei sowie informiert zwischen verschiedenen Angeboten, deren Preis-Leistungsverhältnis ersichtlich ist (Transparenz), entscheiden können. Die verschiedenen Leistungsanbieter stehen in einer echten Wettbewerbssituation und streben

Marktprinzipien

Gewinnmaximierung (Profit) an. Anteilseigner haben ein Interesse der Rendite und Wertsteigerung ihrer Einlagen, sodass weniger soziale Präferenzen die Entscheidung zur Kapitaleinlage und Leistungserbringung leiten, sondern eher die persönliche Nutzenmaximierung. Dennoch setzt der Staat in der sozialen Marktwirtschaft die Rahmenbedingungen und Grenzen dieser Nutzenmaximierung, wie z. B. durch das Kartellrecht und den Verbraucherschutz. Seine Verpflichtung zur Grundsicherung (Art. 1 Abs. 1 Grundgesetz, GG, in Verbindung mit dem Sozialstaatsprinzip, Artikel 20 GG) zwingt den **Staat** Leistungen für sozial Schwache anzubieten, auch wenn diese durch die NutzerInnen selbst nicht refinanziert werden können. Dieses im Zwölften Buch des Sozialgesetzbuchs (SGB XII, Sozialhilfe, Grundsicherung) angelegte Leistungsspektrum umfasst u. a. Hilfen zum Lebensunterhalt, Grundsicherung im Alter und bei Erwerbsminderung, Hilfen zur Gesundheit, Eingliederungshilfe für Menschen mit Behinderung, Hilfe zur Pflege, Hilfe zur Überwindung besonderer sozialer Schwierigkeiten, Hilfe in anderen Lebenslagen (Blindenhilfe, Altenhilfe, Hilfe in sonstigen Lebenslagen, Bestattungskosten) und die mit diesen Hilfen verbundene, gebotene Beratung und Unterstützung. Diese subsidiär (nachrangig nach Ausschöpfung der Potentiale primärer Netze) eintretenden Hilfsstrukturen sichern die physische Existenz und sorgen für ein Mindestmaß an Teilhabe am gesellschaftlichen, kulturellen und politischen Leben (soziokulturelles Existenzminimum) und damit für die Konkretisierung des Grundrechts auf Gewährleistung einer menschenwürdigen Existenz (vgl. Klie u. Roß 2005). Das Grundrecht auf Leben und die Gewährleistung körperlicher Unversehrtheit (Art. 2 Satz 2 GG) erfordern das staatliche Engagement im Gesundheitsschutz, in der Gesundheitsförderung und in der Pflege. In den sozialen Marktwirtschaften Europas engagiert sich der Staat je nach politischer Machtstruktur unterschiedlich stark für die soziale und gesundheitliche Absicherung der BürgerInnen. Oberstes Prinzip ist dabei die Gleichheit der BürgerInnen vor der Verfassung und vor dem Gesetz. Niemand darf wegen seines Geschlechtes, seiner Abstammung, seiner Rasse, seiner Sprache, seiner Heimat und Herkunft, seines Glaubens, seiner religiösen oder politischen Anschauungen benachteiligt oder bevorzugt werden. Niemand darf wegen seiner Behinderung benachteiligt werden (Art. 3 Satz 3 GG). Der **intermediäre, Dritte Sektor** nimmt mit seinen Akteuren (u. a. Wohlfahrtsverbände, Menschenrechtsverbände, Kirchen, Vereine, Stiftungen) eine Mittlerfunktion ein und kann Defizite in den jeweils anderen Sektoren ausgleichen. Die Interessen sind am jeweiligen Zweck der Vereinigung (z. B. Satzungszweck des Vereins, der Stiftung) ausgerichtet. Die Aktivitäten müssen diesen Zweck erfüllen. Die Hilfen erfolgen deshalb auch nicht rein altruistisch, sondern zweckorientiert, sei es nur der Zweck des eigenen Seelenheils. Immer häufiger bewegen sich Organisationen des Dritten Sektors mit Teilbereichen auch auf dem Markt, indem z. B. Gesellschaften ausgegründet werden. So haben Wohlfahrtsverbände z. B. längst den Markt der ambulanten Pflege für sich entdeckt und bearbeiten diesen mit solchen Gesellschaften z. B. mit beschränkter Haftung (GmbH). Im besten Fall erfolgt bei Gewinn dann auch eine Querfinanzierung zu Leistungsbereichen, die sich nicht selbst tragen können. Nicht selten werden Leitgedanken der ursprünglich am wohlfahrtsorientierten Zweck ausgerichteten Organisation für das Marketing der ausgegründeten Gesellschaften verarbeitet.

Staat

Intermediärer Dritter Sektor

Verschränkung von Sozial- und Gesundheitswirtschaft

Teilhabe (participation)

Der grundgesetzlich verankerte Anspruch auf **Teilhabe** (participation) verbindet in besonderem Maße die sozialen mit den gesundheitsbezogenen Leistungen. Deshalb bezieht der Begriff Sozialmanagement alle ausgleichenden, steuernden und gestaltenden Aktivitäten sowohl im Bereich der sozialen als auch der gesundheitsbezogenen, einschließlich der pflegerischen Leistungen ein. Der zunehmend, dichter werdende, wissenschaftliche Beleg über den engen Zusammenhang zwischen der sozialen und gesundheitlichen Lage (Robert Koch Institut 2014) unterstützt dieses Begriffsverständnis. Nachfolgend wird nun der Gegenstandsbereich des Sozial- und Gesundheitsmanagements konkretisiert. Dennoch sind gesundheitsbezogene Dienstleistungen zu differenzieren, da sie die Dimension des körperlichen, psychischen und seelischen Heils beinhaltet und das Recht der Unversehrtheit zu beachten haben.

2.2 Beschaffenheit der Modelliermasse im Kreativprozess

Soziale und gesundheitsbezogene Leistungen in den verschiedenen Leistungsbereichen (z. B. Jugendhilfe, Schuldnerberatung, frühkindliche Erziehung, Pflege) und Sektoren (z. B. ambulant, stationär, teilstationär) sind zunächst zu kennzeichnen und zu definieren, um den Gegenstandsbereich, also was betrachtet werden soll und für was das nachfolgend Gesagte gelten soll, klar abzugrenzen. Um die Philosophie und die Technologie des Service Design adäquat für die Produktentwicklung anwenden zu können, muss die soziale und gesundheitsbezogene Dienstleistung als Produkt zunächst erklärt werden. Dazu sind wirtschaftswissenschaftliche Definitionsansätze durch die sozial- und pflegewissenschaftliche Sichtweise zu ergänzen. In der wirtschaftswissenschaftlichen Literatur gibt es verschiedene Definitionsansätze für die Dienstleistung. Nach Schneider/Scheer 2003[6] werden die Herangehensweisen unterschieden in enumerative, institutionelle, phasenorientierte und konstitutionelle Ansätze. **Enumerative Ansätze** versuchen, durch das Aufzählen von Beispielen die Dienstleistung zu kennzeichnen. Konkrete Leistungsbeschreibungen können den Begriff zwar gut veranschaulichen, es besteht jedoch das Problem, dass die gemeinsame Definitionsbasis nicht eindeutig geklärt und neue, weiterentwickelte Leistungen, zu denen es keine vergleichbaren Leistungen gibt, schwer eingeordnet werden können. Der **institutionelle Ansatz** ordnet die Dienstleistung ausschließlich dem tertiären Sektor des Wirtschaftssystems zu und definiert diese in Abgrenzung zu den Produkten und Leistungen des primären (Landwirtschaft) und sekundären (Industrie) Sektors. Der

Phasenbegriff

Phasenbegriff beschreibt die Dienstleistung über die einzelnen Schritte des Erstellungsprozesses. In der Potentialphase findet die Vorkombination der Produktionsfaktoren statt, sodass die Leistungsbereitschaft entsteht. In der Prozessphase wird der externe Faktor („KundIn") in den Erstellungsprozess integriert. Unmittelbare Prozessergebnisse (Output) und langfristige Wirkun-

---

[6] Schneider Kristof, Scheer August-Wilhelm: Konzept zur systematischen und kundenorientierten Entwicklung von Dienstleistungen. In Scheer August-Wilhelm, Veröffentlichungen des Instituts für Wirtschaftsinformatik Heft 175, Iwi im Deutschen Forschungsinstitut für Künstliche Intelligenz DFKI, Saarbrücken, April 2003

gen (Outcome und Impact) werden in der Ergebnisphase bzgl. der zeitlichen Dimension unterschieden. Die Definition über charakteristische, konstitutive Merkmale erfolgt im **konstitutiven Ansatz**.

Konstitutiver Ansatz

Im Folgenden werden die sozialen und gesundheitsbezogenen Dienstleistungen auf Basis des **konstitutiven Ansatzes** und des **Phasenbegriffs** definiert. Darüber hinaus werden weitere, wichtige konstitutive Merkmale und besondere Kennzeichen des Leistungserstellungsprozesses aus sozial- und pflegewissenschaftlicher Perspektive begründet.

Gesundheitsbezogene und soziale Leistungen sind **wissensintensive Dienstleistungen**. Das Entscheiden und Arbeiten auf Basis des aktuellen Wissensstandes (**Evidencebasierung**) kann für die NutzerIn der Leistung im Gesundheitsbereich lebenswichtige Bedeutung haben. Die PatientInnen vertrauen z. B. darauf, dass sie keiner unnötigen Belastung und Gefährdung ausgesetzt werden und sie auch keinen Schaden erleiden, wenn sie sich einer Behandlung unterziehen. In der Literatur wird dazu das „Eisen-Föhnen-Beispiel" häufig zitiert. Früher galt die abwechselnde Behandlung einer wund gelegenen Körperstelle mit Kälte, die durch Abreiben mit Eiswasser erzeugt und Wärme, die durch einen Föhn zugeführt wurde, als die Methode der Wahl, um Druckgeschwüre zu behandeln. Wissenschaftliche Untersuchungen haben jedoch gezeigt, dass der Heilungsprozess durch die für die PatientIn sehr schmerzhafte Prozedur nicht gefördert, ja sogar behindert wird. Heute würde die Anwendung als Körperverletzung bewertet.

Wissensintensive Dienstleistungen

Eine unprofessionelle Schuldnerberatung kann z. B. dazu führen, dass „Nina" noch weiter in die Schuldenfalle rutscht oder unnötig hohe Zinsen zahlen muss. Fehlen der BeraterIn Kenntnisse über die rechtlichen Rahmenbedingungen kann „Nina" in weitere wirtschaftliche Notlagen kommen.

Gesundheitsbezogene und soziale Leistungen sind **humane Dienstleistungen**. Rat-/hilfesuchende Menschen befinden sich häufig in Notlagen und sind existenziell bedroht, sodass sich zwischen beratender, helfender Person und hilfesuchender Person eine besondere Zuwendungsbeziehung (Watson 1996) aufbaut. Nachfolgend wird auf die Zuwendungsbeziehung als wesentliches Kennzeichen der sozialen und gesundheitsbezogenen Dienstleistung näher eingegangen.

Humane Dienstleistungen

2.3 Die Zuwendungsbeziehung als zweckfreie, wirksame und Wert schaffende Dimension

Pflege

In der Pflegewissenschaft existieren unterschiedliche Definitionen, was Pflege ist. Berufsverbände und der internationale Weltverband der professionell Pflegenden (International Council of Nurses, ICN) definiert den Wirkungs- und Verantwortungsbereich, wie auch die berufsethischen Grundprinzipien (ICN Code of Ethics) der Pflege. Pflegerische Leistungen als ein Segment der gesundheitsbezogenen Dienstleistungen beziehen sich nicht nur auf Individuen aller Altersstufen, sondern auch auf Familien, Gruppen und Gemeinden. Im umgangssprachlichen Gebrauch wird Pflege meist dort verortet, wo Menschen aufgrund schwerer Erkrankung oder in der Sterbephase nicht mehr selbst für sich sorgen können. Dabei wird Pflege häufig auf die Hilfestellung zur Befriedigung körperlicher Bedürfnisse (Essen, Trinken, Ausscheiden, Waschen und Anziehen, Bewegen) reduziert. Die Definition des ICN verdeutlicht jedoch, dass die Wirkungsbereiche der Pflege bis in die Politik und Forschung hineinreichen. Auf der Individualebene sind Prävention und Gesundheitsförderung, sowie Edukation und Beratung wichtige Aufgabenbereiche. So übernehmen z. B. Pflegefachpersonen in den Schulen Aufgaben der Gesundheitserziehung oder wirken bei der Gesundheitsaufklärung mit. Die Gestaltung gesundheitsfördernder Umweltbedingungen, Gesundheitspolitik, Gesundheitsmanagement und Forschung sind weitere wichtige Tätigkeitsbereiche.

„Nursing encompasses autonomous and collaborative care of individuals of all ages, families, groups and communities, sick or well and in all settings. Nursing includes the promotion of health, prevention of illness, and the care of ill, disabled and dying people. Advocacy, promotion of a safe environment, research, participation in shaping health policy and in patient and health systems management, and education are also key nursing roles." (ICN 2014, verfügbar unter: http://www.icn.ch/who-we-are/icn-definition-of-nursing/zuletzt geprüft am 24.07.2015)

Der Aktionsradius der Pflegefachperson erstreckt sich von der individuellen Ebene über die Mesoebene (Organisationen) bis hin zur Makroebene (Gesundheitspolitik).

Für die Mikroebene, also das Dienstleistungsgeschehen zwischen Pflegefachperson und PatientIn, liefert die Definition der Pflegewissenschaftlerin Jean Watson konkrete Ansätze, die auch für die Charakterisierung der sozialen und gesundheitsbezogenen DL allgemein hilfreich sind. Nach Watson (1996) ist der Gegenstand der Pflege die menschliche Erfahrung von Gesundheit und Krankheit, „wie sie durch professionelle, persönliche, wissenschaftliche, ästhetische und ethische Transaktionen der menschlichen Zuwendung" (Watson 1996: 74) vermittelt wird.

Die „transpersonale Zuwendungsbeziehung" bildet dabei die Basis für die Vermittlung von Erfahrungen und hängt nach Watson von folgenden Faktoren, die an dieser Stelle verkürzt dargestellt werden, ab (Watson 1996: 85f.):

Transpersonale Zuwendungsbeziehung

- Moralische Verpflichtung, die Würde der Person zu schützen und zu achten, sodass die Person die Bedeutung ihrer Erfahrungen selbst bestimmen kann
- Wille und Bereitschaft der Pflegekraft, die Subjektivität der Person in der Ich-Du-Beziehung zu bejahen
- Fähigkeit der Pflegekraft, die Gefühle und innere Verfassung der Person wahrzunehmen und genau zu erfassen
- Fähigkeit der Pflegekraft, das „In-der-Welt-Sein" der Person wahrzunehmen
- Bewusstsein der Pflegekraft für die eigene Lebensgeschichte („kausale Vergangenheit")

Weil es im Social Service Design um das individuelle Erleben und genau um diese Erfahrungen, die in der DL-Beziehung zwischen Kundenkontaktperson und AdressatIn vermittelt werden, geht, bietet dieser Ansatz konkrete Anknüpfungspunkte. Die transpersonale Zuwendungsbeziehung kann auch bei der wirtschaftlichen Betrachtung sozialer und gesundheitsbezogener DL nicht außen vor gelassen werden. Die Kundenkontaktperson wird bei sozialen und gesundheitsbezogenen DL mit der Lebensgeschichte der AdressatIn konfrontiert, ob sie nun als Gegenstand des Leistungsgeschehens gesehen wird oder nicht. Denn der Anlass, der zur Beanspruchung der Leistung führt, hat stets Bedeutung für das Leben der rat-/hilfesuchenden Person und muss sinnvoll in den Lebenslauf der Person eingefügt werden. Gelingt dies nicht, verfehlt die Leistung ihre Wirkung, v.a. ihre nachhaltige Wirkung. Watson geht sogar so weit zu behaupten, dass hauptsächlich in der **transpersonalen Zuwendungsbeziehung** die heilende Wirkung der Pflege begründet ist. Freilich mag an dieser Stelle die konsequente AnalytikerIn und EmpirikerIn einwenden, dass alle menschliche Zuwendung nichts nütze, wenn mit wissenschaftlich unwirksamen, oder sogar schädlichen Methoden behandelt wird. Dennoch nützt das beste Behandlungsprogramm nichts, wenn es der TherapeutIn nicht gelingt, das Vertrauen der PatientIn zu gewinnen, um sie zur Mitwirkung zu motivieren. Wer kennt das nicht, dass die verschriebenen Tabletten nach dem Lesen des Beipackzettels im Müll landen. Was nützen da die teuersten, wirksamsten Medikamente, wenn die PatientIn nicht versteht, wozu sie das Medikament einnehmen soll und kein Vertrauen in die Therapie hat.

Diese von Watson beschriebene Beziehungsebene ist ein **zweckfreier Raum**, der sich einer Nutzenbeurteilung im ökonomischen Sinne entzieht und spontan gestaltet wird. Die Zuwendung zum Menschen um seiner selbst willen, aus Menschlichkeit und dem tiefen Bedürfnis der Fürsorge heraus, lässt sich weder standardisieren noch vorschreiben. Sie stellt häufig einen wesentlichen Motivationsfaktor für die HelferIn bzw. interne Kundenkontaktperson dar, ist teilweise sogar entscheidend für die Berufswahl. Marktanalytische

Zweckfreier Raum

und strategische Überlegungen finden hier ihre Grenze, auch wenn gerade aus dieser Beziehung heraus wünschenswerte Folgeeffekte mit ökonomischer Bedeutung (z. B. die MitarbeiterInnen- und KundInnenzufriedenheit, erhöhte Weiterempfehlungsrate, KundInnenbindung) entstehen können. Für diesen Bereich gilt es gezielt Gestaltungsräume zu schaffen.

Gestaltungsräume

Soziale und gesundheitsbezogene Leistungen werden in dieser Schrift vor allem anhand der Schuldnerberatung und der Pflege beispielhaft ausgeführt, schließen jedoch alle Bereiche der Sozialen Arbeit, der Sozialpädagogik und der fachtherapeutischen Berufe im medizinischen Bereich ein. Alle Professionsangehörigen, die die hier beschriebenen Charakteristika für die von Ihnen angebotenen Leistungen als zutreffend sehen, können die Theorie der Wertkonstruktion und die Methoden des Social Service Design auf Ihren Bereich versuchen, zu übertragen.

Hohe Dynamik

Weiterhin zeichnen sich soziale und gesundheitsbezogene Leistungen durch eine **hohe Dynamik** in den Ausprägungsgraden der Leistung aus, die hohe Anforderungen an die Flexibilität des Leistungserstellungsprozesses, der unterstützenden Prozesse und Strukturen stellen:

- **hoher Spezifitätsgrad**: Das erforderliche Wissen für die Durchführung der Leistung von Seiten der LeistungserbringerIn kann sehr unterschiedlich sein, sowohl in Bezug auf die erforderliche Aktualität, die Menge und die Qualität bzw. Komplexität. Die SchuldnerberaterIn muss z. B. auf dem aktuellen Stand der rechtlichen Rahmenbedingungen sein und die Finanzmarktlage kennen. Soziale und gesundheitsbezogene Dienstleistungen können höchste Grade der Spezifität erreichen, denkt man nur an hochkomplexe Versorgungskonzepte für WachkomapatientInnen in ambulant betreuten Wohngruppen.
- **hoher Varietäts- und Variabilitätsgrad**: Es sind Anpassungsleistungen sowohl an individuelle Bedarfsstrukturen und Bedeutungssysteme, als auch an sich ständig verändernde Anforderungen an die Kapazität zu erbringen. So kann z. B. die Situation einer akut erkrankten PatientIn von einem Moment auf den anderen kritisch werden, sodass innerhalb kürzester Zeit ein Intensivpflegebedarf entsteht, der das Mehrfache an Personal und technologischer Unterstützung erfordert.
- **hoher Interaktivitäts- und Integrationsgrad**: Die Interaktion mit der NutzerIn der Leistung kann erheblich variieren. Während z. B. bei der einen SchuldnerIn eine einmalige Beratung ausreicht und diese selbständig die Ratschläge umsetzt, muss eine andere SchuldnerIn sehr engmaschig begleitet werden (hoher Integrationsgrad).

Der hohe Interaktivitätsgrad ist u. a. auch im Zusammenhang mit der Zuwendungsbeziehung bedeutungsvoll und kann mit anderen Dienstleistungen kaum verglichen werden. Deshalb lohnt sich der Blick auf die Personen, die diese Leistungen gestalten.

2.4 Subjekte der Sozial- und Gesundheitswirtschaft – Subjektbezeichnungen und ihre Implikationen

Im prozessorientierten Ansatz des Dienstleistungsbegriffs wird die Person, die soziale und gesundheitsbezogene Dienstleistungen nachfragt, auch als „externer Faktor" bezeichnet. Die DL-Organisation kombiniert intern Produktionsfaktoren, z. B. das Wissen der MitarbeiterInnen, Anlagen und Hilfsmittel, um leistungsbereit zu sein (Vorkombination). Erst wenn die EndverbraucherIn hinzukommt, kann die Dienstleistung erbracht werden. Als externer Faktor übernimmt die EndverbraucherIn eine wichtige Funktion im Produktionsprozess. Während sie in den Genuss der Leistung kommt produziert sie gleichzeitig die Leistung mit. Dafür wurde in der Literatur das Kunstwort „Prosumer" (Corsten, Gössinger 2007: 128ff.) geschaffen, das sich aus „producer" und „consumer" zusammensetzt. Nimmt z. B. eine PatientIn eine Gesundheitsberatung in Anspruch, kann die Beratungsleistung durch die Pflegefachperson nur erfolgen, wenn die PatientIn zur richtigen Zeit am richtigen Ort ist und sie z. B. durch ihre Fragen und ihre Bereitschaft, zuzuhören und Informationen aufzunehmen, am Beratungsprozess aktiv teilnimmt. Sie beeinflusst die Qualität des Produktes „Gesundheitsberatung" wesentlich mit, indem die PatientIn Informationen von ihrer gesundheitlichen Situation gibt oder an den Stellen im Gespräch nachfragt, an denen Informationen nicht verstanden wurden. Rat-/hilfesuchende Person und Kundenkontaktperson sind integrale Bestandteile der Leistung. Das Subjekt des Leistungserstellungsprozesses wird je nach Branche und Betrachtungswinkel unterschiedlich bezeichnet. Die Bezeichnungen als „KlientIn", „PatientIn", „KundIn", „AdressatIn" etc. beinhalten bestimmte Grundannahmen über die Aktivität, die Selbstbestimmung sowie das Person-sein im Sinne eines lebenslangen, selbst gesteuerten Entwicklungsprozesses. Das Subjekt kann eine einzelne Person, eine Familie und Lebensgemeinschaft, eine Gruppe oder auch ein Gemeinwesen sein. Die LeistungserbringerIn übernimmt ein vorübergehendes Mandat (Auftrag) im Lebenslauf der rat-/hilfesuchenden Person in ihrem Bestreben nach Partizipation (gesellschaftliche Teilhabe) und Gesundheit. Diese Suche ist ein kontinuierlicher Prozess im Lebenslauf, in den das Leistungsangebot punktuell eingreift, wenn das personale System aus der Balance gerät. Gesundheitsleistungen müssen z. B. in Anspruch genommen werden, wenn die Gesundheitsressourcen und Selbstpflegekompetenzen der Person nicht mehr ausreichen, um den Anforderungen zu begegnen. Auf uns wirken ständig Belastungen von außen aus der Umwelt und auch von innen durch unseren Organismus ein (Stimuli). Stressbewältigungsstrategien können lange Zeit z. B. berufliche Anforderungen ausgleichen. Kommt die Person jedoch an einen Punkt, an dem ihre eigenen Strategien nicht mehr ausreichen, um z. B. den beruflichen Stress zu kompensieren, und wird krank, dann muss das Hilfesystem in Anspruch genommen werden. Die Person wird für einen begrenzten Zeitraum eine KlientIn oder PatientIn. Dieser Statuswechsel zur Hilfe suchenden Person ist mit z.T. erheblichen Einwirkungen auf das Selbstkonzept verbunden, führen wir uns z. B. vor Augen, dass aus der selbstbestimmten, souveränen ManagerIn eine hilflose, handlungsunfähige PatientIn wird, wenn sie oder er die Stressbelastungsgrenze überschritten hat und ins Burnout gefallen ist.

Externer Faktor

Prosumer

Personales System

Selbstkonzept

Rat-/hilfesuchende Person
Durch die lebenslange Suche nach Partizipation und Gesundheit bringt die Person in das Hilfe- bzw. Gesundheitssystem eine *Partizipations- und Gesundheitsbiographie* mit. Diese muss das Leistungsangebot berücksichtigen.

Partizipations- und Gesundheitsbiographie

Partizipations- und Gesundheitsbiographie

Menschen können in ihrem Lebenslauf unterschiedlich oft, zu verschiedenen Zeitpunkten sowie in diversen Bereichen ihres Lebens rat- und/oder hilfesuchend werden. Stets bringen sie eine Geschichte in die Beratungs- und Hilfesituation mit. Ihre Erfahrungen mit Beratungs- und Hilfestrukturen und Situationen sind lebensgeschichtlich geprägt. Diese Vorerfahrungen und Prägungen haben wesentlichen Einfluss auf die aktuelle Beratungs- und Hilfesituation. Sie wirken häufig unreflektiert im Verborgenen in der jeweiligen Lebenswelt als Hintergrundüberzeugungen, die nicht bewusst formuliert und hinterfragt werden.

Beispielsweise hat jeder von uns schon Erfahrungen mit dem Kranksein gemacht. Unser Verhalten als kranke Person z. B. als PatientIn in einem Krankenhaus orientieren wir an den Erwartungen und an Rollenvorbildern, also an anderen Kranken. Obwohl unser Gesundheitsstatus vor der Operation genauso ist, wie kurze Zeit vor der stationären Aufnahme ins Krankenhaus, kann schnell das Phänomen eintreten, dass wir uns nach Zuweisung des Patientenzimmers sofort in Nachtwäsche begeben und uns ins Bett legen. Vielleicht sind wir kurz davor noch selbst mit dem Auto ins Krankenhaus gefahren. Mit Eintritt in die „Anstalt" verfallen wir jedoch in die Verhaltensweisen der „InsassIn" und erfahren vielleicht auch Bestätigung durch das Hilfesystem. Wir lernen aus diesen Erfahrungen und speichern diese im Unterbewusstsein ab. Kommen wir nun in eine Hilfestruktur, die uns als mündige, selbstbestimmte PatientIn fordert, kann dies im Widerspruch zu unseren Vorerfahrungen stehen und wir sind irritiert und können nicht sofort darauf reagieren. Ähnliche Vorerfahrungen und vergleichbares Rollenlernen gibt es auch in Bezug auf die gesellschaftliche Teilhabe und soziale Dienstleistungen.

Das Leistungsangebot ist nahtlos in den Lebenslauf und in die Logik der Person einzufügen und zu integrieren. Je nach individueller Situation ist das Angebot mehr (maximal aktives Angebot wäre der Zwang) oder weniger aktiv (z. B. maximal passives Angebot wäre die Information) zu unterbreiten, stellenweise kann es sogar zu „Zwangsangeboten" kommen, wenn sich AdressatInnen z. B. aufgrund einer psychiatrischen Erkrankung selbst gefährden.

Kritisch reflektierende Überprüfung der Rollenkonzepte

Kritisch reflektierende Überprüfung der Rollenkonzepte
Wir müssen unsere, durch die jeweils eigene persönliche und berufliche Sozialisation geprägten Rollenkonzepte in Bezug auf die Person (AdressatIn), an die unser Hilfeangebot gerichtet ist, kritisch reflektierend überprüfen. Häufig wirken die Konzepte unbewusst im Hintergrund und finden ihren Ausdruck in unserer Sprache sowohl auf verbaler wie auf paraverbaler Ebene. Führen wir

z. B. ein Gespräch auf Augenhöhe oder muss die rat-/hilfesuchende Person sitzen oder liegen während wir stehen. Passiviert unsere Kommunikationsstrategie die Person, indem wir Lösungen vorgeben anstatt durch die Betroffene selbst, aus ihrer Lebenspraxis und Logik heraus entwickeln zu lassen. Rubinstein hat dafür den Begriff der „lived experience" (Rubinstein 2000) geprägt. Diese Dimension schließt gegenüber dem Konsumenten- oder Kundenkonzept die individuellen Bedeutungszuschreibungen im jeweils einzigartigen Lebenslauf der Person ein. Der Blick wird geweitet auf die **personale Integrität**, die jeweils individuell definierte **Lebensqualität** und die **soziale Integrität** (Partizipation) sowohl im kleinen sozialen Netzwerk als auch in der Gemeinschaft und in der Gesellschaft als Ganzes.

Lived Experience

Personale Integrität
Soziale Integrität

Die rat-/hilfesuchende Person mit einem individuellen Bedeutungssystem, das vom Lebenslauf geprägt ist, als Subjekt der Service Design Perspektive

Die rat-/hilfesuchende Person mit ihrem individuellen Bedeutungssystem, das vom Lebenslauf geprägt ist, wird als Subjekt der Service Design Perspektive gesehen. Die Verlagerung des Blickwinkels von der Leistung als Produkt auf die Person als Ganzes in ihrer personalen Integrität kennzeichnet den Ansatz des Social Service Design. Seit etwa den 80er Jahren haben DesignerInnen angefangen, auch den Gesundheitsbereich in den Blick zu nehmen, z. B. EDV-gestützte Dokumentationssysteme, Architektur, Webdesign von Gesundheitsinformationsseiten (Jones 2013: 16). Der Ansatz schließt ästhetische und humanistische Aspekte ein und führt die Betrachtung der sozialen und gesundheitsbezogenen (Dienst-)Leistung in die Erfahrungswelt der agierenden Personen. Durch signifikante Veränderungen der eigenen Gesundheit, der persönlichen wirtschaftlichen Verhältnisse und anderer Bedingungen kann das Gleichgewicht des persönlichen Systems aus den Fugen geraten und wir werden, manchmal von einem Moment auf den anderen, zur KlientIn, PatientIn oder Hilfesuchenden. Solche Situationen sind meist mit massiven Einschnitten in den Lebenslauf verbunden. Stellen wir uns nur die Situation vor, wenn die persönliche Haushaltskasse über viele Jahre gerade so zum Leben reicht und plötzlich der Gerichtsvollzieher vor der Türe steht, um das letzte spärliche Vermögen zu pfänden. Vielleicht hat er davor aus Versehen an der Nachbarstüre geklingelt, sodass der Status im kleinen sozialen Netz von heute auf morgen rapide abwärts rutscht und sich die sonst so freundlich grüßenden Nachbarn verschämt abwenden. Rat-/hilfesuchende Personen in Notlagen, seien sie wirtschaftlicher, gesundheitlicher oder sonstiger Art, handeln meist eher emotional und intuitiv. Unsicherheit, Scham und Ängste bestimmen die Strategie, die wohl eher als „Muddling through" zu bezeichnen ist, denn als wohlüberlegter Plan und souveräne Kaufentscheidung. Dabei steht nicht selten die eigene Existenz, sowohl physisch als auch psychisch, wirtschaftlich und sozial, auf dem Spiel. Solche Situationen werden als Unterbrechung im Lebenslauf wahrgenommen und können sogar soweit die Person in ihrem Entscheiden und Handeln lähmen, dass sie gar nicht mehr in der Lage ist, aktiv Hilfe und Rat einzuholen, sodass zugehende Angebote die letzte Rettung sind. Die Kostenträger von sozialen und gesundheitsbezogenen Leistungen nehmen

Ästhetische und humanistische Aspekte

Unterbrechung im Lebenslauf

jedoch häufig eine eher abwartende Haltung ein, was im weitesten Sinne auch als Rationierung verstanden werden kann. Nur wer in der Lage ist, das Angebot aktiv einzufordern, kommt in den „Genuss" der Hilfeleistung. Nicht selten muss der beschwerliche Umweg über Widerspruchsverfahren genommen werden. Informationen, Rat und Hilfen werden eingeholt, um die eigene Situation zu verstehen, ihr einen Sinn zu geben und sie handhabbar zu machen. Für den Umgang mit der geänderten Situation sind neue Strategien zu entwickeln oder bereits erlernte Bewältigungsmuster wieder zu reaktivieren.

Kontinuum

Als Rat-/Hilfesuchende bewegen wir uns auf einem Kontinuum zwischen souveränen Agenten der eigenen gesundheitlichen und sozialen Situation und bedürftiger, schutzwürdiger (vulnerabler) Person, an die aktiv, manchmal auch unter Zwang die Hilfen herangetragen werden müssen. Als souveräne AgentIn sind wir selbst verantwortlich für unsere Gesundheit, unser Wohlbefinden und unsere soziale Situation. Wir können frei zwischen verschiedenen Angeboten der Information und Hilfen wählen und setzen dabei eigene Strategien ein, um uns diese Leistungen aus dem Hilfesystem aktiv abzurufen. Als solche fungieren wir als KundInnen. Unsere persönliche, wirtschaftliche Situation noch im Griff gehen wir z. B. zur Bank, um uns beraten zu lassen und unser Vermögen dazu einzusetzen, für den Notfall wie z. B. Arbeitslosigkeit, vorzusorgen. Scheint uns das Angebot der Bank nicht attraktiv, wechseln wir den Anbieter und legen unser Erspartes möglichst sicher an. Auch hier können Zweifel an der Souveränität der KundIn angesichts des Informationsgefälles zwischen BankberaterIn und KundIn aufkommen, jedoch besteht zumindest eine Wahlmöglichkeit und eine gewisse Verhandlungsmacht der KundIn, solange sie über Vermögen und regelmäßiges Einkommen verfügt.

Kontinuum

zugehende Hilfsangebote grund- u. leistungsrechtlicher Anspruch, solidarisch finanziert

Angebots-Wettbewerb mit Preis-/Nachfrageregulation Markt

←———— **Kontinuum** ————→

hilfsbedürftige, vulnerable Person

souveräne AgentIn der eigenen Situation

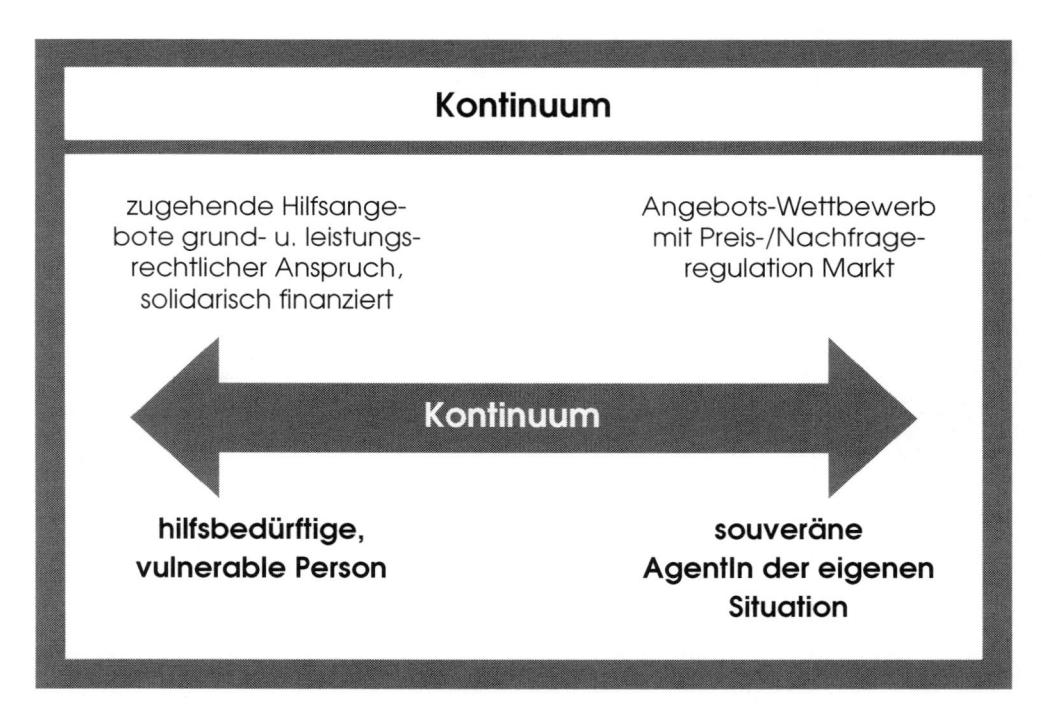

Abb. 2: Kontinuum der Souveränität und Aktivität der Rat-/Hilfe suchenden Person in der Sozialwirtschaft

Als KundIn zahlen wir für die Leistung. Die Kontoführungsgebühr kann z. B. bei der Bank als Preis für die Finanzberatung gelten. Lassen unser Bildungsstand und unsere beschränkten finanziellen Möglichkeiten jedoch keine freie Wahl des Angebots zu und wir sind der AnlageberaterIn nahezu ausgeliefert, nehmen wir eine Zwischenstufe auf dem Kontinuum ein, die uns als „NutzerIn" eines Beratungsangebots fungieren lässt. Wir sind darauf angewiesen, dass der Anlagevorschlag unseren Bedürfnissen und Möglichkeiten entspricht. Die vergangenen Skandale in Bezug auf teuer, verkaufte Hochrisikoanlagen, die der AnlegerIn das letzte, finanzielle Polster z. B. für die Altersvorsorge entzieht, machen deutlich, wie verletzlich bereits die Personen auf dieser Zwischenstufe sind. Kommen wir zum anderen Ende des Kontinuums, dann sind wir wieder bei unserer SchuldnerIn, vor deren Haustüre bereits der Gerichtsvollzieher steht und die sich in einer wirtschaftlichen und sozialen Notlage befindet. Hilfsbedürftig ist sie vielleicht gar nicht mehr in der Lage, aktiv Informationen und Rat einzuholen. Die tägliche Dunkelheit in der eigenen Wohnung ohne warmes Essen, weil der Strom abgeschaltet wurde, lässt die hilfsbedürftige Person zudem in eine psychische Krise rutschen, die sie von heute auf morgen zur PatientIn werden lassen. Psychiatrisch erkrankt, alleinerziehend und mittellos zählt diese Person dann zu einer vulnerablen Gruppe, die auf Unterstützung durch die Solidargemeinschaft angewiesen ist. Auf diese existenzsichernden Hilfen besteht ein grund- und leistungsrechtlicher Anspruch, der häufig von Dritten durchgesetzt werden muss. Rat-/hilfesuchende Personen bewegen sich auf dem Kontinuum zwischen den Polen dynamisch hin und her, ohne das jeweilige Ende wirklich zu hundert Prozent zu erreichen (Jones 2013: 89). Die Rat Gebenden und Helfenden selbst können auf das Hilfesystem angewiesen sein und dabei sogar bis zum Pol der hilfsbedürftigen, vulnerablen Person rutschen, wenn sie sich z. B. mit dem Beraten und Helfen überfordern und selbst krank werden.

Das traditionelle Rollen- und Systemverständnis wandelt sich von einem durch ExpertInnen (professionelle HelferInnen) gesteuerten („expert managed", Jones 2013: 93) zu einem Person-zentrierten System, indem die professionellen HelferInnen davon ausgehen, dass zunächst jede Person grundsätzlich das Potential hat, sich zu dem Pol der souveränen AgentIn hin zu bewegen. Das Zeitalter der neue Medien und Informationstechnologie fordert diesen Paradigmenwechsel ein. Im Gesundheitswesen prägt sich im internationalen Fachdiskurs der Begriff der „ePatientIn", die sich selbst zu ihrem gesundheitlichen Zustand Informationen aus dem Internet beschafft, sich mit gleich Betroffenen austauscht und schon sehr gut vorinformiert ist. Das professionelle Hilfesystem bzw. Gesundheitssystem wird nur beansprucht, wenn die selbstbeschaffte Information und die Hilfen nicht ausreichen, um die gesundheitliche Situation zu stabilisieren (Jones 2013: 90). Ein kritischer Kontaktpunkt ist dabei sicher der Erstkontakt mit der Frontline-Person des professionellen Hilfesystems. Im Gesundheitssystem ist dies z. B. die HausärztIn, die als erste AnsprechpartnerIn und stellvertretend für das Hilfesystem handelnd, als Person mit der PatientIn zusammentrifft, entweder, weil sie selbst die Praxis aufsucht oder zu einem Hausbesuch gerufen wird. Wenn es ihr nicht gelingt, an den aktuellen Stand der rat-/hilfesuchenden Person anzuknüpfen

Person-zentriertes System

und auf das individuelle Bedürfnis nach Selbstmanagement einzugehen, kann es passieren, dass sich die rat-/hilfesuchende Person sofort wieder aus dem Hilfesystem zurückzieht und es erst wieder in Anspruch nimmt, wenn das eigene, primäre System versagt. Geht z. B. die KundenberaterIn nicht auf die Bedürfnisse der Bankkundin ein und will ihr eine Hochrisiko-Anlage verkaufen, kann es sein, dass die Rat suchende Person das Geld doch lieber zu Hause im Sparstrumpf lässt, solange bis die Inflation alles aufgefressen hat oder es im laufenden Haushalt verbraucht wird. Für den Notfall ist dann keine Reserve mehr vorhanden und es muss das soziale, solidarisch finanzierte Netzwerk einspringen.

Zusammenfassung: Konstituierende Merkmale sozialer und gesundheitsbezogener Dienstleistungen mit Zuwendungsbeziehung

Nachfolgend werden die wichtigsten Eigenschaften und konstituierenden Merkmale der sozialen und gesundheitsbezogenen Dienstleistungen zusammenfassend aufgelistet.

Soziale und gesundheitsbezogene Dienstleistungen

Vertrauensgüter

- sind **wissensintensiv**, d. h. sie erfordern spezifisches und laufend zu aktualisierendes Wissen neben Kenntnissen, Fähigkeiten und Fertigkeiten. Es besteht die Notwendigkeit der Evidence-Basierung. Der aktuelle Stand des Wissens muss erhoben und im Hinblick auf die Zielgruppe und die jeweils individuelle Situation ausgewertet werden. Dabei ist die Produkt-Neuanlage (Innovation) und Entwicklung laufend am „state of the art" auszurichten. Dies bringt eine schwierige Qualitätsbeurteilung durch die EndverbraucherIn mit sich, was Unsicherheit bedeutet. Diese Dienstleistungen sind deshalb **Vertrauensgüter**[7].
- sind **human**: Dienstleistungen werden von Menschen für Menschen erbracht. Dabei ist der Mensch nicht Mittel zum Zweck, z. B. Produktionsfaktor zur Gewinnerzielung, sondern Wert an sich und Wert generierend und konstruierend. Wert entsteht in der Interaktion zwischen Menschen und welche individuelle Bedeutung die Person dieser Interaktion beimisst.
- haben einen **hohen Spezifitätsgrad**, d. h. das erforderliche Wissen für die Durchführung der Leistung von Seiten der LeistungserbringerIn kann sehr unterschiedlich sein, sowohl in Bezug auf die erforderliche Aktualität, die Menge und die Qualität bzw. Komplexität der Dienstleistung.

---

7 [**Doppelte Immaterialität**] Dienstleistungen tragen in sich die Eigenschaft der doppelten Immaterialität, d. h. weder in der Angebots- noch in der Ergebnisphase, ist die DL greifbar und nur in Teilen physisch darstellbar (tangibel). Bei sozialen und gesundheitsbezogenen DL kommt noch hinzu, dass sie hoch spezifisch und wissensintensiv sind, sodass die EndverbraucherIn nur schwer die Qualität der Leistung beurteilen kann. Sie muss darauf vertrauen, dass die Dienstleistung entsprechend der beruflichen Sorgfaltspflicht erbracht und an ihren individuellen Anforderungen ausgerichtet wird.

- haben einen **hohen Varietäts- und Variabilitätsgrad**. Es müssen Anpassungsleistungen sowohl an individuelle Bedarfsstrukturen und Bedeutungssysteme als auch an sich ständig verändernde Anforderungen an die Kapazität erbracht werden. Dies erfordert Entscheidungs- und Gestaltungsspielräume am Service Encounter[8].
- haben einen **hohen Interaktivitäts- und Integrationsgrad**. Die Interaktion mit der NutzerIn der Leistung kann erheblich variieren, sowohl hinsichtlich der Intensität, mit der die Kundenkontaktperson mit der KundIn in Interaktion treten muss, als auch in Bezug auf die aktive Einbindung in den Dienstleistungsprozess.
- beinhalten stets **zweckfreie, interpersonale Zuwendungsbeziehungen**, für die Gestaltungsräume zu schaffen sind. Diese zweckfreien Zuwendungsbeziehungen entziehen sich einer Nutzen- und Effizienzbeurteilung, haben jedoch hohes Potential für Nutzenstiftung und nachhaltige Wertentwicklung. Gestaltungsräume bedeuten nicht zwangsläufig zeitliche Spielräume sondern auch Möglichkeiten der Kundenkontaktperson das *Wie* der DL-Gestaltung mit der KundIn zu bestimmen.
- Kundenkontaktpersonen und KundInnen bewegen sich auf einem **Kontinuum der Aktivität und Souveränität mit unterschiedlichen Marktwirkungen bis hin zum Marktversagen**.

Bei der Anwendung von Methoden und Tools aus dem Service Design, dem Marketing und dem QM sind diese Merkmale der sozialen und gesundheitsbezogenen Dienstleistung zu berücksichtigen.

Als integraler Bestandteil des Produktions- bzw. Dienstleistungsprozesses haben sowohl professionelle HelferInnen als auch die Rat- und Hilfesuchenden direkten Einfluss auf den Wert und die Qualität des Produktes. Empirische Belege sprechen zunehmend dafür, dass sich die innere Verfassung der Kundenkontaktperson und diejenige der „KundIn" bzw. rat-/hilfesuchenden Person gegenseitig beeinflussen (Rosenstiel & Nerdinger 2011). Bei der Betrachtung der „Kaufentscheidung" muss auf diese innere Verfassung der rat-/hilfesuchenden Personen, als „KundIn" betrachtet, genauer eingegangen werden.

---

8 [**Service Encounter**] Das Konzept des „Service Encounter" spielt im Service Design eine zentrale Rolle, denn es umfasst das zeitliche und räumliche, physische Zusammentreffen von EndverbraucherIn und DL-Organisation, also jene „Zeitspanne, während der ein Kunde in direkter Interaktion mit einer Dienstleistung im Allgemeinen (Shostack 1985) oder im Speziellen mit den Dienstleistungsmitarbeitenden steht (Bitner et al. 1990, S. 72)" (zit. n. Meffert & Bruhn 2012: 368). Studien belegen die wichtige Rolle der Erfahrungen der KundIn während der Interaktion mit der internen Kontaktperson der DL-Organisation, die stellvertretend für die Dienstleistung, ja sogar für die gesamte Organisation steht. Die KundIn schließt auf Basis dieser Erfahrungen zurück auf die DL-Organisation als Ganzes. Bei der Qualitätsbewertung spielt auch das physische Umfeld eine wichtige Rolle. Raumausstattung, Gerätschaften und Hilfsmittel, Atmosphäre, Licht, Farbgestaltung, Geruch und Temperatur formen sich zu einem Gesamteindruck, von dem auf wichtige Eigenschaften für die Qualität der DL (u.a. Kompetenz, Zuverlässigkeit, Sicherheit) geschlossen wird. Stellt man sich z.B. eine Arztpraxis vor, mit schlecht gelüftetem Wartezimmer im tristen Grau, die Vorhänge vergilbt und voller Spinnweben, die Zeitschriften abgegriffen, im Sprechzimmer veraltete Medizintechnik, offen herumliegende Spritzenkanülen und eine unfreundliche ArzthelferIn am Empfang, dann brauchen wir die ÄrztIn, die die eigentliche Kernleistung erbringt, noch gar nicht gesehen zu haben und wir schließen auf die Qualität der medizinischen Behandlung schon in der Wartephase.

2.5 Shared Decision Making versus rationale Kaufentscheidung

Soziale und gesundheitliche Mangel- und Notsituationen

In sozialen und gesundheitlichen Mangel- und Notsituationen reagiert der Mensch nicht rein rational und ist häufig weit davon entfernt, eine informierte, systematisch überlegte Entscheidung zu treffen. Rationalität erfordert vollständige Kenntnis und Voraussicht der möglichen Konsequenzen, die sich bei jeder Wahl ergeben. Rationalität erfordert eine Wahl zwischen allen möglichen Verhaltensweisen, dabei wird vorausgesetzt, dass der Entscheider einen Überblick über alle Alternativen hat. Die begrenzten intellektuellen Fähigkeiten des Menschen, sein begrenztes Wissen, der Aufwand der Analyse lässt das Individuum jedoch eher rein gewohnheitsmäßig (**habitual behavior**) reagieren. Analytisches Problemlösungsverhalten im Sinne einer echten Entscheidung (**genuine decision making**) ist eher die Ausnahme, so die Annahme der Kritiker des Rationalitätsparadigmas. Bei Menschen, die soziale und gesundheitsbezogene Dienstleistungen beanspruchen müssen, kommen zudem weitere Faktoren hinzu, die die Grundannahme der rationalen Entscheidung als untauglich für weiterführende sozial- und gesundheitswirtschaftliche Modelle erscheinen lassen. **Persönliche Betroffenheit**

Persönliche Betroffenheit

bis hin zur **existenziellen Bedrohung** auf Seiten der rat-/hilfesuchenden Person, soziale Präferenzen, sowie zweckfreie, menschliche Zuwendung auf Seiten der HelferIn lenken das Entscheidungshandeln grundlegend mit (**human decision making**). In diesem Zusammenhang kann versucht werden, das Konzept des „**Shared Decision Making**" aus dem medizinisch-pflegerischen Bereich auf „Kaufentscheidungen" allgemein in der Sozial- und Gesundheitswirtschaft zu übertragen. Shared Decision Making ermächtigt die PatientIn, adäquat und informiert an der Einschätzung der gesundheitlichen Situation und am Entscheidungsprozess über die Therapie teilzunehmen. Dabei kann die PatientIn ihre Prioritäten und Vorstellungen vom Leben einbringen. Shared Decision Making wird zwischen den beiden extremen Polen des Paternalismus, die ÄrztIn weiß, was für die PatientIn gut ist, und des „Konsumerismus", die mündige PatientIn kann als KonsumentIn selbstbestimmte Entscheidungen bei freier Wahl treffen, eingeordnet. Shared Decision Making wird dadurch begründet, dass die Wirksamkeit von Therapien bzw. Interventionen auch bei bester Evidence immer nur mit einer bestimmten Wahrscheinlichkeit (bei meist geringer Irrtumswahrscheinlichkeit unter 5 %) für eine bestimmte Population (Gruppe von PatientInnen mit bestimmten Eigenschaften) vorausgesagt werden kann. Da die meisten Interventionen auch mit Nebenwirkungen und unerwünschten Wirkungen verbunden sind, ist im Einzelfall zwischen der mit relativ hoher Wahrscheinlichkeit eintretenden Wirkung und den in Kauf zu nehmenden unerwünschten Effekten und Belastungen zu entscheiden. Da die Nebenwirkungen und Belastungen von der PatientIn ausgehalten werden müssen und auch Risiken, wie z. B. ein erhöhtes Sterblichkeitsrisiko bei einer Operation, einzugehen sind, ist stets die PatientIn mit ihrer Sicht der Dinge einzubeziehen. Klinische Entscheidungen sind individuelle Einzelfallentscheidungen, denn nur die PatientIn weiß, was sie bereit ist, für die Hoffnung auf Heilung oder Linderung in Kauf zu nehmen. Dabei spielen u. a. individuelle Lebensentwürfe und Lebensqualitätsaspekte eine Rolle. Die Beteiligung am Entscheidungsprozess muss je

Human Decision Making
Shared Decision Making

Paternalismus Konsumerismus

Individuelle Lebensentwürfe und Lebensqualitätsaspekte

Modelliermasse im Kreativprozess

nach krankheitsbedingten Einschränkungen der Entscheidungsfähigkeit angepasst werden. Ein Extremfall ist z. B. die demenzkranke PatientIn, die nur bedingt Informationen aufnehmen und bewerten, sowie die Konsequenzen ihrer Entscheidung überblicken kann. Führen Kliniker jedoch das Shared Decision Konzept konsequent weiter, dann sind auch solche PatientInnen nach ihren Möglichkeiten zu beteiligen, indem z. B. unterschiedliche Interventionen angeboten und die verhaltensbedingte Reaktion der PatientIn hinsichtlich Wohlbefinden und Lebensqualität in den Entscheidungsprozess systematisch einbezogen werden. Dazu wurden in der Langzeitpflege bereits taugliche und wissenschaftlich überprüfte Methoden, wie beispielsweise das Dementia Care Mapping (DCM)[9] entwickelt.

„Nina" in der Schuldenfalle

Hätte „Nina" noch Erspartes zur Verfügung oder eine Freundin, die ihr Geld leiht, um sich eine Beratungsleistung selbst zu kaufen, wäre ihr Bedürfnis mit Kaufkraft abgedeckt und als *Bedarf* zu bezeichnen. Sie könnte sich am „freien Markt" eine BeraterIn unter vielen Anbietern aussuchen und hätte die Wahl, von wem sie sich, wie umfangreich beraten lässt (*Markt und Wahlfreiheit*). Ist „Nina" jedoch auf das kostenfreie, über Sozialleistungen finanzierte Angebot von Wohlfahrtsverbänden angewiesen, schränkt sich ihre Wahl schon erheblich ein. Außerdem kann es sein, dass sie Wartezeit in Kauf nehmen muss. Wenn „Nina" ihre aktuelle Situation als unerträglich empfindet und bereits psychische Probleme entstanden sind, kann es zur existenziellen Frage werden, dass das Beratungsangebot zeitnah in Anspruch genommen werden kann. Obwohl die Warteliste lang ist, muss die Beratungsstelle, „Nina" vielleicht doch noch früher einschieben („*Must it be sold?*"). Werden dadurch Personalressourcen zu sehr beansprucht, weil die BeraterIn schon erhebliche Überstunden angehäuft hat und selbst gesundheitlich angeschlagen ist, stellt sich die Frage: „*Should it be sold?*" Soll die Leistung wirklich zeitnah angeboten werden, obwohl die BeraterIn schon völlig überlastet ist, um die Ressource „Fachkraft in der Schuldnerberatung" zu schonen und damit langfristig für nachfolgende Rat-/Hilfesuchende zur Verfügung stellen zu können. Wahrscheinlich entscheidet sich die BeraterIn „Nina" doch noch einen Termin anzubieten, nachdem sie ihre Not erkannt hat (human decision making). Wird

---

9 [**Dementia Care Mapping, DCM**] Das von Christian Müller-Hergl in den neunziger Jahren nach Deutschland „importierte" und auf die Sozialpsychologie Tom Kitwoods zurückgehende DCM-Verfahren ist ein regelgeleitetes Beobachtungsverfahren zur Ermittlung Person fördernder, positiver Situationen bzw. Ereignisse und personaler Detraktionen im Interaktionsgeschehen zwischen Betreuungsperson und demenzkranker Person. Über regelgeleitete Beobachtung und Gruppendiskussion (die Ergebnisse der Beobachtung werden mit dem Betreuungsteam besprochen und reflektiert) kann eine Annäherung an das Wohlbefinden und die Lebensqualität der demenzkranken Person stattfinden. Die Betreuungsleistung kann in Richtung Person fördernder und stützender Verhaltensweisen systematisch weiterentwickelt werden. Dabei setzt DCM nicht nur auf der instrumentell-praktischen Ebene an sondern vermittelt darüber hinaus eine Pflegephilosophie, die den demenzkranken Menschen vom „Objekt der Pflege" zum „Subjekt der Begegnung" werden lässt. (Hennig et al. 2006: 15)
„Der Begriff Mapping wird im Sinne der Erstellung einer Landkarte (engl. = map) verstanden, die die Lebensqualität von Menschen mit Demenz erkennbar werden lässt. (Hennig et al. 2006: 21)

nun „Nina" in die Entscheidung über mögliche Interventionsmaßnahmen zur Konsolidierung ihrer Haushaltslage gut informiert über die unterschiedlichen Möglichkeiten und deren Vor- und Nachteile einbezogen, so könnte man an dieser Stelle von Shared Decision Making sprechen.

Verkaufsentscheidungen

durch Kaufkraft abgedecktes, angemessenes Bedürfnis ***Bedarf*** *Can it be sold?*	durch Sozialleistungsanspruch abgedecktes Bedürfnis ***Anspruch*** *Must be sold.*
nicht durch Kaufkraft bzw. Sozialleistungsrecht abgedecktes, aber existenzielles Bedürfnis ***Not*** *Must it be sold?*	durch Kaufkraft abgedecktes, aber unangemessen, weil unnötig Ressourcen verbrauchendes Bedürfnis ***Wunsch*** *Should it be sold?*

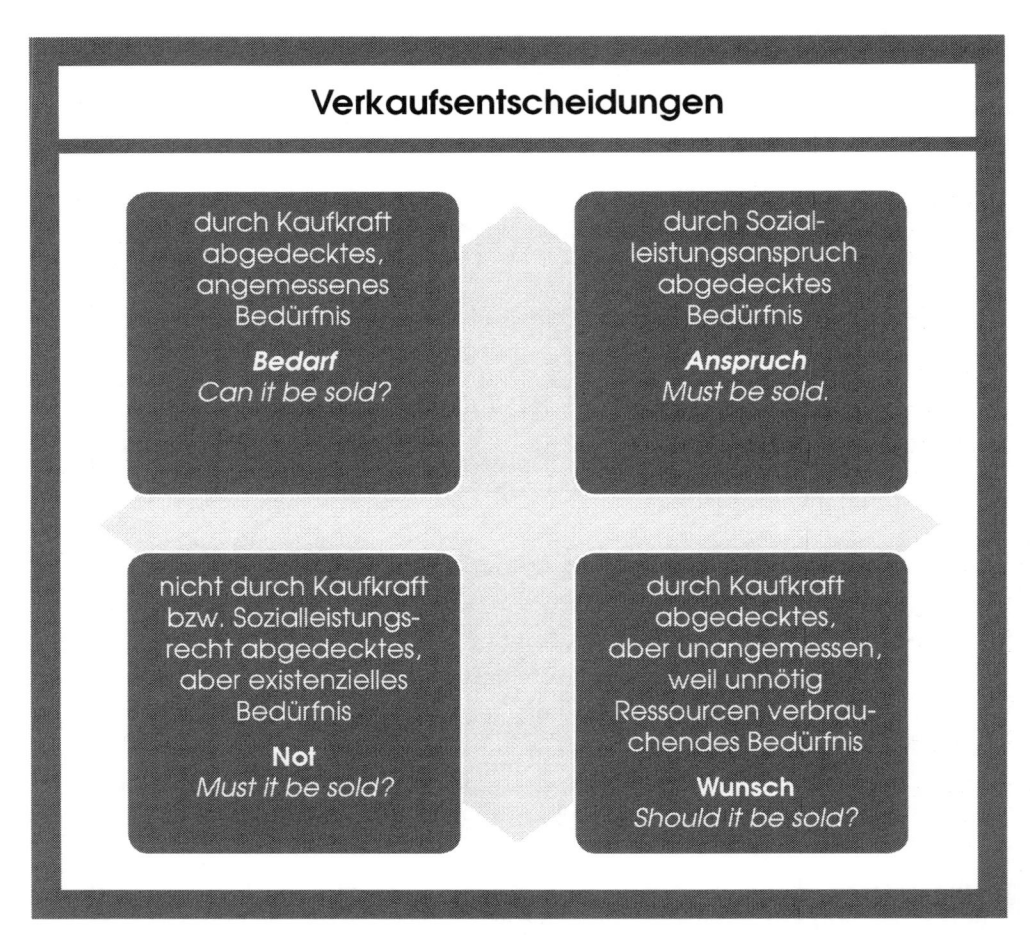

Abb. 3: Bedarf in der Sozial- und Gesundheitswirtschaft und Verkaufsentscheidungen. (Grundannahme: Das Sozialleistungsrecht sieht ausschließlich die Abdeckung von Not und von angemessenen, nicht unnötig Ressourcen verbrauchenden Ansprüchen vor)

Wenn Knappheit und rationale Entscheidung als Marktregulierungsmechanismen in der Sozial- und Gesundheitswirtschaft in den seltensten Fällen funktionieren und zudem Herausforderungen, wie Fachkräftemangel und Leistungsabgabe trotz unsicherer Refinanzierung („Must it be sold?") zu bewältigen sind, stellt sich die Frage, wie das Sozial- und Gesundheitsmanagement in diesem Spannungsfeld sinnvoll agieren kann?

3. Theorie der Wertkonstruktion in der Sozial- und Gesundheitswirtschaft

Service Design wird häufig auf eine reine Technologie in Form von Tool-Kits (Sammlung von Werkzeugen und Methoden) reduziert. SD ist jedoch im Wesentlichen eine Denkhaltung (design thinking) und Philosophie, die Organisationen umfassend prägen kann. Dahinter stehen Grundannahmen über Wirtschaftlichkeit und Nachhaltigkeit, die es zunächst zusammenzufassen gilt, bevor dann die einzelnen Methoden exemplarisch vorgestellt und beispielhaft angewandt werden. Aufbauend auf die unterschiedlichen Begriffe von „Wert" (value) und den verschiedenen Modellen, wie dieser in den Wirtschaftsbetrieben geschaffen wird (value creating process), wird eine *Theorie der Wertkonstruktion* spezifisch für die Sozial- und Gesundheitswirtschaft angelegt und in dem gegebenen Rahmen kurz skizziert.

Value
Value Creating Process
Theorie der Wertkonstruktion

Ziel des wirtschaftlichen Handelns ist in erster Linie ein gutes Leben und Wertschaffung, wobei der Begriff des Wertes insbesondere im Dienstleistungsbereich auch nicht-monetäre Dimensionen wie Energie und Gefühl einschließt (vgl. u.a. Kotler 1979, Novatorov 2010). Bei sozialen und gesundheitsbezogenen Dienstleistungen kommt die Dimension des subjektiven Erlebens von Wert, wie Sinn und Person-sein[10] dazu, weil der Bedarf in diesen Bereichen meist in existenziell bedeutungsvolle Dimensionen reicht.

Wertschaffung

Existenziell bedeutungsvolle Dimensionen

3.1 Wertkonzept und Wertschöpfungslogik (User-dominant Logic) im Social Service Design

Zur Erklärung, welche Funktionen in einer Organisation oder in einem Unternehmen zur Wertschöpfung führen, werden in der Literatur verschiedene Wertschöpfungskonfigurationsmodelle herangezogen. Als Analyseinstrumente werden sie dafür eingesetzt, um diejenigen Aktivitäten und Bereiche in einem Betrieb zu identifizieren, die einen Mehrwert erzeugen. Damit erreichen wir im SSD-Ansatz ausgehend von der Mikroebene die Mesoebene der Organisation. Porter (1991) entwickelte Mitte der 1980er Jahre eines der ersten Modelle, die Wertkette (Value Chain), bei der die Transformation von Input-Faktoren zu einem Output im Mittelpunkt steht. In der Wertkette nach Porter führen primäre Aktivitäten (Eingangslogistik, Operationen, Marketing und Vertrieb, Ausgangslogistik und Kundendienst) unmittelbar zur Wertschöpfung, während unterstützende Aktivitäten (Unternehmensinfrastruktur, Personalwirtschaft, Technologieentwicklung und Beschaffung) den Wert schaffenden Prozess fördern und damit nur indirekt zur Wertschöpfung beitragen. Die Gewinnspanne als Ergebnis dieses Transformationsprozesses ergibt sich aus der Differenz

Wertschöpfungs-konfigurationsmodelle

Wertkette (Value Chain)

---

10 [**Person-sein**] „Es ist ein Stand oder Status, der dem einzelnen Menschen im Kontext von Beziehung und sozialem Sein von anderen verliehen wird. Er impliziert Anerkennung, Respekt und Vertrauen." (Kitwood, T., 2008, Demenz, S.27, Bern: Huber Verlag) Die Schreibweise mit Bindestrich soll das Sein als Person (Identität) betonen. Der Mensch wird dabei als ganzheitliches Wesen betrachtet, das Geist, Seele, Psyche und Körper als integrale, nicht unabhängig voneinander existierende und sich wechselseitig beeinflussende Dimensionen vereint. Existenziell bedeutungsvoll sind Erfahrungen und Situationen, die diese Identität und Itegrität bedrohen.

Teil I: Theorie der Wertkonstruktion

zwischen den Kosten der Leistungserstellung und dem erzielten Umsatz. Für Not-for-Profit-Organisationen ist es das Ziel, den Transformationsprozess so zu gestalten, dass sich Input und Output in etwa die Waage halten. Der Wert-Begriff steht in enger Verbindung mit dem Konzept der Produktivität, im betriebswirtschaftlichen Verständnis das Verhältnis von Output- und Input-Menge. Ebenso sind Wirtschaftlichkeit (Minimal- und Maximalprinzip) und Effizienz naheliegende Konzepte. Wert soll aber in der hier entwickelten *Theorie der Wertkonstruktion* in der Sozial- und Gesundheitswirtschaft als das Ergebnis eines zwar bedarfsorientierten aber auch menschlichen Interaktionsprozesses zwischen HelferIn und rat-/hilfesuchender Person gesehen werden. Wert wird dabei simultan auf beiden Seiten konstruiert, indem mindestens zwei Bedeutungssysteme von handelnden Personen im Leistungserstellungsprozess aufeinandertreffen und Bedeutungen in Bezug auf den Leistungsprozess ausgetauscht werden. Das nebulöse „Intangible" wird etwas aufgelöst, ohne es vollständig greifbar und verstehbar machen zu können. Freilich steht der durch die EndverbraucherIn erfahrbare Wert der Leistung im Sinne eines Gebrauchswertes im Mittelpunkt, jedoch – und das zeigt schließlich Teil III der Schrift, wenn es um das Personalmarketing geht – impliziert die Simultanität des Austausches von Bedeutungszuschreibungen immer auch einen Wert auf Seiten der LeistungsanbieterIn, die unmittelbar mit der KundIn interagiert. Der Wert für die „KundIn" (**„customer-perceived value"** nach Zeithaml 1988, zit. in Horbel & Weismann 2013: 185), also die erlebten Vorteile im Verhältnis zum Aufwand im Zusammenhang mit der Leistung, steht hier im Mittelpunkt. Das Modell wird in der *Theorie der Wertkonstruktion* um die Perspektive der Kundenkontaktperson erweitert, deren Wertwahrnehmung – **provider-perceived value** – eng mit dem „customer-perceived value" zusammenhängt. Wert als Tauschwert wird in der Interaktion gemeinsam konstruiert und kann nur bedingt in der Potentialphase, also bevor die KundIn in den DL-Prozess integriert wird, eingeschätzt werden. In der Service-Dominant Logic ist die KundIn stets **„integraler Bestandteil der Wertentstehung"** (Vargo et al. 2011: 143 f. zit. in Horbel & Weismann 2013: 189). In der *Theorie der Wertkonstruktion* wird auch die interne Kundenkontaktperson als immanent bei der Wertentstehung gesehen. Das Uno-actu Prinzip, d. h. die Simultanität von Produktion und Absatz im DL-Prozess, wird um die **Simultanität der Wertschöpfung** auf Seiten der KundIn und der internen Kundenkontaktperson erweitert. Häufig sind die Inputfaktoren geprägt durch die menschliche Arbeitsleistung, die sich sowohl materiell, z. B. in Form von bezahlter Arbeitszeit, darstellen lässt als auch immateriell, z. B. in Form von Wissen, Zeit, Anstrengung, Zuwendung und Gefühl. Auch für die KundIn lässt sich der Aufwand in diesen Dimensionen betrachten. Sie muss Zeit investieren, um das Angebot ausfindig zu machen. Sie muss einen Weg in Kauf nehmen, um zum Ort der Leistungserstellung zu gelangen. Schließlich muss die KundIn vielleicht ihre Scham überwinden, um die Hilfe einzufordern. Im Rahmen des Service Design Ansatzes bewegen wir uns also vor allem auf der Mikroebene, also dem Interaktionsgeschehen zwischen interner Kundenkontaktperson und der AdressatIn (rat-/hilfesuchende Person). Auf der Mesoebene kann der Wert als Ergebnis eines Wertschöpfungsprozesses für die Organisation als Wirtschaftseinheit betrachtet werden. Damit hat das Gelingen der Interaktion zwischen HelferIn und rat-/hilfesuchender Person für die Organisation als Gestaltungseinheit der Sozialstaatlichkeit ebenfalls Bedeutung. Dabei können kurzfristige Wertsteigerungen (z. B. in Form von Leistungskomplexen, die nach dem Leistungsrecht abgerechnet werden können), aber auch langfristige Wertentwicklungen (z. B. die Organisation wird als verlässlicher und vertrauenswürdiger Partner von den Leistungs- bzw. Kostenträgern und von den AdressatInnen eingeschätzt) analysiert werden. In der sog. „goods-dominant logic" (Horbel & Weismann 2013: 184) wird im Unternehmen dadurch ein Mehrwert („value added") geschaffen, weil Dienstleistungen (und auch Sachgüter, engl. goods) für den Austauschprozess auf dem Markt geschaffen werden, für die auf dem Markt ein Tauschwert (der Preis) erzielt werden kann. Es wird zwischen Tauschwert und Gebrauchswert unterschieden und zu einem Austauschprozess kommt es folglich nur dann, wenn die subjektive Wahrnehmung des Wertes durch die KundIn mindestens so hoch oder höher ist als der Tauschwert bzw. der Preis. Der Tauschwert ist jedoch durch den Gebrauchswert unmittelbar beeinflusst, denn nur wenn die KundIn die angebotene Leistung positiv erlebt, wird sie auch bereit sein, einen Preis dafür zu bezahlen und wenn es nur der Preis des Wartens ist, weil die Kosten von der Solidargemeinschaft getragen werden.

Value Added

Makroökonomisch ist auf der volkswirtschaftlichen Ebene beispielsweise zu betrachten, ob durch die auf der Mikroebene erbrachte Leistung (z. B. Suchtberatung) ein nachhaltiger, positiver Effekt auf die Sozialversicherungskassen (z. B. transsektorale, fallbezogene Einsparungen bei Gesundheits- und Sozialleistungen), auf das Sozialgefüge (z. B. Teilhabe, Herstellung gleichwertiger Lebensverhältnisse) und die Gesundheitsentwicklung der Bevölkerung insgesamt eintritt.

Mehrebenenbetrachtung

Wert — soziale und gesundheitliche Dienstleistungen

- **Mikroebene**: Simultanität der Wertschöpfung: von der AdressatIn wahrgenommener Wert (user-perceived value) und von der internen Kontaktperson wahrgenommener Wert (server-perceived value) – Wertkonstruktion
- **Mesoebene**: kurzfristige Wertsteigerung für die Organisation (z.B. Leistungsabrechnung) und langfristige Wertentwicklung (z.B. vertrauenswürdige Partnerschaft, Marktpositionierung)
- **Makroebene**: nachhaltige Effekte auf die Sozialversicherungen, auf das Sozialgefüge, das soziale Zusammenleben und die Gesundheitsentwicklung der Bevölkerung

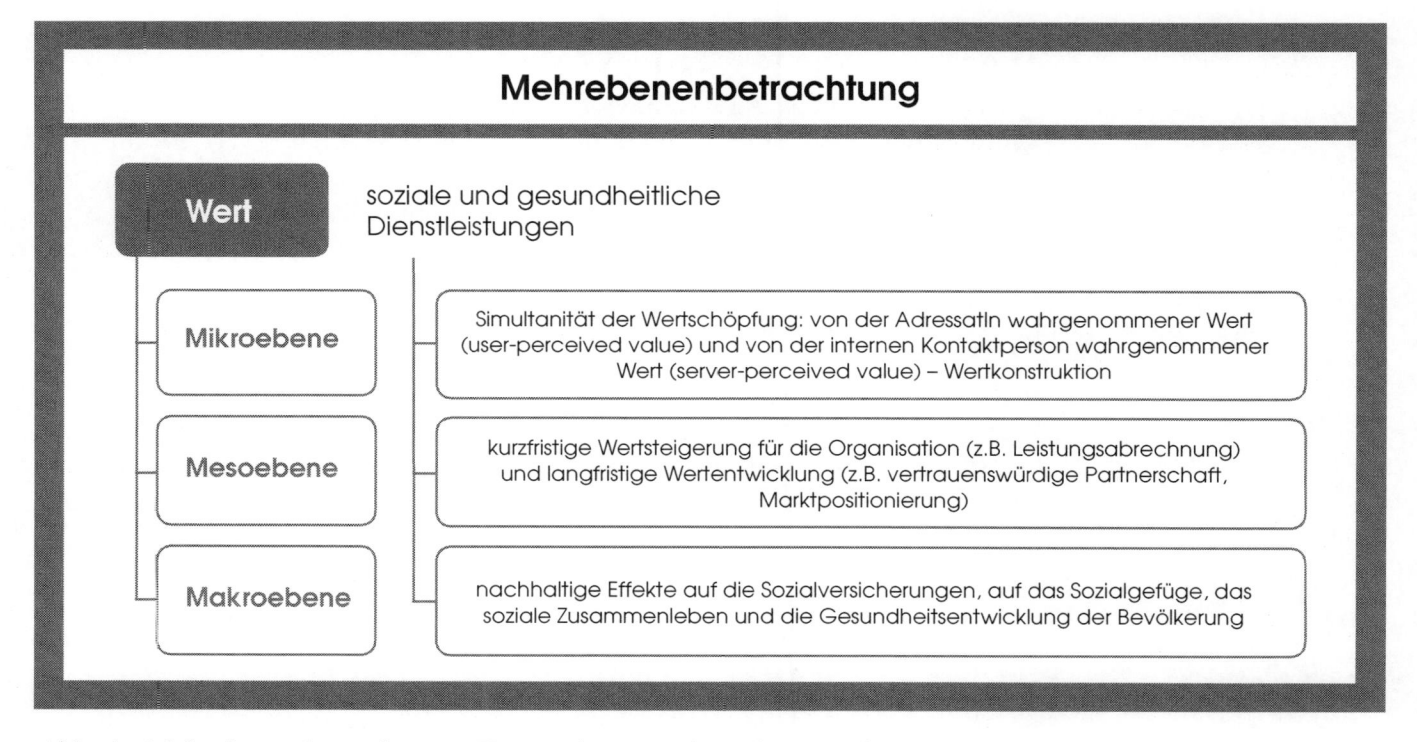

Abb. 4: Mehrebenenbetrachtung: Wert in der Sozial- und Gesundheitswirtschaft

Wertnetz oder Wertnetzwerk

Wertshop

Horbel und Weismann (2013) konstatieren, dass das lineare Konfigurationsmodell der Wertkette im Dienstleistungsbereich an seine Grenzen stößt und verweisen auf die Modelle des Wertshops und des Wertnetzes von Stabell und Fjeldstad (1998). Die Werterzeugung wird im **Wertnetz oder Wertnetzwerk** durch den Einsatz einer sog. „mediating technology", die eine Problemlösungsfunktion erfüllt, unterstützt. Die Technologieentwicklung steht beim Wertnetzwerk im Mittelpunkt. Im **Wertshop** kommt eine Vielzahl von Technologien zur Lösung komplexer, individueller Probleme, die ein hohes Maß an Interaktion erfordern, zum Einsatz, weshalb hier auch die Rede von **„intensive technology"** ist. Das Wertshop-Modell scheint im Zusammenhang mit sozialen und gesundheitsbezogenen DL für die Erklärung von Wertschöpfungsprozessen geeigneter, als die Wertkette nach Porter. Der Technologie-Begriff ist in diesem Zusammenhang als sehr weit gefasst zu verstehen und schließt beispielsweise Kommunikationskonzepte bei einer Beratungsleistung im Dienstleistungssektor genauso ein wie die IT-unterstützte Hilfeplanung. Der Wertshop unterscheidet sich im Wesentlichen von der Wertkette dadurch, dass die primären und unterstützenden Aktivitäten nicht linear angeordnet sind, sondern zyklisch, iterativ (mit Rückkoppelungsschleifen) durchlaufen und für jeden Auftrag konfiguriert werden. Die definierten primäre Aktivitäten im Wertshop (Akquisition, Problemfindung, Lösungsalternativen, Entscheidung, Ausführung und Evaluation) scheinen kompatibel mit den Prozessmodellen der Hilfe- und Pflegeplanung bei sozialen und gesundheitsbezogenen DL. Unternehmensinfrastruktur, Beschaffung, Technologieentwicklung und Personalmanagement werden im Wertshop als unterstützende Aktivitäten für den Wertschöpfungsprozess gesehen. Wertschöpfungskonfigurationsmodelle sind branchenspezifisch (vgl. Fließ 1009: 74) und produktspezifisch zu analysieren. In der Sozial- und Gesundheitswirtschaft dominieren Wertshops und Netzstrukturen (Wertschöpfung erstreckt sich sowohl innerhalb der DL-Organisation meist über verschiedene Abteilungen als auch außerhalb über verschiedene Sektoren) und der von den NutzerInnen subjektiv erfahrene Wert vor allem in nicht-monetären Dimensionen, die das Person-sein oft existenziell betreffen können. Hilfebedarfe sind meist sehr komplex und erfordern eine gut vernetzte Versorgungsstruktur. Betrachten wir beispielsweise die Situation eines pflegebedürftigen alten Menschen, der in seiner eigenen Häuslichkeit wohnt, müssen unterschiedliche Dienste (Pflegedienst, „Essen auf Rädern", Fahrdienst etc.) zusammenwirken, um die Versorgung zu gewährleisten. Für die pflegebedürftige Person ergibt sich in der Summe daraus ein individuell zu bemessender Wert, die Lebensqualität in den eigenen Vier Wänden und Teilhabe. Wertschöpfung ist somit in der Sozial- und Gesundheitswirtschaft nicht nur eine Frage der „Gewinnspanne" auf beiden Seiten (auf der Seite der NutzerIn und auf der Seite des Leistungserbringers) sondern immer auch eine existenzielle Frage, die das Menschsein unmittelbar berührt und deshalb eine mehrdimensionale und erweiterte Definition verlangt.

Sozial- und Gesundheitswirtschaft

Use Value (Gebrauchswert)

Der „Use Value" (Gebrauchswert), der beim SSD im Mittelpunkt steht, nimmt weniger die Gewinnspanne im monetären Sinne in den Blick, sondern den Wert, den die KundIn im Dienstleistungserstellungsprozess erfährt und für sich definiert („customer-perceived value"). Das heißt die subjektive Wahrnehmung des Wertes durch die KundIn gilt als Maßstab für die Wertschöpfung, wobei dieser Begriff von „Wert" vor allem auch **nicht-monetäre Dimensionen** erfasst. Dieser von der KundIn wahrgenommene, subjektiv eingeschätzte Wert wird ins Verhältnis zum Aufwand gesetzt. Dabei wird der Wertzuwachs (value added) auf beiden Seiten, also auf der Seite der KundIn und auf der Seite des Dienstleisters beurteilt. Auch unter dem Begriff des „Aufwandes" werden nicht nur Kosten verstanden. So kann die Zeit, die die KundIn aufbringen muss, um an den Ort der DL-Erstellung zu kommen, oder die Beanspruchung der KundIn (z. B. kurzfristig schmerzhafte Prozeduren zur Erzielung eines erwünschten, langfristigen Effekts) als „Aufwand" betrachtet werden.

Wertshop Arztpraxis

Stellen wir uns vor, wir haben einen grippalen Infekt und gehen zum Arzt, um uns untersuchen zu lassen. Gehen wir davon aus, dass die Untersuchung, Diagnose und Behandlung der ÄrztIn die Dienstleistung sei. Dann stellt sich für die ÄrztIn aus der Perspektive der UnternehmerIn (Mesoebene), die ihre Arztpraxis gewinnbringend führen muss, um davon leben zu können, ggf. die Wertschöpfung so dar, dass sie für den jeweiligen Krankheitsfall von der Krankenkasse pauschal vergütet wird. Die Gewinnspanne ergibt sich aus dem Aufwand, hier vor allem der Zeitaufwand für das Patientengespräch, die Untersuchung, die Diagnostik, den Therapievorschlag und die Verordnung, und dem Erlös durch die Abrechnung nach einem einheitlichen Bewertungsmaßstab. Die PatientIn (Mikroebene) bilanziert den Aufwand (z. B. mehrmalige Anrufe bei der Terminvereinbarung, Fahrweg in die Praxis, schmerzhafte Untersuchung, Zuzahlung bei der Apotheke) mit dem für sie subjektiv erfahrenen Wert („customer-perceived value"), z. B. mit den Beschwerden von der ÄrztIn ernst genommen zu werden, eine Diagnose zu erhalten, die die Befürchtungen einer Komplikation (z. B. Lungenentzündung) zerstreuen, und eine wenig belastende Therapie mit möglichst zeitnahen, erwünschten Wirkungen auf die Gesundheit. Um hier für die PatientIn einen möglichst kurzfristigen Effekt zu erzielen, verordnet die ÄrztIn vielleicht ein Antibiotikum ohne aufwändige mikrobiologische Untersuchung. Wurde dabei zufällig ein Medikament gewählt, auf das die Erreger des grippalen Infektes sensibel reagieren, kann es zum schnellen Abklingen der Symptome kommen. Dies dürfte jedoch unwahrscheinlich sein, da grippale Infekte meist durch Viren ausgelöst werden. Für die PatientIn kann kurzfristig ein hoher Wert erfahren werden, langfristig kann es aber auch auf der Mikroebene zu negativen, gesundheitlichen Folgen aufgrund der Nebenwirkungen kommen, weil z. B. die Darmfunktion durch das Antibiotikum beeinträchtigt wird. Auf der Makroebene könnte die Verordnung von Antibiotika ohne mikrobiologische Untersuchung Wert-mindernde Folgen haben, weil dadurch nicht nur die Krankenkasse belastet wird, sondern sich auch Resistenzen ausbilden können, die die Gesundheitsentwicklung der Bevölkerung insgesamt negativ beeinflussen.

3.2 Die simultane Wertkonstruktion als Konfigurationsmodell der Wertschöpfung in der Sozial- und Gesundheitswirtschaft

Bei sozialen und gesundheitsbezogenen Dienstleistungen, wird der Wert im Interaktions- und Kommunikationsprozess zwischen der Kundenkontaktperson und der NutzerIn (des Hilfsangebots), aber auch zwischen den NutzezerInnen untereinander (z. B. Selbsthilfegruppe) im Interaktionsgeschehen konstruiert. Dabei zeigt sich der Wert stets **mehrdimensional** (monetäre und nicht monetäre Dimensionen) und **diametral**, als von außen durch Dritte mess- und beurteilbar und durch die interagierenden Personen wahrnehmbar (perceived value). Die **Aktivitätenlogik** ist simultan, interaktiv, iterativ und spiralförmig. Die handelnden Personen durchlaufen zwar einen Prozess mit mehreren aufeinanderfolgenden Schritten, wie z. B. Beziehungsaufbau, Informationssammlung, Assessment, Beurteilung, Planung, Umsetzung und Evaluation, jedoch sind die Prozessschritte häufig auch parallel und mit Rückkoppelungsschleifen angeordnet. Insbesondere bei länger andauernden Hilfebeziehungen kommt es zu spiralförmigen Entwicklungen, die sich nach oben oder unten bewegen können. Vertrauensbeziehungen können sich bei häufiger und gelingender Interaktion verstärken und der Leistungsprozess kann auf einem immer höheren Vertrauensniveau ablaufen. Pflegeprozessmodelle belegen solche Logiken der Aktivität zwischen PatientIn und Pflegefachperson (vgl. dazu z. B. das Modell der Fördernden Prozesspflege nach Monika Krohwinkel, Krohwinkel 2013). **Technologie** (z. B. spezifisch auf die Zielgruppe zugeschnittene Kommunikationskonzepte, Hilfeplansysteme) kann diesen Prozess unterstützen oder auch behindern. Auf Basis der Grundgedanken des Konstruktivismus[11] kann hier nicht von einem Wert an sich ausgegangen werden, sondern dieser wird stets aufs Neue zwischen den interagierenden Personen entwickelt und kommuniziert. Dieser Verständigungsprozess stellt die **primäre**, unmittelbar Wert erzeugende **Aktivität** dar. Vertrauen spielt dabei eine zentrale Rolle und kennzeichnet soziale und gesundheitsbezogene Dienstleistungen. Vertrauensverlust stellt einen **Kostentreiber** dar, wenn z. B. ein erhöhter kommunikativer Aufwand betrieben werden muss, um Informationen über einen Leistungsanbieter einzuholen, der keinen einwandfreien Ruf hat. Ist das Vertrauen derart gestört, dass eine notwendige Leistung erst gar nicht beansprucht wird, dann können die Kosten auf allen Seiten enorm steigen. Vergegenwärtigen wir uns nur die Situation, wenn ein schwer kranker Mensch keine medizinischen Leistungen beansprucht, weil dieser aufgrund von schlechten Vorerfahrungen davon Abstand nimmt. Wenn nun die Krankheit weit fortgeschritten ist, so ist der

---

11 [**Konstruktivismus**] Der **Konstruktivismus** wird vor allem in der Lernpsychologie als Erklärungsmodell für das Lernen herangezogen. Das menschliche Erleben und Lernen ist Konstruktionsprozessen unterworfen, die durch zentrale neuronale, sinnesphysiologische, aber auch durch soziale und emotionale Prozesse beeinflusst werden. Im Austausch zwischen Lehrenden und Lernenden und den Lernenden untereinander werden individuelle Repräsentationen und Bilder der Welt und wie sie scheinbar funktioniert erschaffen. Dieses Erklärungsmodell kann auch auf den Dienstleistungsprozess übertragen werden und hebt insbesondere die Bedeutung und Einflussmöglichkeit der KundIn auf die Wertschaffung hervor, die wesentlich von den Erfahrungen und der Bereitschaft, sich auf den Konstruktionsprozess einzulassen, beeinflusst wird. Der Grad an Souveränität der KundIn schwankt in der Sozial- und Gesundheitswirtschaft erheblich, wodurch die Einflussmöglichkeiten der KundIn auf die Wertkonstruktion wiederum variieren.

Sozial- und Gesundheitswirtschaft

Schaden sowohl auf Seiten des Patienten als auch auf Seiten der Solidargemeinschaft hoch, weil z. B. eine Notfallversorgung oder eine sehr teure Therapie oder Operation erforderlich wird. Umgekehrt kann Vertrauen als **Werttreiber** bezeichnet werden, weil Vertrauen die Basis für jede Transaktion ist. Jeder, der schon einmal „blindes Vertrauen" erfahren durfte, weiß, wie hilfreich, ja z.T. sogar überlebenswichtig, dies in kritischen Situationen sein kann.

Werttreiber

Tab. 3: Simultane Wertkonstruktion im Vergleich zu „klassischen" Wertschöpfungskonfigurationsmodellen
(Quelle: in Anlehnung an Fließ 2009: 75, adaptiert und ergänzt durch das Konfigurationsmodell der Theorie der Wertkonstruktion)

	Wertkette	Wertshop	Wertnetzwerk	Simultane Wertkonstruktion
❏ Werterzeugung	Transformation von Inputs in Dienstleistungen	Lösung von Kundenproblemen	Verbindung von Kunden	Simultanes, interaktives Erleben und Sinnkonstruktionen zwischen KundInnen und/oder zwischen KundInnen und organisationsinternen Kundenkontaktpersonen
❏ Technologie	long-linked-technology	intensive technology	mediating technology	awareness & communication technology Zuwendung-, Achtsamkeits- und Kommunikationstechnologie
❏ Primäre Aktivitäten	Marketing, Eingangslogistik, Operationen, Dienstleistungen	Problemfindung und -akquisition, Problemlösung, Auswahl, Ausführung, Kontrolle und Bewertung	Netzwerkpromotion und Vertragsmanagement, Netzwerkservices, Infrastrukturoperationen	Verständigung
❏ Aktivitätenlogik	sequentiell, linear	zyklisch, iterative, unstetig	simultan, parallel	simultan, interaktiv, iterativ, spiralförmig
❏ Kostentreiber	Inputfaktoren	Vorhalten von Fachwissen & Technologie, hohe Fixkosten	Vorhalten der Netzwerkinfrastruktur	Vertrauens- und Identitätsverlust personale Detraktionen
❏ Werttreiber	Wissen	Problemlösungskompetenz, Reputation	Netzwerkpromotion, Netzwerkservices, Netzwerkinfrastruktur	Vertrauen, Zuwendung, personfördernde Interaktion, Wissen
❏ Wertstruktur der Branche	Verbundene Ketten	durch Empfehlungen verbundene Shops	überlappende und verknüpfte Netzwerke	personale Beziehungen, verbundene Wertshops zur spezifischen Problemlösung

Teil I: Theorie der Wertkonstruktion

Wert als Ausgangspunkt wirtschaftlichen Handelns

Der in der hier vorliegenden Abhandlung formulierte Ansatz des Social Service Design mit seinem Instrumentarium basiert auf der Grundannahme, dass nicht Knappheit, sondern *Wert* der Ausgangspunkt wirtschaftlichen Handelns ist. Die Möglichkeit der Übertragung betriebswirtschaftlicher Modelle und Konzepte auf die Sozial- und Gesundheitswirtschaft wird mit der Knappheit von Lösungskompetenz begründet, die eine Marktsituation mit Angebot und Nachfrage entstehen lässt. Zu hinterfragen ist, ob sich die vielfältigen Bereiche, in denen die Soziale Arbeit, die Sozialpädagogik, die Gesundheitsfachberufe und die Pflege wirken, auf Lösungskompetenz als Leistungskomplex reduzieren lassen. Nicht die Endlichkeit globaler, nationaler, organisationaler und personaler Ressourcen, sondern die Wertschaffung mit bestehenden Ressourcen, soll in der vorliegenden Schrift im Fokus stehen. Dabei wird die makroökonomische Perspektive bei systemischen Wirkungen stellenweise einbezogen. Diese dient jedoch nicht als Blickwinkel, auch wenn der Design Ansatz sehr wohl im Sinne des Social Design auf Rahmenstrukturen gestaltend zurückwirken kann und die Verantwortung für die makroökonomische Ressourcenzuteilung keinesfalls vom Sozialmanagement auf die Sozialpolitik abgeschoben werden soll. Die Komplexität des Feldes der Sozial- und Gesundheitswirtschaft in ihrer Verwobenheit mit anderen Wirtschafts- und Politikbereichen erfordert jedoch eine gewisse Komplexitätsreduktion zur Bearbeitung des hier vorliegenden Gegenstandes, nämlich die Wertschaffung bzw. Konstruktion und Erhaltung im Leistungsgeschehen zwischen Kontaktperson der DL-Organisation und der rat-/hilfesuchenden Person auf der Mikroebene.

Social Design

Angesichts der hohen volks- und betriebswirtschaftlichen Bedeutung des Fachkräftemangels und der Arbeitsausfallstatistik wird der Nachhaltigkeitsgedanke in erster Linie auf die Person-gebundenen Ressourcen, wie z.B. Wissen, Zuwendung, übertragen. Brinkmann fordert die intensive Auseinandersetzung mit der Frage der sozialen Verteilungsgerechtigkeit angesichts der Endlichkeit der globalen Energieressourcen von der Sozialökonomie. Dabei bezieht er monetäre, soziale, ethische und ökologische Ressourcen ein (Brinkmann 2010: 22). Der Mensch mit seinem spezifischen Wissen, seiner Bereitschaft und Fähigkeit, sich anderen rat-/hilfesuchenden Menschen zuzuwenden und dabei professionelle Strategien zur Lösungsverständigung anzuwenden, ist zentral im Produktionsprozess sozialer und gesundheitsbezogener Dienstleistungen und ist in die Nachhaltigkeitsüberlegungen einzubeziehen. Dabei soll der Mensch nicht unzulässig zum „Produktionsfaktor" und „Humankapital" degradiert und objektiviert, sondern vielmehr in seinem Person-sein gefördert und ermächtigt werden (vgl. auch Kawamura 2013). Nicht der Mensch selbst ist als Ressource zu verstehen, sondern eben sein Wissen, seine Erfahrung, seine Bereitschaft und Fähigkeit, sich anderen rat-/hilfesuchenden Menschen zuzuwenden und sich über Lösungen mit Hilfe professioneller Strategien zu verständigen. Voraussetzung für diesen Verständigungsprozess ist, sich zunächst der rat-/hilfesuchenden Person aufrichtig zuzuwenden, um zu verstehen, wie sie sich selbst und ihre Situation sieht. Die Wertgenerierung in diesem Verständigungsprozess soll im Zusammenhang mit Social Service Design im Mittelpunkt des Interesses stehen.

Aufrichtige Zuwendung

In der Sozial- und Gesundheitswirtschaft bedarf es nicht nur eines Professionalisierungsprozesses sondern auch eines Innovationsschubs und vor allem einer Humanisierung und einer nachhaltigen, wirtschaftlichen Ausrichtung. Das Social Service Design kann dazu hilfreiche Ansätze liefern, ohne den Anspruch zu erheben, alleiniger Heilsbringer und Lösungsweg zu sein. Der Design-Ansatz vereint analytische mit kreativen Herangehensweisen, um Dienstleistungen so zu planen und zu gestalten, dass die am Leistungsprozess Beteiligten in ihrem Person-sein gestärkt werden und individuellen Wert vor allem in der Erlebensdimension erfahren. Die Erlebensdimension spielt als vierte Dimension zur Struktur-, Prozess- und Ergebnisdimension in der Leistungsqualität eine wesentliche Rolle. Darin sieht die Service DesignerIn den Wert der Dienstleistung sowohl auf individueller als auch auf volkswirtschaftlicher Ebene, wo er sich nachhaltig entwickelt.

Erlebensdimension als vierte Dimension im Struktur-, Prozess-, Ergebnis-Modell

Service Design verbindet Sozial(markt-)forschung mit überwiegend qualitativen Methoden und Service Engineering. Mit einem verstehenden Ansatz nähert sich die DesignerIn der Wahrnehmung der Dienstleistung aus der Perspektive der AdressatIn an, um ihre Erkenntnisse anschließend in der Produktentwicklung umzusetzen. Dabei werden Dienstleistungen auf die Anforderungen der „KundInnen" methodisch unterstützt zugeschnitten, wobei die Erlebensdimension besondere Beachtung findet.

Exkurs (Service Engineering)[12]

Der Forschungsbeirat des Projekts „Dienstleistung 2000 plus" kommt zu dem Fazit, dass Serviceanbieter aufgrund unzureichender Marktanalysen bzw. nicht konsequenter Einbeziehung von Marktforschungsergebnissen Erfolgspotentiale in diesem Zusammenhang nicht oder zu wenig nutzen. Die Praxis zeigt eher eine „Muddling Through"-Strategie, d. h. zufällig aufgegriffene Kundenrückmeldungen werden irgendwie im DL-Entwicklungsprozess berücksichtigt. Dabei spielen persönliche Prioritäten der DL-Planer häufig eine Rolle, sowie welche einzelnen KundInnen oder Kundengruppen, wie laut und durchsetzungsstark ihre Anforderungen äußern. Selten werden wirklich repräsentative Befragungen auf empirisch-analytischer oder regelgeleiteter, qualitativer Basis durchgeführt, nicht unbedingt aus Nachlässigkeit sondern meist aus Mangel an Ressourcen. Dabei entsteht die Gefahr, dass die DL am Bedarf des Marktes vorbei entwickelt wird. Bei sozialen und gesundheitsbezogenen DL kann dies darüber hinaus dazu führen, dass die Anforderungen von hoch vulnerablen Gruppen, mit meist auch erhöhten Risiken, zu wenig Berücksichtigung finden. Bei solchen DL ist auch die ausschließliche Orientierung an den Kundenanforderungen bzw. Marktanforderungen kritisch zu sehen, denn der „technologische" Nutzen muss ebenfalls auch zur Kundensicherheit berücksichtigt werden (Thema: evidence-basierte Versorgung).

---

12 [**Service Engineering**] Entwicklung und Gestaltung von Dienstleistungen unter Anwendung systematischer Entwicklungsverfahren, Methoden und Werkzeuge (Tools) auf Basis von Modellen. Service Engineering hat mit seinem eher technologischen und methodischen Ansatz das Ziel, neue, innovative Produkte zu entwickeln (vgl. Bullinger et al. 2003: 276).

Balanced Strategy

Es ist also eine ausbalancierte Strategie (balanced strategy) zu fordern, die zwischen Kundenanforderungen und technologischen Anforderungen (z. B. Leistungserbringung nach dem anerkannten und aktuellen Stand des Wissens) ausgleicht.

In der wirtschaftswissenschaftlichen Literatur wird über die Entwickelbarkeit von Dienstleistungen zwischen zwei Extrempositionen diskutiert. Während die einen die Möglichkeit der Anwendung systematischer, standardisierter Entwicklungsverfahren aus dem Güterproduktionsbereich auf die Dienstleistung aufgrund des beidseitig personengebundenen Leistungserstellungsprozesses bezweifeln und ablehnen, gehen die anderen davon aus, dass diese Verfahren eins zu eins auf den Service-Bereich übertragen werden können (Meiren & Barth 2002: 12). Ein weiterführender Schritt ist der Transfer auf soziale und gesundheitsbezogene Dienstleistungen, welcher kontroverse Diskussionen auslöst, aufgrund der z.T. hohen Verletzlichkeit der in den Leistungserstellungsprozess involvierten Personen. Der Service Design Ansatz mit seinen theoretischen Grundlagen kann hier vermitteln, stellt er doch eher ein Verfahren dar, das die im Bereich des Sozialen anerkannten und ausgereiften Methoden der angewandten Sozialforschung neben anderen kreativen Methoden aufgreift und die Erkenntnisse systematisch in einen Entwicklungsprozess innovativer und zugleich Person zentrierter Dienstleistungen überführt. Möglichkeiten, Grenzen und Nebenwirkungen sind dabei stets zu diskutieren und ethisch zu reflektieren (vgl. Kap. 6).

Produktinnovation Produktentwicklung Marketingkonzeption

Produktinnovation und Produktentwicklung hängen eng mit der Marketingkonzeption eines Unternehmens zusammen. Vor allem bei der Marktforschung, der Markteintrittsstrategie und der Marktpositionierung gibt es Schnittstellen.

Im Folgenden werden deshalb ausgehend vom Professionsverständnis der Sozialen Arbeit und der Sozialpädagogik die Spezifika des Social Service Design und des Soziomarketings herausgearbeitet, um unzulässige Übertragungen zu vermeiden. In Kapitel 6 werden darauf aufbauend schließlich erste Ansätze für eine Sozialmarketing Ethik entwickelt.

Quattro Mandat

„Quattro Mandat" und die Frage „Must it be sold"

Die „International Federation of Social Workers (IFSW)" hat 2014 folgende Definition Sozialer Arbeit verfasst, die vom Deutschen Berufsverband für Soziale Arbeit e.V. wie folgt übersetzt wurde:

„Soziale Arbeit ist eine praxisorientierte Profession und eine wissenschaftliche Disziplin, dessen bzw. deren Ziel die Förderung des sozialen Wandels, der sozialen Entwicklung und des sozialen Zusammenhalts sowie die Stärkung und Befreiung der Menschen ist. Die Prinzipien der sozialen Gerechtigkeit, die Menschenrechte, gemeinsame Verantwortung und die Achtung der

Vielfalt bilden die Grundlagen der Sozialen Arbeit. Gestützt auf Theorien zur Sozialen Arbeit, auf Sozialwissenschaften, Geisteswissenschaften und indigenem Wissen, werden bei der Sozialen Arbeit Menschen und Strukturen eingebunden, um existenzielle Herausforderungen zu bewältigen und das Wohlergehen zu verbessern" (DBSH 2015).

SozialarbeiterInnen und SozialpädagogInnen sind Handelnde in der Sozial- und Gesundheitswirtschaft, die durch ihre Berufsidentität und ihren Ethos geleitet sind und zugleich auf beides gestaltend zurückwirken. Sie handeln mit „Triple Mandat" (Brinkmann 2010: 27) in erster Linie im Auftrag der NutzerIn sozialer Dienstleistungen, im Auftrag des Staates und seiner nachgeordneten Institutionen der Grundsicherung und Wohlfahrtspflege und im Auftrag ihrer eigenen Profession mit berufsethischer und professioneller Sorgfaltsverpflichtung. Sind nun Teilbereiche der Institution oder gar die gesamte Organisation, an die der Staat seinen Sorgeauftrag abgibt, Profit orientiert, kommt ein unternehmensinterner Auftrag hinzu, der von Markt- und Gewinninteressen geleitet ist. Es entsteht ein „Quattro Mandat", das die SozialarbeiterIn und SozialpädagogIn in Ziel- und Interessenkonflikte bringen kann. Entscheidungs- und Handlungsspielräume sowie individuelle Kompetenzen und Präferenzen der SozialarbeiterIn und SozialpädagogIn entscheiden darüber, wie diese Konflikte ausgehalten und gelöst werden. Dabei spielen u. a. individuelle Schwellen, sich widersprechende Erwartungen auszuhalten (Ambiguitätstoleranz), sowie berufliche und persönliche Identität eine Rolle. Unabhängig davon, ob Organisationen und ihre Mitglieder dieses „Quattro Mandat" zur Kenntnis nehmen, ist es in der Alltagspraxis zu erfüllen und in konkreten Einzelfallentscheidungen sind Zielkonflikte zu lösen. Machtkonstellationen, die sich in der Fähigkeit zur Durchsetzung von Interessen zeigen, spielen dabei eine wichtige Rolle. Häufig fallen in der Praxis Entscheidungen zum Interessenausgleich zu Lasten der Personen, deren Durchsetzungsvermögen schwach ist. Das ist in der Regel die rat-/hilfesuchende Person, besonders wenn sie sich in einer gesundheitlichen bzw. sozialen Mangel- oder Notsituation befindet.

Triple Mandat

Wie jede Wissenschaft und ihre Forschungspraxis muss sich auch die Sozial- und Gesundheitswirtschaftslehre fragen lassen, welchen Interessen sie dient und was sie zur Lösung von Ziel- und Interessenkonflikten anbietet.

Die Organisation, die sich den Methoden und Instrumenten der Sozial- und Gesundheitswirtschaftslehre bedient, kann nun ihrerseits ihr Mandat auf unterschiedlichen Ebenen sehen und gestalten. Dabei kann die sozial- und gesundheitswirtschaftliche Unternehmung als interessenpluralistisches System betrachtet werden, das als eigenständige Steuerungseinheit zugleich Umwelteinflüssen und Ansprüchen verschiedener Interessengruppen ausgesetzt ist und auf seine Umwelt auch wieder zurückwirkt bzw. selbst für andere Organisationen eine Anspruchsgruppe darstellt. Systemtheoretisch kann die so-

Interessen-pluralistisches System

MANAGEMENT

Teil I: Theorie der Wertkonstruktion

Autopoietisches System

ziale und gesundheitsbezogene DL-Organisation deshalb auch als autopoietisches System[13] verstanden werden, das sich selbst steuert und zugleich im Austauschprozess mit seiner Umwelt befindet. Die Anpassungsfähigkeit an sich verändernde Umweltbedingungen, wie z. B. Änderungen im Sozial- und Leistungsrecht, oder sich wandelnde Ansprüche der KundInnen, entscheidet über das Überleben.

Die Frage, ob sich dieses System nun im Sinne der Marktlogik verhält oder anderen Gesetzmäßigkeiten folgt, ist in der noch jungen Theorieentwicklung der Sozial- und Gesundheitswirtschaftslehre noch nicht abschließend geklärt. In dem hier vertretenen Ansatz der Wertorientierung wird dem klassischen Marktmodell mit der Vorstellung der Regulierung von Angebot und Nachfrage über den Preis wenig Potential für die Sozial- und Gesundheitswirtschaft zugesprochen. Nur in einzelnen Marktsegmenten kann diese recht simple Form der Regulierung erfolgreich funktionieren.

Social Service Design (SSD)

Service Design von sozialen Dienstleistungen, Social Service Design (SSD), ist eng verbunden mit der Zielsetzung der Marketingstrategie, denn die Ausrichtung von Dienstleistungen an den Anforderungen der KundInnen, im SSD speziell die Ausrichtung an dem Erleben der DL durch die KundIn, hat stets eine Marktwirkung.

Allgemeine Ziele des neoklassischen Marketingkonzepts sind Kundenbindung über Kundenzufriedenheit (z. B. Servicequalität, Verlässlichkeit, Kompetenz) und Wechselbarrieren (mangelnde Substitutionsmöglichkeiten, vertragliche Bindung), Gewinnung neuer KundInnen (Akquise) und Rückgewinnung von KundInnen.

Should it be sold?

Etwa in den 1970er Jahren wurde im Marketing zudem die Frage „Should it be sold" aufgeworfen (vgl. Kotler 1979), also sollen Produkte im Sinne der Nachhaltigkeit (verstanden als soziale und ökologische Verträglichkeit) überhaupt abgesetzt werden. Dieser Ansatz des Social Marketing wurde sowohl im Profit- als auch im Not-for-Profit-Bereich vertreten. Aktuell werden extreme Entwicklungen unter dem Begriff des „Green- und Social Washing" diskutiert, wenn etwa Unternehmen mit ökologischer Verträglichkeit (Green Washing) werben und tatsächlich die Produktion oder das Produkt aber stark umweltbelastend ist. Das Werben mit der Spendenbereitschaft eines Unternehmens z. B. für ein Kinderhilfswerk und der gleichzeitige Vertrieb von Waren, die aus Kinderhand stammen, werden als „Social Washing" bezeichnet.

Green- und Social Washing

---

13 [**Autopoiesis**] **Autopoiesis** ist ein ursprünglich in der Biologie beschriebenes, charakteristisches Organisationsmerkmal von Lebewesen oder lebenden Systemen, das auf Grundlage der Systemtheorie erklärt wurde. Im Verlauf wurde dieses Prinzip, das die Fähigkeit zur Selbsterhaltung beschreibt, auf andere Gegenstandsbereiche wie z. B. betriebswirtschaftliche Organisationen in der Organisationstheorie übertragen. Dabei wird untersucht, welche Merkmale und Funktionen, die innerhalb der Organisation liegen, diese auf dem Markt überlebensfähig machen. So wird z. B. die bessere Anpassungsfähigkeit von Organisationen an Marktveränderungen erklärt, die über dezentrale Entscheidungskompetenz und damit über mehr Flexibilität verfügen.

Das Marketing sozialer Dienstleistungen, also die „Vermarktung" der Leistungen selbst, im Sinne der neoklassischen Zielsetzung wirft viele, in der Sozial- und Gesundheitswirtschaftslehre noch ungeklärte Fragen auf. Sind die Zielsetzungen des „klassischen" Marketings überhaupt mit den Zielen der sozialen und gesundheitsbezogenen DL vereinbar? Wenn ja, in welchen Bereichen? Berufs- und marketingethische Probleme entstehen bei dem Bestreben nach Kundenbindung, wenn AdressatInnen beispielsweise im Rahmen des Leistungsprozesses ermächtigt werden sollen, ihre sozialen oder gesundheitlichen Probleme selbst zu lösen. Soll bzw. darf zur Erreichung von „klassischen" Absatzzielen (Kundenneugewinnung, Kundenbindung durch Zufriedenheit und Wechselbarrieren, Kundenrückgewinnung) auch für soziale und gesundheitsbezogene Dienstleistungen das Marktbearbeitungsinstrumentarium (Marketing-Mix) vollumfänglich eingesetzt werden? Im Personalmarketing kann der Einsatz von klassischen Marktbearbeitungsinstrumenten durchaus zielführend sein, wie beispielhaft zum Employer Branding in Kapitel 5.1.2 ausgeführt wird. Die Transferleistungen vom klassischen Marketing zum erweiterten Konzept des Social Marketing und des Marketing sozialer DL sind anzuerkennen und zeigen stellenweise auch erwünschte Wirkungen, z. B. Neugewinnung und Bindung von GroßspenderInnen für ein soziales Projekt. Sie vernachlässigen jedoch eine in der Arbeitspraxis mit AdressatInnen der Sozialen Arbeit und der Pflege regelmäßig auftretende Frage, nämlich, sollen Leistungen angeboten werden, die zwar notwendig und existenziell bedeutungsvoll sind, aber nicht refinanziert werden können, weil sie der Regelleistungskatalog der Sozialversicherung nicht vorsieht – Must it be sold?

Must it be sold?

3.3 „Must it be sold?" als Kernfrage des Marketings sozialer Dienstleistungen

Für die Sozial- und Gesundheitswirtschaft stellt sich im verstärkten Maße die Frage der Bedürfnisbefriedigung trotz mangelnder Kaufkraft (die NachfragerIn verfügt über keine oder zu wenig Mittel oder die Leistung ist über die Sozialleistungsträger nicht abrechenbar), die bisher im klassischen und Sozio-Marketing so noch nicht systematisch bearbeitet wurde. Die im unmittelbaren Kontakt mit rat- und hilfesuchenden Menschen stehenden Dienstleister (Kundenkontaktpersonal) werden mit zum Teil existenziellen Bedürfnissen direkt konfrontiert und stehen vor der menschlichen und wirtschaftlichen Herausforderung, den Leistungsumfang in der konkreten Situation entsprechend vertraglicher und leistungsrechtlicher Bedingungen einzugrenzen, obwohl ggf. darüber hinausgehende Nachfrage nach existenziell bedeutsamen Leistungen besteht. Dabei können kurzfristig als wirtschaftlich erscheinende Entscheidungen nicht nur zu menschlichem Leid sondern langfristig auch zu wirtschaftlichen Folgen auf Unternehmensebene und auf volkswirtschaftlicher Ebene führen.

Existenziell bedeutsame Leistungen

Stellen wir uns beispielsweise die Situation einer MitarbeiterIn im ambulanten Pflegedienst vor, die den Auftrag hat, eine ältere, pflegebedürftige und allein lebende Frau bei der täglichen Morgenpflege zu unterstützen. Als sie auf ihrer morgendlichen Tour bei der Dame zu Hause ankommt, stellt sie fest, dass kein Brot im Hause ist und auch niemand zur Verfügung steht, um Brot für das Frühstück zu besorgen. Wird die MitarbeiterIn die Wohnung verlassen, ohne dafür zu sorgen, dass die schwerstpflegebedürftige Frau etwas zu essen hat? Vielleicht geht sie zum Bäcker um die Ecke und kauft das Lebensmittel, obwohl diese Leistung mit der Pflegekasse nicht abgerechnet werden kann und auch nicht vertraglich vereinbart ist. Der persönliche „Lohn" der Pflegedienstmitarbeiterln ist die Dankbarkeit und das Lächeln der KundIn, der Ertrag für den Pflegedienst ist zunächst ein Verlust an Zeit und Arbeitskraft. Langfristig kann dieser Verlust ggf. wieder ausgeglichen werden, indem die KundIn gerade aus diesem Grund, weil der Pflegedienst bereit ist, auch über die Vertragspflichten hinaus, existenziell notwendige Leistungen unentgeltlich zu erbringen, den Pflegedienst weiter empfiehlt und somit kostenlos zur Kundenakquise beiträgt. Das Gefühl, in Notsituationen nicht alleine gelassen zu werden und menschliche Zuwendung statt aufgesetzter Service-Freundlichkeit zu erfahren, kann ausschlaggebend für die Zufriedenheit der KundIn sein und einen besonderen Wert für die KundIn darstellen. Darüber hinaus gibt ihr diese flexible und spontan menschliche Reaktion der Pflegerin das Gefühl des Menschseins und der Würde. *Muss* die Leistung, das Brot um die Ecke zu besorgen, aus Menschlichkeit erbracht werden?

Gefühl des Menschseins und der Würde

Die Kunden- und Mitarbeiterzufriedenheit sowie die Weiterempfehlungsrate können wünschenswerte, wirtschaftlich bedeutungsvolle Nebeneffekte sein. Die Leistung wird jedoch primär aus dem menschlichen Fürsorgehandeln heraus erbracht und kann dazu beitragen, dass sich die Kontaktperson der Dienstleistungs-Organisation in der unmittelbaren Interaktion mit der KundIn als Person besser fühlt und weniger emotional erschöpft, weil sie existenzielle Bedürfnisse nicht übergehen muss.

Legalität

Weiterhin stellt sich in der Sozial- und Gesundheitswirtschaft die Frage **der verantwortungsvollen Verwendung von Mitteln (Legalität)**, die zwangsweise vom Staat über Pflichtversicherungen und Steuern von den BürgerInnen und Organisationen eingezogen oder freiwillig als Solidarbeitrag (z. B. Spenden) von den BürgerInnen und Organisationen bereitgestellt werden. Letztere schließt die Verantwortung für den nachhaltigen Ressourcenerhalt für nachfolgende Generationen ein – **„Should it be sold?"** – (Kotler 1979) die Kernfrage des Sozialmarketings. Sollen z. B. Dienstfahrzeuge mit geringem Kraftstoffverbrauch und günstigen Emissionswerten angeschafft werden, obwohl sie teurer sind, um die Schadstoffbelastung für die Umwelt möglichst gering zu halten? Sollen osteuropäische Pflegekräfte in deutschen Haushalten eingesetzt werden, obwohl sie untertariflich bezahlt werden und in ihrem Ursprungsland als Fachkräfte und als Mitglied in ihren Ursprungsfamilien fehlen? Die Europäische Union ist nicht nur ein Währungsbündnis sondern trägt gemeinsame Verantwortung für die ökologische und soziale Verträglichkeit ihres Wirtschaftssystems.

Tab. 4: Must it be sold? als zentrale Fragestellung in der nachhaltigen Gestaltung von Kundenbeziehungen im Sozialmarketing

Im Bereich der sozialen und gesundheitsbezogenen Dienstleistungen besteht die **Notwendigkeit der ganzheitlichen Entscheidung**, die über die rein rationale Perspektive hinaus u.a. folgende Dimensionen einbezieht: soziale Präferenzen, Betroffenheit und existenzielle Bedürfnisse, krankheits- und situationsbedingte (Notlage) Einschränkungen in der Informationsaufnahme und -verarbeitung.

Bereits **L. M. Dawson** hat die klassische Marketingtheorie im Jahre 1969 um das sog. **Human Concept of Marketing** erweitert. Nachfolgend werden die Prinzipien des Human Concept of Marketing in Anlehnung an Dawson, aber erweitert dargestellt:

Prinzip Human Concept of Marketing	Bedeutung
nachhaltige Wertschöpfung	❒ erweiterter Wertbegriff, der auch nicht monetäre Dimensionen umfasst und die Wahrnehmung des Wertes einer Leistung durch die KundIn und die Kundenkontaktperson einschließt. ❒ Wertkonstruktion in der Interaktion zwischen KundIn und Kundenkontaktperson ❒ Gewinnstreben jedoch durch die Berücksichtigung gesellschaftlicher, ökologischer und sozialer Ansprüche ergänzt bzw. beschränkt
stärkere Ausrichtung der Zielsysteme der Organisation bzw. des Unternehmens auf gesellschaftliche und humanitäre Erfordernisse	❒ Social Marketing, ökologisches Marketing, komplexe, ganzheitliche Zielsysteme mit schwieriger Erfolgsmessung
Integration der Interessen von ArbeitnehmerInnen, KapitalgeberInnen bzw. KostenträgerInnen, KundInnen und LieferantInnen	❒ komplexe Anspruchsanalysen ❒ hohe Kommunikationserfordernisse ❒ hohe Anforderungen an den Ausgleich von Machtungleichgewichten aufgrund vulnerabler Personen auf Seiten der KundInnen
Berücksichtigung der sozialen, politischen und ökonomischen Umwelt	❒ umfassender gesellschaftlicher Wertwandel (value change) hin zu einer immer humaner werdenden Gesellschaft: Lebensqualität für alle als wichtiges Wachstumsziel! ❒ komplexe, multimethodische und langfristig angelegte Wirkungsanalysen über Sektorengrenzen hinweg
Diskurs und proaktive Gestaltung marketingethischer Dilemmata und Fragestellungen: ❒ Should it be sold? (Kernfrage des Social Marketing) ❒ **Must it be sold?**	❒ „Soll die Leistung verkauft werden?" nachhaltiger Ressourcenerhalt für nachfolgende Generationen ❒ „Muss die Leistung verkauft werden?", obwohl sie voraussichtlich nicht refinanziert werden kann. schwierige Abgrenzungsmöglichkeit der Kundenkontaktperson, aufgrund der Zuwendungsbeziehung und unmittelbaren Konfrontation mit existenziell bedeutungsvollen Situationen für die KundIn

Am Beispiel von „Nina in der Schuldenfalle" soll nun ein weiteres Prinzip des klassischen Marktmodells, die Knappheit und ihre Regulierung über Angebot, Nachfrage und Preis, in der Sozial- und Gesundheitswirtschaft hinterfragt werden.

„Nina" in der Schuldenfalle

Die überschuldete, alleinerziehende Mutter „Nina" kann ihre Stromrechnung nicht mehr bezahlen. Nach tagelangem Leben in Dunkelheit, ohne warmes Essen und ohne Telefonanschluss, sucht sie nach Informationen und Hilfe, um ihre finanzielle Notlage zu bewältigen. Da sie über keinen Internetanschluss mehr verfügt, schaut sie im Branchenbuch nach einer Beratungsstelle. Aus Scham traut sie sich nicht, Freunde und Nachbarn zu fragen. Seit der Gerichtsvollzieher versehentlich bei der Nachbarin klingelte, wird sie ohnehin schon von der Nachbarschaft gemieden. Auch die Freunde haben sich von ihr abgewandt, weil sie geliehenes Geld nicht mehr zurückzahlen konnte. Primäre Netze basieren auf Vertrauen und Freiwilligkeit. Sie sind damit nicht zuverlässig verfügbar. Mehrere freie Träger und auch private Anbieter bieten Schuldner- und Insolvenzberatung an. Die Beratungsstellen, die sie anfragt, können jedoch für die nächsten 4 Wochen keinen Termin anbieten, weil zu viele BürgerInnen eine Beratung brauchen. Eine Telefonberatung am nächsten Vormittag, die man ihr anbietet, lehnt sie ab, weil sie sich davon keine Hilfe verspricht.

Abb. 5: „Nina in der Schuldenfalle"

Es entsteht Knappheit. In diesem Fall Knappheit an Lösungskompetenz, die private Haushaltslage zu sanieren. Diese soll von „Nina" nun auf dem sozial- und gesundheitswirtschaftlichen Markt „eingekauft" werden. Stellvertretend für den Preis steht der Leistungsanspruch, der auf der Grundsicherungspflicht des Staates beruht. Die Ökonomie hat sich zur Aufgabe gesetzt, knappe Ressourcen zu lenken. Der **Markt,** als ökonomisches Grundmodell, soll Angebot und Nachfrage über den Preis regulieren. Bei knappem Angebot und hoher Nachfrage steigt der Preis, sodass diejenigen, die sich den Preis nicht leisten können, als Nachfrager aus dem Marktgeschehen herausfallen. Der Wohlfahrtsstaat hat sich zur Aufgabe gesetzt, die Grundsicherung von bedürftigen BürgerInnen zu gewährleisten. Er bietet z. B. die Schuldnerberatung für die Rat-/Hilfesuchenden, welche überschuldet sind oder denen eine Überschuldung droht, durch die Sozialämter kostenlos an. Das Leistungsrecht sieht bei Erfüllung gewisser Voraussetzungen einen Leistungs*anspruch* vor. Der Preis kann als Regulierungsinstrument in diesem Fall folglich nicht eingesetzt werden. Die Wartezeit auf einen Termin für die Schuldnerberatung kann jedoch ersatzweise Steuerungsfunktion im Sinne der Rationierung übernehmen. Das Problem der Knappheit steht in enger Verbindung mit Fragen der sozialen Gerechtigkeit und kann nicht alleine über den Marktmechanismus erklärt und gelöst werden.

Leistungsrechtliche Bestimmungen greifen in den Regulationsmechanismus des Marktes ein, wenn der Preis z. B. durch gesetzliche Regelungen vorgegeben ist. In diesen Bereichen erfolgt der Wettbewerb hauptsächlich über die Qualität und den Wert. Neben dem Motiv der Nutzenmaximierung sind intrinsische, altruistische Motive einzubeziehen. Klassische Modelle der Marktfunktion und des Kaufverhaltens können nicht einfach eins zu eins auf die Sozial- und Gesundheitswirtschaft übertragen werden. Deshalb soll der Begriff des „Wertes" aus der Nutzerperspektive genauer beleuchtet werden.

Knappheit

Markt

Rationierung
Soziale Gerechtigkeit

3.4 „Wert" statt „Knappheit" als Motor der Sozial- und Gesundheitswirtschaft

Eng verwandt mit dem Begriff des „Wertes" ist der Begriff „Nutzen". Der **Nutzen** entsteht nach Plinke für die NachfragerIn aus drei Quellen (vgl. Plinke 2000, zit. in Fließ 2009), die anhand des Beispiels der Schuldnerberatung erläutert werden:

1. **Dienstleistungsergebnis**, welches häufig auch Vertragsgegenstand ist: z. B. konsolidierter Privathaushalt durch die Schuldnerberatung,
2. **Dienstleistungsprozess,** der aus der Durchführung des Austausches und der Erstellung der Leistung besteht: z. B. freundliche, wertschätzende und kompetente Beratung,
3. **(Nach-)Nutzungsphase**, in der Folgewirkungen der Dienstleistungen auftreten oder zusätzliche Services angeboten werden: z. B. die Schuldnerin erhält nach abgeschlossener Beratung die Möglichkeit, jederzeit bei Fragen oder Problemen im Zusammenhang mit ihrer wirtschaftlichen Situation bei der Schuldnerberatung anzurufen oder einmal im Jahr einen „Haushaltscheck" durchführen zu lassen (zusätzlicher Service).

Total Customer Costs

Die dem Nachfrager entstehenden **Kosten** werden nach Plinke ebenfalls diesen drei Quellen zugeordnet. Sie werden auch als Total Customer Costs bezeichnet:

1. **Dienstleistungsergebnis**, welches häufig Vertragsgegenstand ist, z. B. zu zahlender Preis für die Beratung, in diesem Fall übernimmt der Staat die Kosten. Die Summe der Wartezeiten könnte ebenfalls im übertragenen Sinne als Kosten für die Rat suchende Person verstanden werden.
2. **Dienstleistungsprozess**, der aus der Durchführung des Austausches und der Erstellung der Leistung besteht, z. B. Unfreundlichkeit der BeraterIn, Vernachlässigung der Prioritäten und der Ressourcen (Wissen der Schuldnerin über Einsparmöglichkeiten, stille Reserven) der Schuldnerin bei der Beratung
3. **(Nach-)Nutzungsphase**, in der Folgewirkungen der Dienstleistungen auftreten, z. B. zusätzliche Zinszahlungen aufgrund unsachgemäßer Beratung.

Customer Surplus – Kunden Mehrwert – oder Service Value

Die NachfragerIn wägt Nutzen und Kosten ab, um den Wert der Dienstleistung (Customer Surplus – Kunden Mehrwert – oder Service Value) für sich zu ermitteln. Dabei spielen individuelle Präferenzen bei der Gewichtung der einzelnen Kosten- und Nutzenfaktoren eine Rolle. Die Grundannahme bei diesem Marktmodell ist, dass die NachfragerIn nur dann die Dienstleistung beansprucht, wenn der Nutzen der Dienstleistung höher ist als die Kosten, sodass sie sich mit dem Tausch verbessert. Dies bedeutet, dass der Service Value positiv sein muss, damit es zum Tauschgeschäft kommt.

Sozial- und Gesundheitswirtschaft

Entwurf eines erweiterten Wert-Konzeptes für die Sozial- und Gesundheitswirtschaft

In der Theorie der Wertkonstruktion sind die Kosten-Nutzen-Faktoren mehrdimensional und keineswegs rein monetär zu sehen. Die verschiedenen Dimensionen können anhand des Beispiels der Schuldnerberatung erläutert werden. Es können **technisch-funktionale** (z. B. Unterstützung durch Beratungs- und Sanierungskonzepte), ökonomische (z. B. Kosten aufgrund von Arbeitsausfall während der Inanspruchnahme der Beratung, Fahrtkosten zur Beratungsstelle), **psychologische** (z. B. positive oder negative Selbstwahrnehmung im Beratungsprozess) und **soziale** (z. B. Beziehung zur BeraterIn, besserer Zugang zu Gemeinschaftseinrichtungen und -aktivitäten aufgrund des konsolidierten Haushaltes) Faktoren unterschieden werden. Der Abwägungsprozess findet zu unterschiedlichen Zeiten des Dienstleistungsprozesses, von der Angebots- bis zur Nachnutzungsphase statt. Beim Social Service Design spielt die Prozessphase, also die Phase der Integration der VerbraucherIn in den Dienstleistungsprozess eine besondere Rolle, denn bereits im DL-Erstellungsprozess kann durch die Interaktion des Kundenkontaktpersonals mit der KundIn ein Kunden-Mehrwert generiert werden. Erfährt die SchuldnerIn ein wertschätzendes Gespräch mit der BeraterIn und wird bereits im Gespräch der SchuldnerIn das Gefühl vermittelt, dass sie sich aus eigener Kraft aus der Schuldenkrise befreien kann, können dadurch schon die „Kosten" aufgewogen werden. Als „Kosten" ließe sich in diesem Zusammenhang verstehen, dass die SchuldnerIn ihre Scham überwinden (Emotionsarbeit) und den Weg zur Schuldenberatung auf sich nehmen musste, ggf. wurde ein Fahrschein gelöst, sodass auch monetär zu bemessende Kosten entstanden sind.

Wirtschaftliche Güter als Mittel, welche die Bedürfnisse des Menschen direkt oder indirekt befriedigen (Blum 1992), zeigen die Fähigkeit zur Nutzenstiftung. Für soziale und gesundheitsbezogene Dienstleistungen sind jedoch Spezifika zu berücksichtigen, die maßgebliche Konsequenzen für die weitere Modell- und Theorieentwicklung haben. So unterscheiden sich die Bedürfnisse im sozial- und gesundheitswirtschaftlichen Bereich dadurch, dass sie meist unaufschiebbar und existenziell für die Menschen sind. Das **Bedürfnis nach selbstbestimmter Lebensgestaltung** kann nicht an die Kaufkraft gekoppelt werden, denn es stellt die Konkretisierung der grund- und menschenrechtlich verankerten Würde des Menschen dar. Der ökonomische Wert des Gutes ergibt sich aus einer klassischen, ökonomisch-rationalen Perspektive aus den Komponenten Nutzen und Knappheit. Da die Knappheit nur eingeschränkt als marktregulierender Faktor in der Sozial- und Gesundheitswirtschaft herangezogen werden kann, soll der Fokus auf den Nutzen gelegt werden. Das Prinzip der „Knappheit" schließt stets den Ausschluss von NutzerInnen aus dem Marktgeschehen ein, was bei existenziell, notwendigen Dienstleistungen, wie z. B. eine medizinische Notfallversorgung, nicht möglich ist. Die Nutzenbeurteilung bei sozialen und gesundheitsbezogenen Dienstleistungen erfolgt mehrdimensional und ist durch die doppelte Immaterialität erschwert. D. h. sowohl in der Angebotsphase als auch im Ergebnis ist die Dienstleistung wenig greifbar (intangibel). Dies soll nun am Fall von „Nina" verdeutlicht werden.

Fähigkeit zur Nutzenstiftung

Unaufschiebbare und existenzielle Bedürfnisse

Mehrdimensionale Nutzenbeurteilung

Intangibel

„Nina" kann nur schwer einschätzen, inwiefern die BeraterIn das nötige Wissen über Insolvenzrecht und Haushaltskonsolidierungs- bzw. Regulierungsverfahren hat, ob sie auf ihre individuelle Situation eingehen kann und wie die Interaktion ablaufen wird. Berichte von unseriösen Beratungsangeboten erhöhen diese Unsicherheit. Dies kann dazu führen, dass „Nina" die Beratungsstelle erst gar nicht aufsucht. Ein Erfahrungsbericht von einer Freundin oder Berichte im Fernsehen oder Internet, können dazu beitragen, dass die Leistung greifbarer wird. Vielleicht liegt in der Beratungsstelle auch eine Broschüre aus, in der die Qualifikation der BeraterInnen aufgeschlüsselt wird, oder in der eine Statistik über den Anteil an erfolgreich durchgeführten Regulierungsverfahren informiert. Zudem schaut sich „Nina" die Räumlichkeiten in der Beratungsstelle genau an und sieht ggf. Fachbücher und einschlägige Gesetzesbücher und Verordnungen, die einen ersten Eindruck von der fachlichen Kompetenz vermitteln. Die Wohlfahrtsverbände und Verbraucherschutzstellen haben einen Katalog von Kriterien erarbeitet, welcher der SchuldnerIn die richtige Wahl der Schuldnerberatungsstelle ermöglichen soll. Aber wie kommt „Nina" auf diesen Katalog. Es ist wahrscheinlich, dass sie eher zufällig einem Rat folgt oder selbst im Internetcafé über einfache Suchmaschinen einen Dienst ausfindig macht. „Nina" ist sich unsicher, welche Kosten durch die Beanspruchung der Beratungsleistung auf sie zukommen.

Sensible Bereiche des Lebens

Häufig führen solche Unsicherheiten dazu, dass eine Leistung erst gar nicht in Anspruch genommen wird, insbesondere wenn sie in sensible Bereiche des Lebens eingreifen. Wer legt schon seine finanziellen Verhältnisse gerne offen, wenn nicht sicher ist, dass die Informationen vertraulich behandelt werden und kompetent beraten wird, um aus der finanziellen Krise zu kommen?

Leistungsversprechen

Anbieter versuchen, durch konkrete Leistungsversprechen, durch beispielhafte Erfolgsgeschichten oder Vorher-Nachher-Darstellungen, die Leistung greifbar zu machen. NachfragerInnen müssen auf das Leistungsversprechen in der Angebotsphase vertrauen. Werden die Versprechen nicht eingehalten, entsteht Unzufriedenheit bei der NachfragerIn. Die Nutzenabwägung erfolgt u. a. auf Basis der Bilanzierung von erwarteter und erfahrener Leistung. Die Erwartung kann durch die AnbieterIn geschürt oder gedämpft werden. Die Nutzenstiftung ist dabei stets mehrschichtig zu betrachten und schließt die Wahrnehmung des Nutzens durch die VerbraucherIn selbst ein. Durch in-

Inkonsistente Wohlfahrtskonstellationen

konsistente Wohlfahrtskonstellationen, (Un-) Zufriedenheitsparadoxon, (vgl. Glatzer 1992) ist die zweite Ebene der Nutzenbeurteilung, eine sachbezogene Feststellung des Gesundheitsstatus oder/und der Lebensqualität und Teilhabe durch Dritte einzubeziehen.

Exkurs (Inkonsistente Wohlfahrtskonstellationen)

Inkonsistente Wohlfahrtskonstellationen sind sich widersprechende subjektive Einschätzungen zum Wohlbefinden, bei denen die wahrgenommene Lebensqualität mit den von außen beobachtbaren Lebensbedingungen (z. B. Einkommen, Wohnverhältnisse) nicht übereinstimmen.

	Subjektives Wohlbefinden	
	gut	schlecht
Objektive Lebensbedingungen gut	Well-being	Dissonanz Unzufriedenheitsparadoxon
Objektive Lebensbedingungen schlecht	Adaption Zufriedenheitsparadoxon	Deprivation

Das **Well-being** ist eine konsistente Konstellation, bei der sich die Person unter gegebenen guten Lebensbedingungen (z. B. ausreichendes Einkommen, gute Wohnverhältnisse) auch wohl fühlt und eine hohe Lebensqualität wahrnimmt.

Ist die Person dagegen bei von außen betrachtet guten Lebensbedingungen trotzdem unzufrieden und gibt eine schlechte Lebensqualität an, so handelt es sich um eine inkonsistente Wohlfahrtskonstellation, dem sog. **Unzufriedenheitsparadoxon**.

Umgekehrt können Anpassungsmechanismen dazu führen, dass sich Personen unter schlechten Lebensbedingungen trotzdem wohl fühlen und eine gute Lebensqualität empfinden (**Adaption, Zufriedenheitsparadoxon**).

Werden schlechte Lebensbedingungen von der Person auch als solche wahrgenommen und gibt die Person eine schlechte Lebensqualität an, so liegt wieder eine konsistente, in sich stimmige Situation vor, die **Deprivation**.

Der durch soziale und gesundheitsbezogene Leistungen erreichte Gesundheits- und Teilhabestatus und die Lebensqualität sind stets zweifach zu beurteilen. Durch die rat-/hilfesuchende Person selbst und von außen durch Dritte mittels Erhebung bzw. Messung. Sonst besteht die Gefahr, dass sich Mangel- oder Überflusszustände zuspitzen. Vereinfacht gesagt kann eine einseitige Nutzenbewertung durch die rat-/hilfesuchende Person selbst dazu führen, dass die zufriedene, jedoch arme und notleidende Person immer weniger Ressourcen erhält, weil sie zufrieden scheint und keine Forderungen stellt. Die unzufriedene, „reiche" Person erhält aber noch mehr Ressourcen, weil sie unzufrieden ist und immer mehr fordert. Der SSD-Ansatz ist deshalb mit Evaluationen durch Dritte zu ergänzen.

Nachhaltiger Wohlstand

Sustainable Economic Development Assessment (SEDA)

Für die volkswirtschaftliche Betrachtung der Wertschöpfung sozialer und gesundheitsbezogener Leistungen spielen diese subjektiven, neben den objektiven Indikatoren eine große Rolle. Das Wohlergehen und der Wohlstand einer Gesellschaft können nicht anhand eines einzigen Einkommensmaßes, dem Bruttoinlandsprodukt (BIP), beurteilt werden. Nachhaltiger Wohlstand definiert sich multidimensional aus Faktoren wie z. B. Gesundheit, Umwelt, Bildung und Teilhabe. So verfolgt die Boston Consulting Group seit einigen Jahren die ökonomische Entwicklung auf Basis des sog. Sustainable Economic Development Assessment (SEDA). Mit diesem zehn Dimensionen umfassenden Indikator kann die volkswirtschaftliche Entwicklung wesentlich differenzierter beurteilt werden, als mit dem BIP alleine (vgl. BCG 2013). Dem hier vorgestellten SSD-Ansatz liegt diese vielschichtige Betrachtung zugrunde, wobei die Nutzenbeurteilung und das Leistungserleben der EndverbraucherIn auf der Mikroebene im Mittelpunkt stehen.

Exkurs: Die zehn Indikatoren des Sustainable Economic Development Assessment (SEDA)

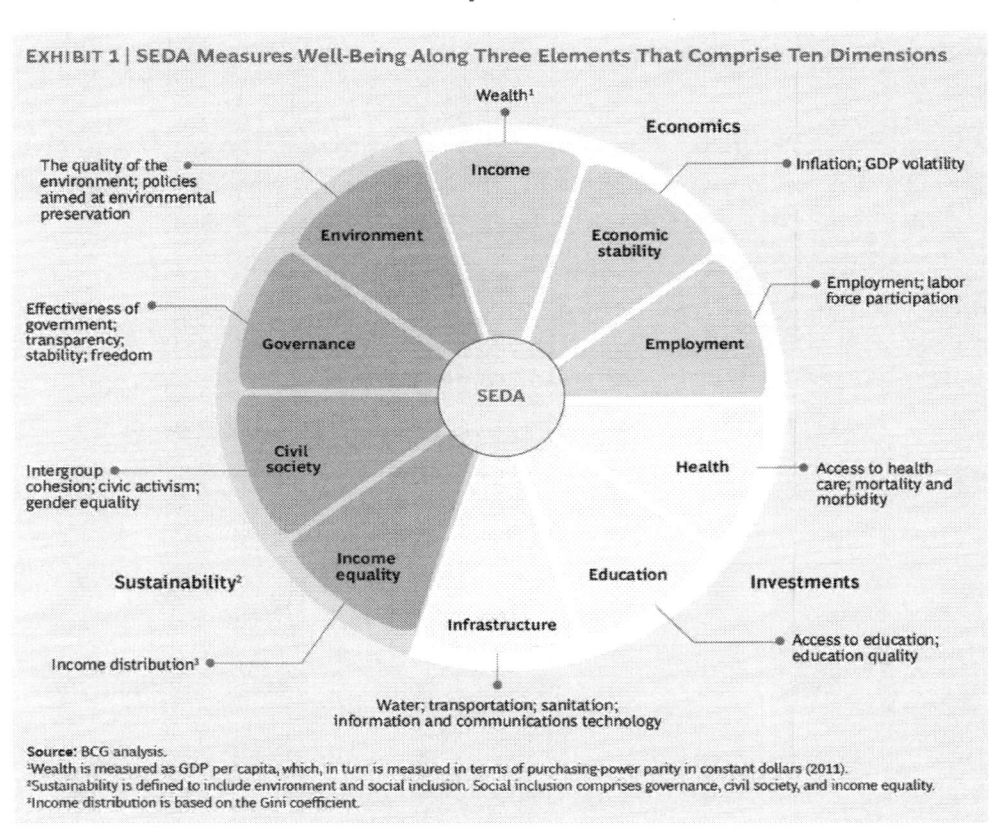

EXHIBIT 1 | SEDA Measures Well-Being Along Three Elements That Comprise Ten Dimensions

- Wealth[1] — Income
- Economics — Inflation; GDP volatility (Economic stability)
- Employment; labor force participation (Employment)
- Access to health care; mortality and morbidity (Health)
- Access to education; education quality (Education) — Investments
- Water; transportation; sanitation; information and communications technology (Infrastructure)
- Income distribution[3] (Income equality) — Sustainability[2]
- Intergroup cohesion; civic activism; gender equality (Civil society)
- Effectiveness of government; transparency; stability; freedom (Governance)
- The quality of the environment; policies aimed at environmental preservation (Environment)

Source: BCG analysis.
[1] Wealth is measured as GDP per capita, which, in turn is measured in terms of purchasing-power parity in constant dollars (2011).
[2] Sustainability is defined to include environment and social inclusion. Social inclusion comprises governance, civil society, and income equality.
[3] Income distribution is based on the Gini coefficient.

(Quelle: Boston Consulting Group 2013: 9)

Sozial- und Gesundheitswirtschaft

Zu der Mehrebenenbetrachtung der Wirtschaftsentwicklung im SEDA kommt die zeitliche Perspektive hinzu. Wertentwicklungen werden über längere Zeiträume verfolgt. Der Social Return of Invest (SROI) vergleicht die für das Leistungsprogramm aufgewendeten Mittel (Kosten) mit dem Ertrag für die Gesellschaft. In Zusammenarbeit mit der Boston Consulting Group ist es der NGO-Organisation, SOS Kinderdorf, gelungen, sowohl auf der monetären als auch auf der nicht monetären Ebene einen positiven SROI nachzuweisen. Der Ertrag ist z. B. das individuelle Einkommen, von dem dann auch Steuern bezahlt werden oder das Einkommen der folgenden Generation. So wird z. B. der SROI der SOS-Kinderdörfer ermittelt, indem die Personen, die in diesen Einrichtungen aufgewachsen sind, als Erwachsene befragt werden. Es können auch die indirekten Kosten betrachtet werden, die z. B. durch Kriminalisierung oder Krankheit entstehen. SpenderInnen verlangen nicht zuletzt aufgrund von immer wieder publik werdenden Spendenmissbrauchsfällen eine Offenlegung der zweckgebundenen Verwendung von Spenden. Darüber hinaus soll die Effektivität des Leistungsprogramms, die mit den Spenden finanziert werden, überprüft werden. Die Quantifizierung der Effekte im Zusammenhang mit sozialen und gesundheitsbezogenen Leistungen, wie im Falle der SOS Kinderdörfer, Familienförderung und familienähnliche Betreuung von Kindern, die nicht in ihren Herkunftsfamilien leben können, stellt eine Herausforderung dar. Dabei kann auch der finanzielle Beitrag für die Gesellschaft quantifiziert und klar benannt werden. Der SROI der SOS Kinderdörfer in Ätiopien liegt bei 1 zu 4, also wenn 1 EURO in das Programm investiert wird, werden 4 EURO für die Gesellschaft gewonnen. Über Fokusgruppendiskussionen mit ehemaligen BewohnerInnen der SOS Kinderdörfer und deren BetreuerInnen wurden auch wichtige nichtmonetäre Effekte (z. B. soziales und emotionales Wohlbefinden) nachgewiesen. Auch diese Effekte können sich langfristig auf die finanzielle Belastung des Staates auswirken (Reed et al. 2016).

Der hier vertretene Design-Ansatz und die Theorie der simultanen Wertkonstruktion sind in ein erweitertes und vielschichtiges Verständnis einer nationalen und globalen Wirtschaftsentwicklung eingebettet, das im Rahmen dieser Schrift nur kurz skizziert werden kann.

Nachfolgend soll nun Service Design mit seinen Denkansätzen und anwendungsorientierten Tools weiter vertieft werden.

MANAGEMENT

Teil II: Social Service Design – Design Thinking und Instrumentarium

4. Design – Von der Dienstleistungsindustrie über die „Erlebnisökonomie" zur erlebensorientierten Leistungsgestaltung

Die aus dem Profit-Bereich importierten Ansätze zur Produkt- und Qualitätsentwicklung, sowie zur marktorientierten Ausrichtung der Dienstleistung zielen hauptsächlich auf **„Kundenorientierung und Kundenzufriedenheit"** ab. Der Begriff der „KundIn bzw. KonsumentIn" trägt in sich die Vorstellung, dass die Inanspruchnahme sozialer und gesundheitsbezogener Dienstleistungen auf freier Wahl beruht. Steuerungstools werden auf Basis der Grundannahme, dass es eine „wahre Freude" sei, soziale und gesundheitsbezogene Leistungen zu konsumieren, angelegt. Excess burden gilt als belegter Markt-Verzerrungseffekt, d. h. ohne „Markt"-Zutrittsbarrieren würden die Rat-/Hilfesuchenden die durch die Sozialversicherung refinanzierten Leistungen voll ausschöpfen, ungeachtet des tatsächlichen Bedarfs bzw. der Bedürftigkeit, so die unausgesprochene, implizite Annahme vieler gesetzlicher Regelungen zur Leistungseingrenzung. Die Zwangsabgabe in die gesetzlichen Pflichtversicherungen, wie z. B. Arbeitslosen-, Renten-, Kranken- und Pflegeversicherung soll durch Leistungsausnutzung wenigstens teilweise wieder kompensiert werden, wenn man vom Modell des Versicherten als Nutzenmaximierer ausgeht. Dies besagt, dass sich die MarktteilnehmerInnen so verhalten und entscheiden, dass sie ihren eigenen Nutzen möglichst erhöhen. Denkt man nur an die Praxisgebühr, welche von den Krankenkassen eingeführt wurde, um die Arztbesuche der Versicherten einzuschränken, so stellen wir fest, dass der erwartete Effekt der „Markt"-Zutrittsbarriere nicht eingetreten ist und diese aufgrund ihrer Ineffizienz mittlerweile wieder abgeschafft wurde. Schließlich waren die Verwaltungskosten höher als die Einnahmen. Auch bürokratische Hürden mit seitenlangen, langwierigen Antragsverfahren für soziale Leistungen, wie z. B. der 8-seitige Antrag auf Wohngeld – Mietzuschuss, können als „Markt"-Zutrittsbarrieren verstanden werden.

Kundenorientierung
Kundenzufriedenheit

Dem Kundenkonzept und Nutzenmaximierungsmodell folgend wird die **„Kundenzufriedenheit"** als relevanter Ergebnisparameter (Outcome-Parameter) angesetzt. Sie gilt als wichtiger Indikator für Qualität und als Voraussetzung für die Kundenbindung, ein wichtiges Ziel des klassischen Marketings. Die Kundenzufriedenheit wird mit Kundenbefragungen erhoben, die meist mit vorgegebenen Domänen und Antwortkategorien versuchen, die Wahrnehmung des Leistungsangebots durch die KundIn zu eruieren. Der Entwurf solcher Befragungen orientiert sich häufig an dem, was die professionellen LeistungsanbieterInnen meinen, was KundInnen wichtig ist. Parasuraman, Zeithaml und Berry haben jedoch in ihrem Gap-Modell belegt, dass es neben vielen anderen Lücken auch eine große Diskrepanz geben kann zwischen dem, was der Dienstleister meint, was die KundIn erwartet und was die KundIn tat-

Gap-Modell

sächlich erwartet (vgl. Parasuraman et al. 1988). Die Rahmenbedingungen, unter denen solche Befragungen im Bereich der sozialen und gesundheitsbezogenen Dienstleistungen durchgeführt werden, sind hinsichtlich möglicher Verzerrungseffekte meist wenig kontrolliert und so kommt es schon mal vor, dass die LeistungserbringerIn selbst die Zufriedenheit mit ihrer Leistung bei der KundIn abfragt. Ein klassisches Beispiel sozial erwünschten Antwortverhaltens bei solchen Befragungen stellt wohl die Versichertenbefragung im Rahmen des sog. „Pflege TÜV" des Medizinischen Dienstes der Krankenversicherung (MDK) dar. Die durchgehend sehr hohen Zufriedenheitswerte, die nahe bei 1,0 im Schulnotensystem liegen und für Jedermann im Internet einsehbar sind, können keine Differenzierung hinsichtlich der Qualität zwischen den Leistungsanbietern herstellen und zeigen deutlich die systematisch wirksamen Verzerrungseffekte auf. Welcher pflegebedürftige Mensch, der sich in einer Abhängigkeitssituation zum Pflegedienst sieht, möchte schon negative Kritik an dem Leistungsangebot der Menschen üben, von deren Hilfe und Unterstützung er tagtäglich abhängig ist? Dazu kommt noch das Machtgefälle zwischen InterviewerIn und befragter, pflegebedürftiger Person. In den Augen der Versicherten wird die MDK-MitarbeiterIn nicht nur in ihrer Funktion als externe QualitätsprüferIn sondern auch in ihrer Funktion als GutachterIn für die Gewährung der Pflegestufe gesehen. Die Pflegestufe hat für die Versicherte existentielle Bedeutung, denn diese gewährleistet die Finanzierung der pflegerischen Versorgung. Die Trennung dieser Leistungsbereiche „externe Qualitätssicherung" und „Pflegebegutachtung" innerhalb des MDK liegt im Verborgenen der Organisation hinter der für die Versicherten sichtbaren Linie (line of visibility). Trägerinterne Befragungen, werden u. a. aus Kostengründen meist nicht von externen Forschungsinstituten, sondern von internen MitarbeiterInnen, im schlimmsten Fall sogar von den direkten Kontaktpersonen, z. B. Bezugspflegepersonen durchgeführt.

Die Sichtweise der „Kundenorientierung" muss in der Sozial- und Gesundheitswirtschaft um die Dimension des **Leistungserlebens** und der Integration dieses Leistungserlebens in das jeweils individuelle Bedeutungssystem, nach Rubinstein dem „system of personal meaning" (Rubinstein 2000: 19) erweitert werden. Das **Service Design** bietet hier einen erweiterten Ansatz, indem mit seinen Methoden das Ziel verfolgt wird, Informationen und Hilfen so anzubieten, dass sie sinnvoll (sensemaking) in den Lebenslauf und die jeweils individuelle Bedeutungszuschreibung der aktuellen Situation der rat-/hilfesuchenden Person eingebunden werden können. Theoretisch wird der Ansatz mit Brenda Dervins **„Theory of User Sensemaking**[14]" fundiert. Grundannahmen des „Sensemaking"-Ansatzes sind folgende: Menschen sind komplexe Wesen, die als Einheit von Körper, Geist, Herz und Seele zu betrachten sind (Dervin 1998: 42). Im Zeitverlauf erlebt der Mensch Situationen, aus denen er mit einer Geschichte hervorgeht, um zugleich wieder in neue Situationen zu kommen. Dabei entstehen Lücken, die überbrückt werden müssen. So eine Lücke kann beispielsweise durch die Diskrepanz zwischen der Wahrnehmung

Theory of User Sensemaking

---

[14] Brenda Dervin, (1998), „Sense-making theory and practice: an overview of user interests in knowledge seeking and use", Journal of Knowledge Management, Vol. 2 Iss 2 pp. 36–46

einer bedeutungsvollen Situation durch die Person, die unmittelbar in ihrem Lebenslauf davon betroffen ist, und der Wahrnehmung derselben Situation durch die Person, die als Repräsentantin des „Hilfesystems" in unmittelbaren Kontakt mit der Hilfe suchenden Person tritt, entstehen. Ergebnisse einer durchlebten Situation werden überprüft, Entscheidungen getroffen und der Mensch schreitet im Lebenslauf voran. Dieses Lebenslaufmodell kann auf unterschiedliche Situationen übertragen werden. Dervin hat in ihrer langjährigen Forschungsarbeit das Modell auf Basis des Wissensmanagements und der Informationstechnologie entwickelt (Dervin 1998: 39). Der Mensch als Informationssuchender steht dabei im Mittelpunkt des Interesses, wobei sowohl seine Flexibilität und Entwicklungsfähigkeit als auch seine verfestigten Gewohnheiten betrachtet werden. In der Sozial- und Gesundheitswirtschaft wird dies auf Situationen übertragen, die für die Gesundheit, die Selbstpflege und die soziale Teilhabe bedeutungsvoll erscheinen. Die Menschen, die sich im Gesundheits- und Sozialsystem bewegen, werden dabei als mehr oder weniger aktiv Suchende gesehen, die bereits eine Geschichte der Suche nach Gesundheit, Selbstpflegefähigkeit oder sozialer Teilhabe mitbringen. Machtkonstellationen in Organisationen und Systemen werden hinsichtlich förderlicher oder eher hinderlicher Wirkungen bei der Beantwortung der Frage, was NutzerInnen wirklich denken, fühlen und wollen, kritisch reflektiert. Die Methodik des Design-Prozesses wird daran angepasst, indem z. B. anonymisierte Nutzerbefragungen angeboten werden. Die zentrale Frage in der Theorie des „Sensemaking" ist:

Lebenslaufmodell

Suche nach Gesundheit, Selbstpflegefähigkeit oder sozialer Teilhabe

Wie können wir Systeme entwickeln, die für die Menschen maximal nützlich bzw. nutzbar sind und flexibel auf echte, lebende und atmende Menschen reagieren? (Dervin 1998: 42)

Komplexe Situationen im Lebenslauf können als Ganzes oder auch einzelne, bedeutungsvolle Momente auf einem Zeitstrahl betrachtet werden (vgl. dazu Service Blueprinting, Kap. 4.3.3). Die DesignerIn verfolgt dabei den Prozess der Sinnvermittlung und Wertkonstruktion in der Interaktion. Nach Dervin erfolgt die Nutzenbeurteilung durch die EndverbraucherIn nach folgenden Kategorien (Dervin 1998: 40):

Prozess der Sinnvermittlung

- ❏ Die Richtung gefunden.
- ❏ Einen neuen Blick auf die Dinge erhalten.
- ❏ Den Weg zu Informationen gefunden.
- ❏ Begleitung und Unterstützung erhalten.
- ❏ Einen schlechten Ort gemieden.
- ❏ Vergnügen und Freude erfahren.
- ❏ Angekommen, wo ich wollte.

Diese Kategorien könnten um Aspekte im Zusammenhang mit sozialen und gesundheitsbezogenen DL erweitert werden (beispielhafte Aufzählung):

- Gefühl/Überzeugung, die Situation bewältigen zu können
- Situation in den Lebenslauf einordnen können
- Teilhabe erfahren
- die eigene Identität entwickelt.

Efficacy-effectiveness Gap

Die Theorie des „Sensemaking" kann die Lücke zwischen der durch Studien mit hoher Wahrscheinlichkeit eintretenden, erwünschten Wirkung einer Leistung und der im individuellen Einzelfall unter realen Bedingungen durch die EndverbraucherIn (hier als NutzerIn einer sozialen und gesundheitsbezogenen Dienstleistung) erlebten Wirkung verkleinern oder sogar schließen. Diese Lücke wird in der Versorgungsforschung als „efficacy-effectiveness gap" bezeichnet (vgl. Pfaff 2011: 3f.) und tut sich auch im Qualitäts- und im Marketingmanagement auf, wenn Kundenerwartungen mittels repräsentativer Befragung ermittelt und darauf aufbauend der Leistungsprozess gestaltet wird. Im individuellen Einzelfall können sich diese Anforderungen jedoch ganz anders darstellen.

Dervin schlägt folgende Fragen vor, um diese Lücke zu schließen (Dervin 1998: 44):

- Was hat Dich hierher *[zu dem Leistungs- (Hilfs-)angebot]* gebracht?
- Welche Frage versuchst Du *[Suchende, NutzerIn]* zu beantworten?
- Welche Hilfe brauchst Du bzw. möchtest Du erhalten?
- Wenn ich *[LeistungsanbieterIn]* in der Lage wäre zu helfen, was würdest Du damit tun?

Die Methodik beruht auf der Erkundung der Sichtweise und des Erlebens der KundIn aus ihrer Perspektive und mit ihren eigenen Worten. Dazu werden v.a. **Methoden aus der Ethnographie und qualitativen Sozialforschung** sowie **kreative Methoden** u.a. aus der Dramaturgie eingesetzt (Jones 2013: 119).

Gemeinsame Sinn- und Wertkonstruktion

Die Dienstleistungsbeziehung selbst, wie sie von der KundIn erlebt wird, wird dabei nicht nur als kognitiver sondern auch als ein emotionaler, sinnstiftender Prozess verstanden. In der Interaktion findet eine *gemeinsame Sinn- und Wertkonstruktion* statt. Dies soll anhand des Beispiels aus der Schuldnerberatung nun erläutert werden.

Design

Praxisbeispiel Schuldnerberatung: „Nina" sucht Hilfe und Rat

„Nina" sucht entweder selbst die Beratungsstelle auf oder wird vom Sozialdienst dorthin verwiesen, weil sie z. B. aktuell das Problem hat, dass ihr der Energielieferant den Strom, aufgrund offener Rechnungen, abgesperrt hat. Stellen wir uns vor, der Strom fällt aus und sei es nur für ein paar Stunden. Nach einem anstrengenden Arbeitstag wollten wir uns gerade etwas Warmes zu Essen machen. Draußen ist es schon dunkel und wir finden weder Kerzen noch eine Taschenlampe, um uns Orientierung zu verschaffen. Als frisch Verliebte können wir dieser Situation vielleicht für kurze Zeit eine gewisse Romantik abgewinnen, aber bald werden wir uns nach Licht sehnen. Wenn ein solcher Zustand jedoch über Tage und Nächte anhält, wir keine warme Mahlzeit zubereiten können, die Lebensmittel im Kühlschrank verderben, das Telefon auch für Notrufe nicht mehr zur Verfügung steht und dann vielleicht auch noch ein Kind, das sich in unserer Obhut befindet, versorgt werden muss, dann können wir erahnen, wie der Strommangel an den Nerven zehren kann. Verhaftet in einer solchen ausweglos erscheinenden und belastenden Situation, kann „Nina" nicht mehr rein rational ihre Möglichkeiten zur Lösung einschätzen und entscheiden. Sie hätten am liebsten, dass noch an dem Tag, an dem sie die Beratungsstelle aufsucht, in der Nacht wieder das Licht in der Wohnung angeht, und „Nina" die nächste Mahlzeit für ihre Kinder zubereiten kann. Setzt die Beratung jedoch gleich bei der Analyse der Gesamtsituation an und rechnet der ratsuchenden Frau z. B. vor, dass die Haushaltsverhältnisse völlig defizitär sind und grundlegend saniert werden müssen, kann dies einen Rückzug aus dem Beratungsangebot oder die völlige Verzweiflung bewirken. Damit kann es zu ineffektiven Bewältigungsstrategien bis hin zur Selbstaufgabe kommen, die die Gesellschaft mehr belasten (sie muss z. B. die Versorgung des Kleinkindes vollständig übernehmen) als die Investition in die passgenaue Gestaltung des Hilfeangebots. Stark vereinfacht ausgedrückt: die KlientIn muss da abgeholt werden, wo sie steht, ein altes, bewährtes Prinzip der Sozialen Arbeit.

Abb. 6: „Nina in der Schuldenfalle"

Dervin versteht „Sensemaking" als einen kognitiven und affektiven Prozess, indem die rat-/hilfesuchende Person versucht, ein einschneidendes Lebensereignis, eine Erfahrung oder eine Situation, die sie in ihrer Existenz betrifft oder gar bedroht, zu verstehen und dem Geschehen einen Sinn zu geben. Dabei spielen Vorerfahrungen, Bedeutungszuschreibungen, die sich im Lebenslauf entwickeln, sowie eigene Bewältigungsstrategien eine Rolle. Die Fähigkeit, die neue Situation in den Lebenslauf einzuordnen, ihr einen Sinn zu geben, daraus zu lernen und das Gefühl, die Situation bewältigen zu können und effektive Lösungsstrategien zu entwickeln, sind für eine erfolgreiche Anpassung und Bewältigung von Bedeutung. In den Gesundheitswissenschaften hat Aaron Antonovsky dafür den Begriff des „sense of coherence" geprägt (vgl. Antonovsky 1979). Service Design setzt genau an diesem sinnverstehenden und sinnvermittelnden Prozess an. Die soziale und gesundheitsbezogene Dienstleistung wird als wertvoll erfahren, wenn sie diesen Prozess unterstützt.

Sense of Coherence

So wird sich „Nina" an frühere, finanzielle Krisen erinnern und daran, welche Strategien ihr geholfen haben. Sie legt vielleicht ein Haushaltsbuch an, um ihre Ausgaben zu kontrollieren, weil sie das so auch bei ihrer Mutter gesehen hat. Das Rollenlernen kann hier wirksam werden, indem auf Vorbildfunktionen der eigenen Eltern zurückgegriffen wird. Überschuldet und nicht mehr zahlungsfähig zu sein, kann von Person zu Person ganz unterschiedliche Bedeutung haben, auch in Abhängigkeit von der Erziehung und dem jeweiligen Lebensentwurf.

Individuellen Bedeutungszuschreibungen

Service Design setzt an diesen **individuellen Bedeutungszuschreibungen** an, um ein Leistungsangebot kreativ zuzuschneiden und in den Lebenslauf der Person einzufügen. Der Erfolg und damit auch der wirtschaftliche Wert der sozialen Dienstleistung werden über das Erleben der jeweils einzigartigen Person gemessen. Es werden sowohl wissenschaftliche Methoden, vor allem aus der qualitativen Sozialforschung, als auch kreative Methoden eingesetzt.

Kreativität

Kreativität, also die Fähigkeit, Ideen auf einzigartige und ganz neue Weise zu kombinieren und zu assoziieren, stellt dabei eine sinnvolle Ergänzung zu den kognitiven, planenden und operativen Ansätzen in Organisationen dar. In Kombination mit Service Engineering entstehen aus Ideen schließlich neue Produkte bzw. Dienstleistungen.

Service Design

Das Institute of Interaction Design in Kopenhagen, Dänemark, definiert Service Design als ein neues Forschungsgebiet, dessen Fokus das individuelle Erleben ist, das über tangible, also sicht- und greifbare, als auch intangible Medien vermittelt wird. Neue Technologien können z. B. relativ leicht als greifbare Produkte in ihren Wirkungen überprüft werden. So kann ein EDV-gestütztes Dokumentationssystem die Arbeit in der Schuldnerberatung unterstützen, indem wichtige Fortschritte in der Haushaltskonsolidierung der SchuldnerIn festgehalten und Bilanzen schnell erstellt werden können. Die veränderte Interaktion mit der SchuldnerIn z. B. aufgrund eines Kommunikationstrainings der BeraterIn lässt sich da schon schwerer fassen und hinsichtlich des Erfolgs messen. Die SchuldnerIn fühlt sich vielleicht besser verstanden, weil die BeraterIn empathisch auf sie eingeht und sich auf ihre Sprach- und Lebenswelt einstellt. Sie fasst Vertrauen und lässt sich auf das Insolvenzverfahren ein. Dieses Vertrauen dient als Basis für den weiteren Prozess und sichert letztlich auch den Erfolg des Regulierungsverfahrens für den privaten Haushalt. Der langfristige Erfolg ist wieder relativ leicht messbar, indem z. B. die aktuelle finanzielle Haushaltslage bilanziert wird. Das Vertrauen, das „Sich-verstanden-fühlen" der SchuldnerIn und die Überzeugung, die Haushaltslage in den Griff zu bekommen, sind intangible Dimensionen, die nur mit aufwändigen, qualitativen Verfahren darzustellen sind.

Intangible Dimensionen

Iterativer Gestaltungsprozess des Service Design

Will man nun die Leistung systematisch am Wert, im Sinne eines positiven Erlebens und der Sinnstiftung für die EndverbraucherIn ausrichten oder völlig neue Produkte entwickeln (Innovation), sind nach Mager vier Stufen in der Neuanlage und Weiterentwicklung von Dienstleistungen zu durchlaufen (Mager 2008: 5):

- Discovery (= Entdeckung, Enthüllung, Ermittlung von Entwicklungsbedarf)
- Creation (= Gestaltung, Erschaffung, Design: Neuanlage der Leistung)
- Reality Check (= Realitätsprüfung: Testung der neuen Leistung)
- Implementation (= Einführung, Umsetzung, Anwendung).

Service Design Prozess

Zunächst ist ein Entwicklungsbedarf überhaupt festzustellen oder eine Möglichkeit, zur neuartigen Leistungsgestaltung zu entdecken (**Discovery**). Diese Bedarfserhebung ist von jener der Marktforschung im klassischen Marketing oder im Total Quality Management (TQM) zu unterscheiden, weil bereits auf dieser Stufe des Service Design Prozesses der Fokus auf der Erlebensdimension liegt. Dies bedeutet, dass nicht nur die Anforderungen und Erwartungen der KundInnen erhoben werden, sondern methodisch unterstützt der Dienstleister in die Kundenperspektive auch auf emotionaler und personaler Ebene quasi eintaucht. Dabei werden neben quantitativen und qualitativen Methoden, auch kreative Techniken z. B. aus der Dramaturgie verwendet. Entwicklungsbedarf kann u. a. aufgrund einer Wettbewerbssituation entstehen, wenn es z. B. mehrere Schuldnerberatungsstellen in engem Umkreis gibt, die sich aufgrund der gesetzlichen Vorgaben nicht über den Preis (die Kosten werden vom Staat übernommen) abheben können. So entscheidet sich die SchuldnerIn nach dem Erstgespräch, z. B. allein aufgrund der persönlichen Erfahrung von Wertschätzung und Empathie, genau für das eine Leistungsangebot. Dabei kann sich das Angebot von außen betrachtet, inhaltlich gar nicht unterscheiden (äußere Form der DL), aber die SchuldnerIn erlebt in der Interaktion mit der BeraterIn eine Weiterentwicklung ihrer Identität, weil sie sich trotz Armut als Mensch wertgeschätzt fühlt und in ihren Fähigkeiten, sich selbst zu helfen, unterstützt wird (Gehalt der DL). Diese Erlebensdimensionen zur Differenzierung der

Discovery

Gehalt der DL

Creation   Leistung von den Mitbewerbern sind zu identifizieren, um sie dann gezielt in die Leistungsgestaltung und Entwicklung (**Creation**) einzubeziehen. Gerade in der Sozial- und Gesundheitswirtschaft, in der das Leistungsspektrum durch die Gesetzgebung weitestgehend vorgegeben ist (Regelleistung), kann dadurch eine Differenzierung von Mitanbietern erreicht werden. Die neu angelegte Beratungsleistung ist im nächsten Schritt z. B. mit einem kleinen, repräsentativen Kreis von rat-/hilfesuchenden Personen zu testen (**Reality Check**), bevor sie allen KlientInnen angeboten wird (**Implementation**). Die flächendeckende und nachhaltige Einführung der neu konzipierten Leistung erfordert deren Verankerung im Betrieb (im Beispiel in die Beratungsstelle und darüber hinaus beim Träger) und im Markt, indem z. B. das neu entwickelte Angebot kommuniziert und den rat-/hilfesuchenden Personen bekanntgemacht wird.

Reality Check
Implementation

Dieser kreative Leistungsgestaltungsprozess kann zu ganz neuen Geschäftsmodellen und Produkten führen, welche die Bedürfnisse und das Erleben im Leistungserstellungsprozess der KundIn berücksichtigen und somit einen neuen sozio-ökonomischen Wert in der Sozial- und Volkswirtschaft und in der Gesellschaft generiert. In einer Wissensgesellschaft und einem Wirtschaftssystem, in dem der Dienstleistungssektor einen erheblichen Anteil hat, spielt Service Design zunehmend eine Rolle. Innovationen können nicht mehr alleine über neue Technologien und neue Arten von Dienstleistungen, sondern müssen auch über die **Erlebnis- und Erlebensdimension** entwickelt werden (vgl. Stickdorn & Schneider 2013: 30). Dabei geht es nicht nur darum, das Leistungsangebot für die EndverbraucherIn nutzenstiftend, benutzungsfreundlich im Sinne der Usability, effektiv und effizient zu machen, sondern den Leistungserstellungsprozess selbst mit einem angenehmen, sinnstiftenden Erleben auf beiden Seiten zu verbinden. Bei sozialen und gesundheitsbezogenen Dienstleistungen spielt die *Erlebens*dimension im Sinne des Person-seins und der personellen Entwicklung eine herausragende Rolle, die *Erlebnis*dimension hingegen eine geringe, wobei beide Dimensionen auch ineinandergreifen. Stellt man sich z. B. die Situation des Erstgesprächs in der Beratung vor, so werden auch Erlebnisse, wie der Empfang in der Beratungsstelle, der erste Eindruck von dem Raum, in dem die Beratung stattfindet, für das Erleben eine Rolle spielen. Anders als in der Erlebnisindustrie geht es jedoch nicht um die Lust und den Spaß z. B. in einem Vergnügungspark, sondern um Erlebnisse, die Rat-/Hilfesuchende in ihrem Person-sein in existenziell bedeutsamen Situationen fördern.

Erlebnis- und Erlebensdimension

„Nina" erfährt bei der Schuldnerberatung zum ersten Mal nach sehr langer Zeit wieder Wertschätzung als Person, auch wenn nach den Wertmaßstäben einer eher materiell ausgerichteten Gesellschaft, die defizitäre Haushaltslage „Ninas" dazu geführt hat, dass sie im gesellschaftlichen Status ganz weit unten steht. Durch eine ressourcen- und lösungsorientierte Beratung, welche die Eigensprache (Bindernagel et al. 2010: 18) der SchuldnerIn systematisch aufnimmt, erfährt sich „Nina" als kompetent und wertgeschätzt.

Design

Vielleicht sind es genau diese Gefühle und Wahrnehmungen, die „Nina" in ihrer Entscheidung, zu dieser Beratungsstelle und genau zu dieser BeraterIn zu gehen, bestärken. „Kunden"-bindung durch positives Erleben und nicht durch Wechselbarrieren (z. B. der vom Sozialamt ausgestellte Gutschein gilt nur für die Beratung durch eine bestimmte Stelle) ist das Ziel, das mit SSD angestrebt wird. Vermittelt die BeraterIn, als erste Anlaufstelle für die sorgengeplagte Mutter, zugleich einen sozialpsychiatrischen Dienst, weil die Anzeichen einer Depression nicht zu übersehen sind, dann entsteht ein **kooperatives Produkt**, in dem die SchuldnerIn als Co-ProduzentIn und AgentIn ihrer individuellen Situation agiert und zugleich mit anderen Leistungserbringern interagiert. Zugleich können weitere Leistungen sinnvoll kombiniert werden.

Kooperatives Produkt

Tab. 5: Grundprinzipien des Service-Design-Ansatzes

Humanisierung und Differenzierung durch Leistungserleben Wertschöpfung durch positives Erleben und Identitätsförderung Wert- und Sinnkonstruktion in der Interaktion	Der Leistungserstellungsprozess selbst wird mit einem angenehmen, Sinn stiftenden und identitätsfördernden Erleben verbunden. Das individuelle Erleben wird gefördert über: ❐ **tangible, sicht- und greifbare Medien:** z.B. äußerlich sichtbare Raumgestaltung der Beratungsstelle, um das Umfeld angenehm und das Vertrauen fördernd zu gestalten, z.B. Sicht- und Hörschutz, damit vertrauliche Informationen über persönliche Lebensverhältnisse behutsam gehandhabt werden können, farbliche Gestaltung des Raums, Licht, Temperatur, Möblierung, die die Beratung „auf Augenhöhe" fördert ❐ **intangible Medien:** z.B. paraverbale Kommunikation und Emotion, die BeraterIn kann aufgrund ihrer Zuwendung und Empathie die innere Verfassung der Rat suchenden Person wahrnehmen und geht auf diese ein, erkennt Emotionen, wie Wut, Resignation an, zeigt ihre Zuwendung durch aufmerksames, aktives Zuhören
Kooperation	Die rat-/hilfesuchenden Person, gestaltet als AgentIn ihrer individuellen Situation den Produktionsprozess/Leistungserstellungsprozess mit und fungiert als Co-ProduzentIn, auch wenn ihre Sicht der Dinge stellvertretend in den Prozess eingebracht werden müssen.
Methoden gestützt	Ethnographie, qualitative und quantitative Methoden der Sozialforschung, kreative, nicht wissenschaftlich fundierte Methoden
Iterativer Prozess	Service Design ist ein **iterativer Prozess** mit folgenden, wesentlichen Schritten: ❐ Untersuchung und Identifikation des Entwicklungsbedarfs ❐ Neuanlage und Gestaltung ❐ Testung, Prototyping und Reflexion (Evaluation) ❐ Implementierung, die zirkulär mit Rückkoppelungsschleifen durchlaufen werden.
Effizienz	Mit dem Mitteleinsatz ein möglichst positives Erleben und die persönliche Entwicklung fördernde Effekte erzielen. Unmittelbare Prozessergebnisse (Output), also Wirkungen noch während des DL-Erstellungsprozesses, spielen dabei eine wichtige Rolle.

Curedale hat für die Neuanlage und Weiterentwicklung einer (Dienst-)Leistung ein 6-stufiges, iteratives Prozessmodell entwickelt (vgl. Curedale 2013), das sehr ähnlich zu Magers Modell aufgebaut ist.

1. Vision: Zunächst ist die Vision zu entwickeln. Was soll eigentlich die neue (Dienst-) Leistung ausmachen?
2. Kennen und Verstehen der NutzerIn: Für wen soll die neue (Dienst-) Leistung entwickelt werden? Was ist die Perspektive der NutzerIn? Was sind wichtige Kontextfaktoren? Wie sieht die NutzerIn die (Dienst-) Leistung? Welche Bedeutung hat die (Dienst-) Leistung für die NutzerIn? Was ist der NutzerIn wichtig?
3. Formulierung der Erkenntnisse: Was sind die wichtigsten Aspekte bzgl. der Sichtweise der NutzerIn und der Kontextfaktoren?
4. Ideensammlung: Generierung von Ideen für die neue (Dienst-) Leistung. Dabei sollen die Ideengeber nicht bewertet werden.
5. Prototyping und Evaluation: Testung der neuen (Dienst-) Leistung in einem begrenzten, gut kontrollierten Feld. Auswertung der Testphase und Verbesserung der (Dienst-) Leistung.
6. Implementierung: Umsetzung und nachhaltige Einführung der neuen (Dienst-) Leistung auf dem Markt.

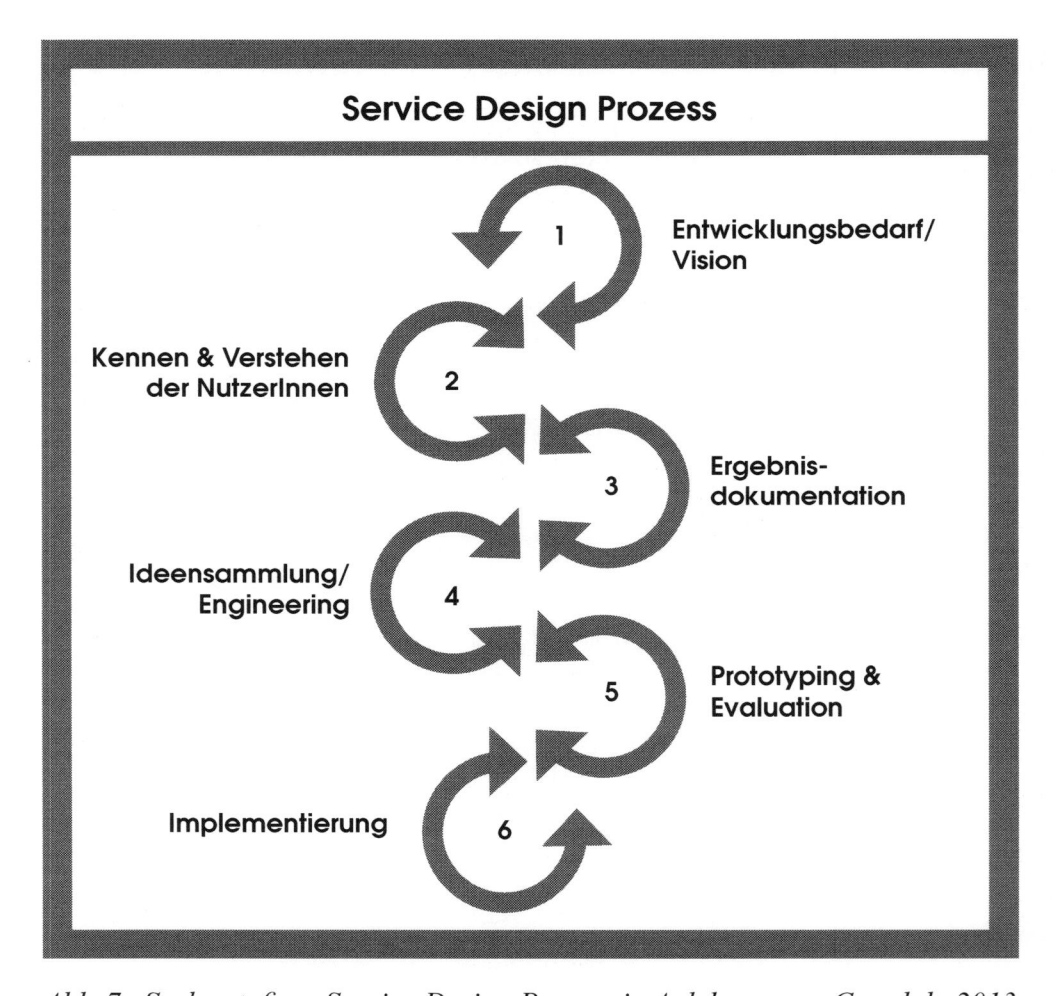

Abb. 7: Sechs-stufiger Service Design Prozess in Anlehnung an Curedale 2013

Design

Es handelt sich um einen iterativen Prozess (durch die Doppelpfeile im Modell gekennzeichnet, Abb. 7), in dem die Schritte nicht linear nacheinander folgen, sondern auch Rückkoppelungsschleifen wirken. Bei der pilothaften Testung des neuen DL-Angebots (Prototyping) müssen die Ansprüche und Bedürfnisse der NutzerInnen wiederum ermittelt werden, ggf. kann auch dabei ein neuer Entwicklungsbedarf festgestellt werden. Wir kennen solche Prozesse auch in der Planung und Steuerung von Hilfe- und Beratungssituationen, z. B. Pflegeprozess, Hilfeplanung. Der Methodenteil, in dem die Tools des Service Design erläutert werden, wird sich an diesen Schritten des Service-Design-Prozesses orientieren, wobei der hier vorgegebene Rahmen nur einen beispielhaften Einblick in die Methodenvielfalt zulässt.

Iterativer Prozess

4.1 Design thinking

Die Grundhaltung der DesignerIn (design thinking), die Leistung am individuellen Erleben im Kontext des Lebenszusammenhangs der Person auszurichten, kann nicht die Lösung für alle Probleme in Bezug auf „Kunden"-Zufriedenheit und Bestehen im Wettbewerb sein. Sie bietet jedoch eine nützliche Perspektive und einen Instrumentenkasten, um überhaupt an den Kern der Probleme zu kommen und neue, wertschöpfende Prozesse und Leistungsangebote zu kreieren. Stickdorn und Schneider gehen sogar so weit, zu behaupten, dass über Leistungen, die ein positives Erleben bei der KundIn erzeugen, d. h. bei denen die LeistungsempfängerIn ihre persönliche Identität ausdrücken und entwickeln kann, eine Differenzierung am Markt möglich wird. Ein weiterer wichtiger Effekt ist die positive Wirkung auf die unmittelbaren Kontaktpersonen, also die HerlferInnen selbst. Person- und identitätsfördernde Handlungen wirken auch positiv auf die Leistungserbringer zurück, sodass diese länger und gesünder im Beruf bleiben. DesignerInnen wissen, dass Funktionalität und Anwenderfreundlichkeit (Usability) als Basisfaktoren für die NutzerInnen oft einfach vorausgesetzt werden. Wirkliche Begeisterung bei der NutzerIn wird über das emotionale Erleben und den Ausdruck der persönlichen Identität erreicht.[15] Damit kann sich die Leistung von anderen Angeboten abheben und auf dem Markt durchsetzen. Diese Erkenntnis könnte hinter dem Erfolg sozialer Netzwerke liegen. Sie bieten nicht nur die Funktion des schnellen Nachrichtenaustausches, sondern auch die Möglichkeit, unsere persönliche Identität in individuell gestaltbaren Profilen darzustellen.

Design Thinking

Emotionales Erleben Ausdruck der Identität als Begeisterungsfaktoren

„Functionality and usability are not enough in our lives; they have become to be expected as a baseline. What customers are looking for are emotional bonds and experiences. Experiences are now a valuable differentiator and not only offer a pleasurable service experience, they help us create and express our identities." (Stickdorn & Schneider 2013: 110f.)

---

15 Positives, identitäts- und Person-förderndes Erleben als Begeisterungsfaktor (vgl. Matzler 2004)

„Nina" wird die Beratungsstelle nur dann wieder aufsuchen und auch weiter empfehlen, wenn sie in ihrer Kompetenz, ihre eigene wirtschaftliche Situation zu sichern, und in ihrer Bereitschaft und Fähigkeit zur Verantwortungsübernahme, angemessen gestärkt und sie damit als Person wertgeschätzt und gefördert wird. Als wünschenswertes Ergebnis kann die nachhaltige Konsolidierung des Privathaushaltes erreicht werden, weil die dafür notwendigen Kompetenzen (z. B. den Überblick über die Einnahmen und Ausgaben zu wahren) von „Nina" erworben wurden.

Marktorientierung nach berufsethischen Prinzipien

In der Logik des Service Design zu denken (design thinking) bedeutet, die Dienstleistung konsequent an der NutzerIn und ihrem Erleben in ihrem ganz persönlichen Bedeutungssystem (so wie sie sich selbst in der Welt und in ihrer Situation versteht) auszurichten, dabei empathisch ihre Sicht der Dinge einzunehmen und kreativ Erlebenswelten mit der Leistung zu entwickeln. Dieses Verständnis von Marktorientierung scheint kompatibel mit den berufsethischen Grundlagen und Handlungsansätzen der im Feld der sozialen und gesundheitsbezogenen Dienstleistungen agierenden Berufsgruppen. In Kombination mit den Tools, die anwendungsorientiert bei der Ausrichtung des Leistungsprogramms an den Selbstverständnissen der AdressatInnen unterstützen, scheint Service Design ein adäquater Ansatz für Sozial- und GesundheitsmanagerInnen.

4.2 Innovation als Aufgabe der Sozial- und GesundheitsmanagerIn

Sozial- und GesundheitsmanagerInnen haben schon seit längerem den Ansatz des Social Designs für sich entdeckt, um die Sozialpolitik, Sozialräume und Organisationen zu gestalten. Social Service Design, das hier behandelt wird, ist vom Social Design zu differenzieren. Dies wird anhand des Drei-Ebenen-Modells der Sozial- und Gesundheitswirtschaft (Makro-, Meso- und Mikroebene, vgl. Brinkmann 2010) vorgenommen.

Social Design

Social Design ist ein eher strukturell ausgerichteter, multidisziplinärer und bereichsübergreifender Prozess, der sich auf Sozialräume, Organisationen und die Sozialpolitik bezieht.

Social Service Design als Philosophie und Methodik fokussiert hingegen die unter gegebenen Rahmenbedingungen und Strukturen mögliche Neuanlage und Entwicklung von sozialen Dienstleistungen im Sinne der Produktentwicklung. Unter „Produkte" sind sowohl die einzelnen sozialen, gesundheitsbezogenen Leistungen als auch Leistungsprogramme zu verstehen. Es ist nicht auszuschließen und sogar erwünscht, dass diese Innovationen auf Strukturen zurückwirken und umgekehrt, dennoch dient die Abgrenzung des Gegenstandes einer zielgerichteten Forschung und Praxis. Der Ausgangs- und Zielpunkt des Social Service Design liegt auf der Mikroebene im Interaktionsgeschehen zwischen rat-/hilfesuchender Person und direkter Kontaktperson des Hilfesystems und bezieht unmittelbar unterstützende Systeme und Technologien mit ein. Social Service Design kann z. B. das Beratungsgespräch selbst wie auch die EDV-gestützte Hilfeplanerstellung in den Produktentwicklungsprozess einschließen.

Mit Social Service Design soll die Ohnmacht vor gegebenen Rahmenbedingungen und Strukturen aufgebrochen werden (vgl. Wendt 2006). Statt die Ideen in zeitlich begrenzte Projekte einfließen zu lassen, sollen sie für die Produktentwicklung genutzt werden. Die neuen Produkte gehen dann in den Regelbetrieb über und werden auf dem Markt bzw. im Gesundheits- und Sozialsystem gezielt positioniert. Da sich so designte Leistungen weniger in ihrer äußeren Form als in dem, *wie* sie angeboten werden, unterscheiden, lassen sich Innovationen meist auch gut in die bestehenden Leistungsstrukturen und Vergütungssysteme integrieren. Social Service Design schöpft Marktpotentiale und systemimmanente Gestaltungsräume aus und dient in erster Linie den Personen im unmittelbaren Interaktionsgeschehen bei der Leistungserstellung und der Wettbewerbsstärkung sozialer Dienstleistungsunternehmen. Innovationen auf der Mikroebene können dabei auf die Organisation und weiter auf umliegende Strukturen bis hin zur Zivilgesellschaft und zur Politik wirken.

Marktpotentiale
Systemimmanente
Gestaltungsräume

Die Sozial- und GesundheitsmanagerIn kann den SSD-Ansatz im Rahmen des ihr zur Verfügung stehenden Instrumentariums nutzen, um die Wertschöpfung im eigenen Betrieb zu erhöhen, sich am Markt zu positionieren und schließlich auch MitarbeiterInnen im unmittelbaren Kundenkontakt zu gewinnen und zu binden. Über Innovationen und die konsequente Ausrichtung an der EndverbraucherIn wirkt ihre Strategie auf die Sozial- und Gesundheitswirtschaft und stellenweise sogar auf die Sozial- und Gesundheitspolitik zurück. Denken wir zum Beispiel an die „Leuchtturmprojekte Demenz" (BMG 2011), in denen Leistungen der stationären Langzeitpflege auf demenzkranke Menschen mit Pflegebedarf zugeschnitten wurden, so kann diese Wirkkette durchaus bis zur Gesetzgebung zurückverfolgt werden. Im Rahmen dieser Projekte wurde die sog. „Pflegeoase" zur Betreuung und pflegerischen Versorgung von schwerst demenzkranken HeimbewohnerInnen entwickelt. Menschen mit weit fortgeschrittener Demenz, die besonderer Aufmerksamkeit und zeitaufwändiger Pflege bedürfen, leben dort gemeinsam in einem Raum, wobei über die individuelle, biographieorientierte Gestaltung der Umgebung und Einrichtungen zum Sichtschutz Privaträume geschaffen werden. Die Zimmer der BewohnerInnen bleiben bestehen, sodass ein Rückzug in diese jederzeit wieder möglich ist. Diese Innovation mit wissenschaftlich belegten erwünschten Wirkungen z. B. hinsichtlich sozialer Betreuung bewirkte schließlich auch ein Umdenken der Aufsichtsbehörden, die zur Qualitätskontrolle in die Pflegeheime kamen. Solche und andere Innovationen stärken die Marktposition der Organisation. Teilweise werden Leistungsanbieter zum Marktführer und zum „Best Practice"- Beispiel, an dem sich andere Anbieter orientieren. Innovationen wirken somit auf die ganze Branche oder ein Marktsegment, nicht selten bis in die Sozialgesetzgebung hinein.

Marktposition

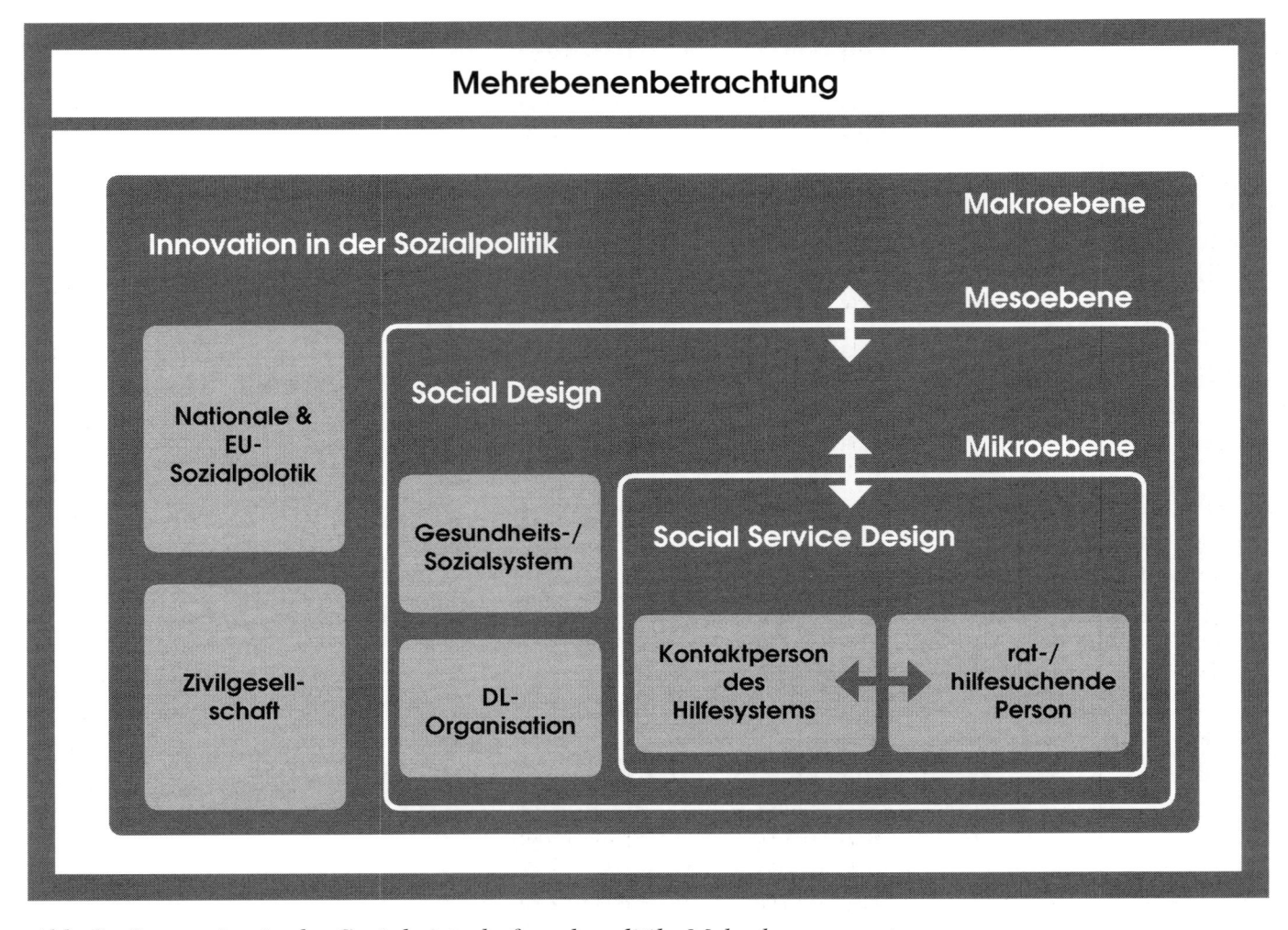

Abb. 8: Innovation in der Sozialwirtschaft und -politik: Mehrebenenansatz

Sozial- und GesundheitsmanagerInnen kommt dabei eine Schlüsselrolle zu, denn sie müssen den Entwicklungsbedarf erkennen und das Kundenkontaktpersonal dabei unterstützen, Leistungsprogramme am Bedarf auszurichten. Hierzu brauchen die Sozial- und GesundheitsmanagerInnen neben ihrer Grundhaltung (design thinking) auch ein Instrumentarium, das nun nachfolgend beschrieben werden soll.

4.3 Entwicklungsbedarf erkennen, Visionen entwickeln

Entwicklungsbedarfe können sich aus verschiedenen Aspekten ergeben. Nachfolgend werden beispielhaft Bedarfe aufgezeigt, die eine Produktneuanlage im Sinne der Innovation und eine Produktentwicklung im Sinne des Service Design erforderlich machen können.

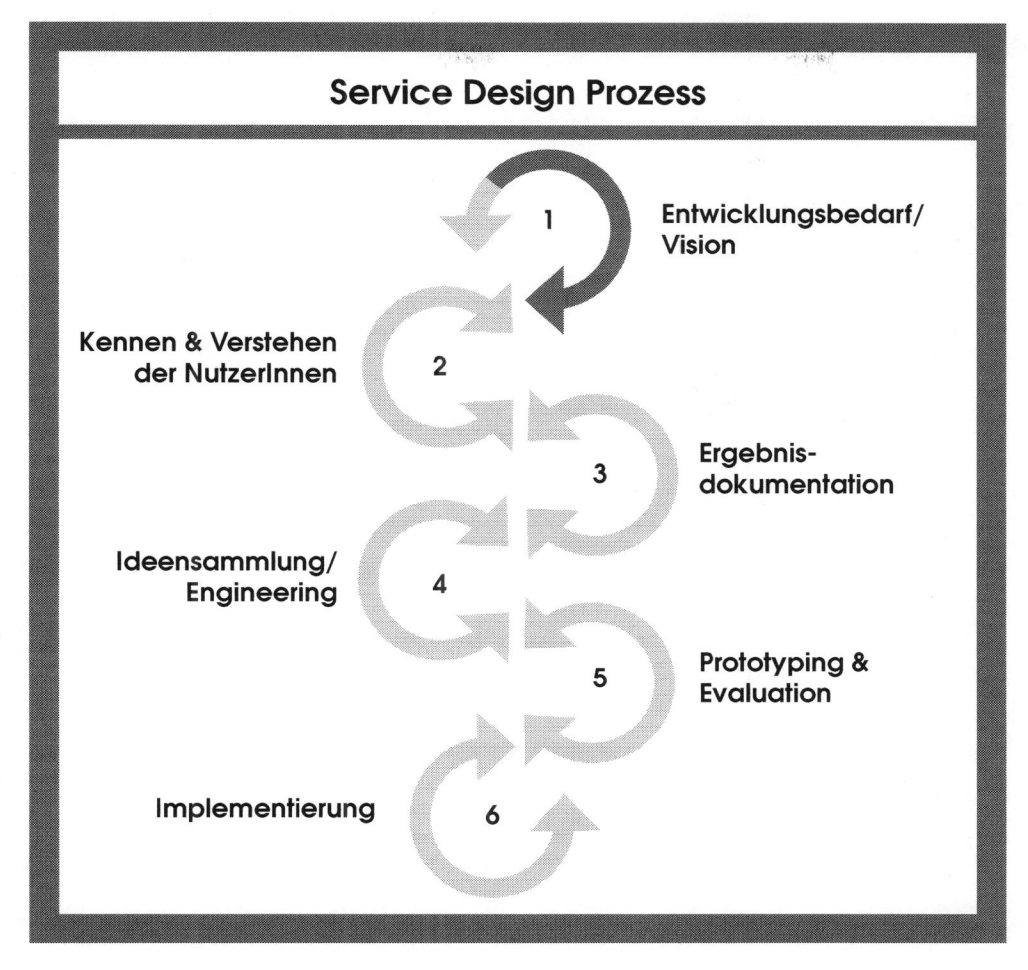

Design | MANAGEMENT

Service Design Prozess

1. Entwicklungsbedarf/Vision
2. Kennen & Verstehen der NutzerInnen
3. Ergebnisdokumentation
4. Ideensammlung/Engineering
5. Prototyping & Evaluation
6. Implementierung

Abb. 9: Entwicklungsbedarf erkennen, Visionen entwickeln als erster Schritt im Service-Design Prozess

- Die strategische Ausrichtung des Unternehmens bzw. der Organisation soll verändert werden, um die Marktposition zu stärken. Beispielsweise kann der Träger und die Leitung einer Einrichtung frühkindlicher Erziehung entscheiden, ein Angebot speziell für wirtschaftlich sehr gut gestellte Eltern zu entwickeln, um damit Angebote für Kinder aus sozial schwachen Familien quer zu finanzieren. Dafür soll ein komplett neues Leistungsangebot kreiert werden, das auf die Bedarfe der Kinder und der Eltern zugeschnitten ist.
- Mit den vorhandenen Ressourcen soll mehr Outcome erzielt werden (Maximalprinzip), indem die vorhandenen Mittel gezielter eingesetzt werden. Beispielsweise könnte ein ambulanter Pflegedienst für seinen festen Patientenstamm planen, ein Diagnostik-Tool einzusetzen, das die Pflegefachpersonen dabei unterstützt, den Auftrag mit den KundInnen zu klären und deren Bedarfslagen eindeutig zu bestimmen und zu priorisieren. Diese neue Technologie könnte EDV-gestützt eingesetzt und mit neuen Leistungsangeboten verknüpft werden. So könnte z. B. eine Erstdiagnostik mit dem Erstgespräch verbunden werden.

> ❐ Zur Entwicklung und Umsetzung einer konsequenten Markenstrategie kann es erforderlich sein, das Leistungsprogramm anzupassen oder neue Produkte zu entwickeln. Die Leitung einer stationären Altenhilfeeinrichtung hat z. B. die Rückmeldung von Angehörigen bekommen, dass der Leitspruch des Trägers als hohle Formel wahrgenommen und nicht als wirklich gelebt erfahren wird. Daraufhin entscheidet sich der Träger, das Leitthema in der angebotenen Leistung erlebbar zu machen sowohl für die BewohnerInnen der Einrichtung als auch für die Angehörigen. Dazu müssen die angebotenen Leistungen weiter entwickelt und gestaltet werden.
> ❐ Änderungen in der Sozialgesetzgebung können neue und erweiterte Leistungen erforderlich machen, die häufig aufgrund des gesetzlichen Anspruchs schnell auf dem „Markt" verfügbar sein müssen (z. B. Pflegeberatung nach § 7 SGB XI).

Entwicklungsbedarf in der Sozial- und Gesundheitswirtschaft

Kreative Methoden und Tools zur Entwicklung einer Vision und Strategie

Fundierte Analysen zum Erkenntnisgewinn im wissenschaftlichen Sinne und zur Marktforschung sind meist mit hohem Aufwand verbunden. Zuverlässige Wirkungsnachweise können nur mit hohen Studienteilnehmerzahlen erbracht werden. Können für solche Analysen keine Fördermittel akquiriert werden, stoßen soziale Organisationen schnell an ihre Grenzen. Kreative Tools und die Anwendung qualitativer Methoden im Service Design können keinen Ersatz bieten, jedoch in der Alltagspraxis bei der Ausrichtung des Leistungsangebots an den Bedürfnissen der KundInnen unterstützen. Da die meisten Methoden heterogene Teamzusammensetzungen verlangen, um von möglichst unterschiedlichen Perspektiven die Situation und das vermutete Erleben der KundIn zu betrachten, können zudem positive Nebeneffekte für die transdisziplinäre und abteilungsübergreifende Zusammenarbeit in der Organisation erzielt werden. Etablierte Kommunikationsstrukturen können genutzt und zugleich mit kreativen, teamfördernden Elementen bereichert werden. Der Besprechungsraum wird mit Service Design zum Erlebens- und Erlebnisraum. Mit einfachen Mitteln können Ideen visualisiert werden. Dramaturgische Methoden fördern Kreativität und Phantasie der MitarbeiterInnen. Organisationsmitglieder, die kundennah, aber meist auf einer unteren Hierarchiestufe arbeiten, erleben sich kompetent und wertgeschätzt, denn ihre Informationen und Ideen sind im Service Design besonders gefragt. Für die Organisation hat dies den positiven Nebeneffekt, dass neue und marktfähige Produkte entwickelt werden, wobei zunächst aus dem internen Potential geschöpft wird. Externe BeraterInnen, ModeratorInnen sowie KundInnen können hinzugezogen werden, um den Designprozess zu unterstützen.

Heterogene Teamzusammensetzungen

Kreative, teamfördernde Elemente

Nachfolgend werden nun beispielhaft Tools vorgestellt, welche die Entwicklung einer Vision und Strategie für die Neuanlage von Dienstleistungen unterstützen. Das Service Design bietet hier einen großen Pool an Methoden sog. Toolkits oder Toolboxes, die im Rahmen dieser Schrift nicht alle umfänglich beschrieben werden können. Die Beispiele sollen exemplarisch die Herangehens- und Arbeitsweise im Service Design zeigen.

Toolkits oder Toolboxes

Design | MANAGEMENT

Das „Zukunftsrad" (futures wheel)

Zukunftsrad

Das „Zukunftsrad"

(Diagramm: Zentrale Idee in der Mitte, umgeben von Ergebnissen 1. Grades und Ergebnissen 2. Grades)

Abb. 10: Futures Wheel – Grundaufbau.
(Quelle: Glenn & Gordon 2009)

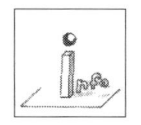

Kurzbeschreibung

Das „Zukunftsrad" kann bei der Strategieentwicklung unterstützen, indem die geplante Strategie bzw. die Veränderung in ihren Konsequenzen auf unterschiedlichen Abstraktionsebenen bis hin zur konkreten Leistungsgestaltung mit der KundIn durchdacht wird. Es ist somit nicht nur ein Tool, das bei der Strategieentwicklung unterstützt, sondern auch bei der Übersetzung der Strategie in konkrete Anforderungen an das Produkt.

Strategieübersetzung in Produkteigenschaften

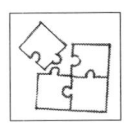

Umsetzung

Schritt 1: Die strategische Veränderung definieren
Das Schlagwort, das die strategische Veränderung definiert, soll ins Zentrum eines Flipchart-Papiers oder des Papiers auf der Moderationswand geschrieben werden.

Schritt 2: Konsequenzen erster und zweiter Ordnung identifizieren
Mit Hilfe der Brainstorm-Methode werden mögliche direkte Konsequenzen auf unterschiedlichen Ebenen (2 Ebenen) identifiziert. Für jede Ebene soll eine andere Farbe verwendet werden, um diese besser voneinander unterscheiden zu können. Ebenen können sein: strategische Ebene, operative Ebene.

Schritt 3: Implikationen analysieren
Aus den Konsequenzen können Implikationen für das Handeln, für die Strategieentwicklung nach innen und nach außen oder direkt für die Produktentwicklung abgeleitet werden. Diese sollen auf einem zweiten Blatt aufgelistet werden.

Schritt 4: Maßnahmen identifizieren
Für mögliche negative Konsequenzen sollen Risikoanalysen und Maßnahmen zum Risikomanagement entwickelt werden. Für mögliche positive Konsequenzen (z. B. Marktchancen) sollen Maßnahmen zur gezielten Nutzung von Vorteilen und Chancen entwickelt werden.

Design

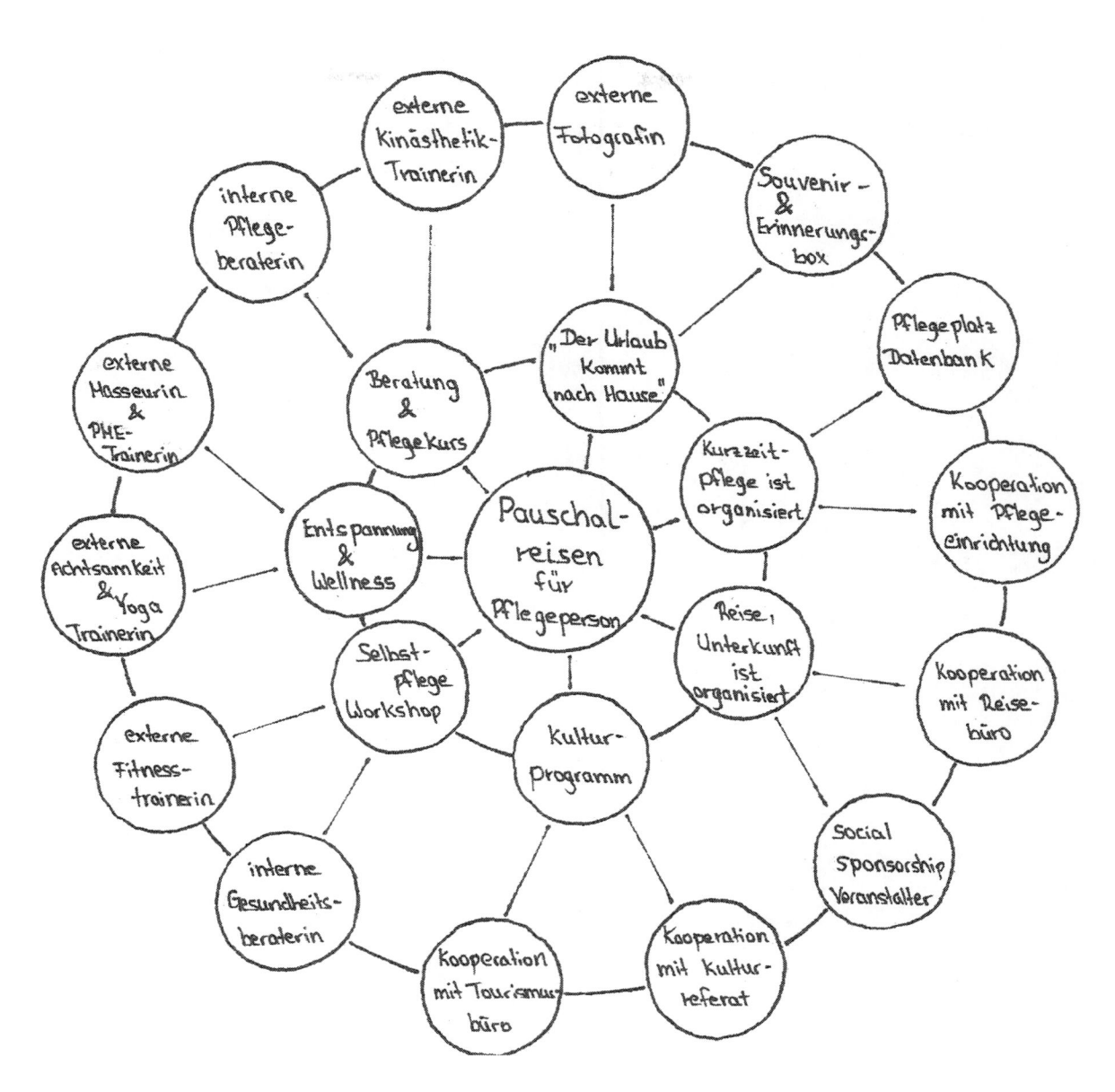

Abb. 11: Beispiel futures wheel, zentrale Idee: Pauschalreisen für Pflegepersonen, um sich von der Beanspruchung durch die häusliche Pflege zu erholen.

erwünschte Wirkungen

- Wenn in den ersten beiden Schritten das Brainstorming konsequent umgesetzt wird, dann können viele mögliche Konsequenzen aus unterschiedlichen Perspektiven der TeilnehmerInnen identifiziert werden.
- Durch die weitere Diskussion können auf unterschiedlichen Ebenen der Organisation konkrete Handlungsoptionen entwickelt werden, um die strategisch bedeutungsvolle Situation zu meistern, d. h. Risiken zu reduzieren und Chancen zu nutzen.

Qualitätsbaum **Qualitätsbaum (Critical to Quality Tree)**

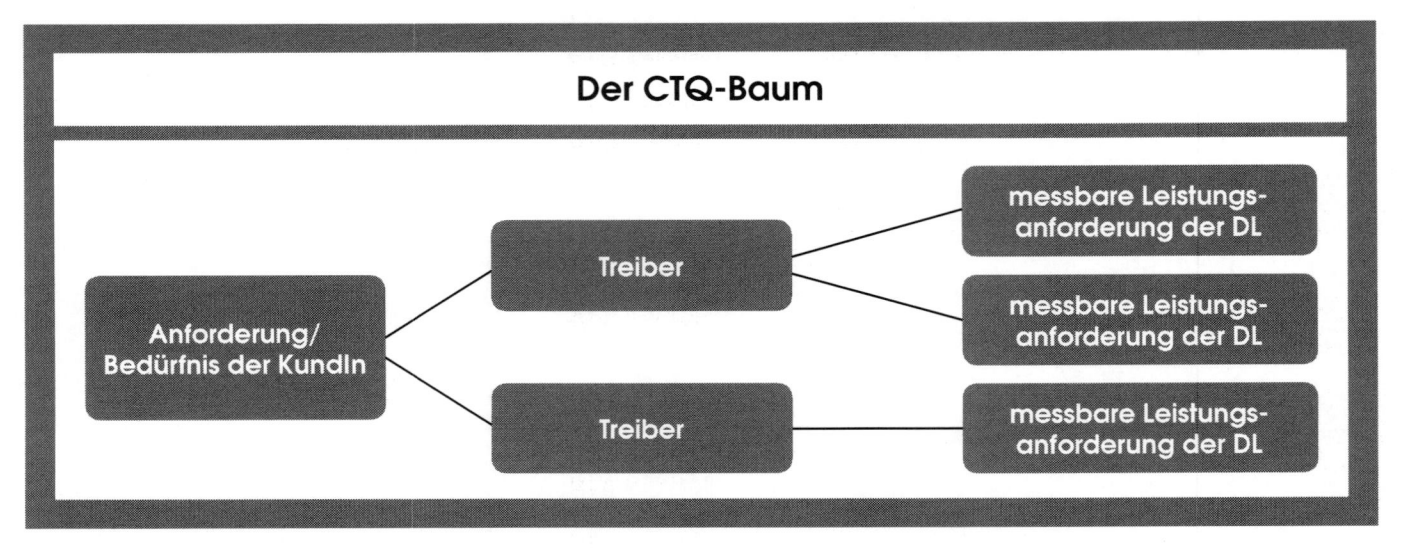

Der CTQ-Baum

[Anforderung/Bedürfnis der KundIn] — [Treiber] — [messbare Leistungsanforderung der DL] / [messbare Leistungsanforderung der DL]
[Treiber] — [messbare Leistungsanforderung der DL]

Abb. 12: Der CTQ-Baum, schematisch (Quelle: Curedale 2013: 72)

Übersetzung der Kundenanforderungen in messbare Leistungsmerkmale

Kurzbeschreibung

Der Critical to Quality (**CTQ**)-Baum unterstützt bei der Übersetzung der Kundenanforderungen in Produkteigenschaften und schließlich in der Entwicklung messbarer Leistungsmerkmale der neu- oder weiterentwickelten Dienstleistung. Es dient somit der konkreten Zielbestimmung im Produktentwicklungsprozess. Es ist ein Diagramm-basiertes Tool, das bei der Entwicklung qualitativ hochwertiger Dienstleistungen behilflich ist. Zunächst weitgefasste oder abstrakte Kundenanforderungen werden in konkrete, umsetzbare und messbare Leistungsmerkmale einer Dienstleistung übersetzt.

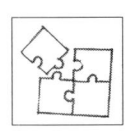

Umsetzung

Schritt 1: Zunächst wird die von der KundIn selbst oder aus Sicht der KundIn formulierte Anforderung an die Stelle der Wurzel des Baumes geschrieben. Dabei kann das Diagramm eher schematisch, abstrakt, aber auch bildhaft als Baum (vgl. Abb. 13) dargestellt werden. Für jede Anforderung soll ein eigener Baum entwickelt werden.

Schritt 2: Dann werden für diese Kundenanforderung „Treiber" identifiziert, d. h. grundsätzliche Eigenschaften oder Ansatzpunkte der Dienstleistung, um die Kundenanforderungen erfüllen zu können. Diese werden in die ersten Verzweigungen, die direkt vom „Stamm des Baumes" wegführen, geschrieben.

Design

Schritt 3: Schließlich werden auf der nächsten Ebene der Verzweigung des Baumes messbare Leistungsanforderungen und konkrete Leistungsmerkmale beschrieben. Nach und nach entwickelt sich die Baumkrone mit differenzierten Verzeigungen.

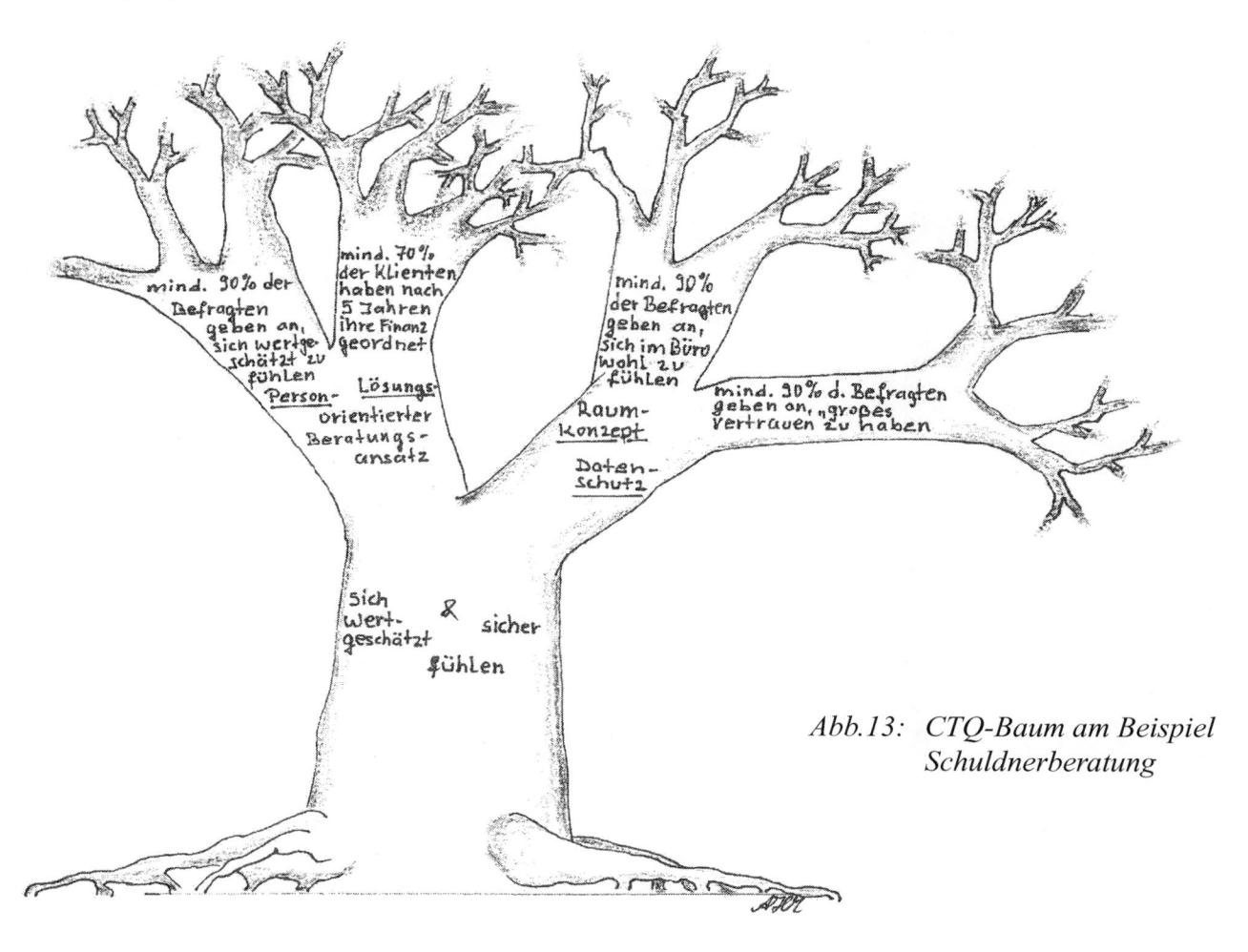

Abb. 13: CTQ-Baum am Beispiel Schuldnerberatung

Baum-Beschriftungen:
- Sich wertgeschätzt & sicher fühlen
- Lösungsorientierter Beratungsansatz
- Raumkonzept
- Datenschutz
- mind. 90% der Befragten geben an, sich wertgeschätzt zu fühlen
- mind. 70% der Klienten haben nach 5 Jahren ihre Finanz geordnet
- mind. 90% der Befragten geben an, sich im Büro wohl zu fühlen
- mind. 90% d. Befragten geben an, „großes Vertrauen" zu haben

erwünschte Wirkungen

- Die bildhafte Darstellung als Baum kann das kreative Denken unterstützen und motiviert die TeilnehmerInnen, möglichst viele Verzweigungen zu erstellen. Arbeiten zwei und mehr Teams an der Produktentwicklung kann eine Wettbewerbssituation dadurch geschaffen werden, dass jenes Team gewinnen soll, das den am weitesten verzweigten Baum entwickelt. D.h. das Team, das die meisten Ideen für die effektive Umsetzung der Kundenanforderungen in der Dienstleistungsgestaltung und die Messung kundenbezogener Effekte hat, gewinnt.
- Kundenanforderungen stehen nicht nur als abstrakte Forderung im Raum, sondern werden konkret für den Dienstleistungserstellungsprozess übersetzt. Zudem können Erfolge gemessen werden, die zur Motivation des Kundenkontaktpersonals beitragen.

Teil II: Social Service Design

4.3.1 Kennen und Verstehen der Erwartungen und Ansprüche der rat-/hilfesuchenden Person in ihrem Umfeld als Voraussetzung der Leistungsentwicklung und -gestaltung

Service Design Prozess

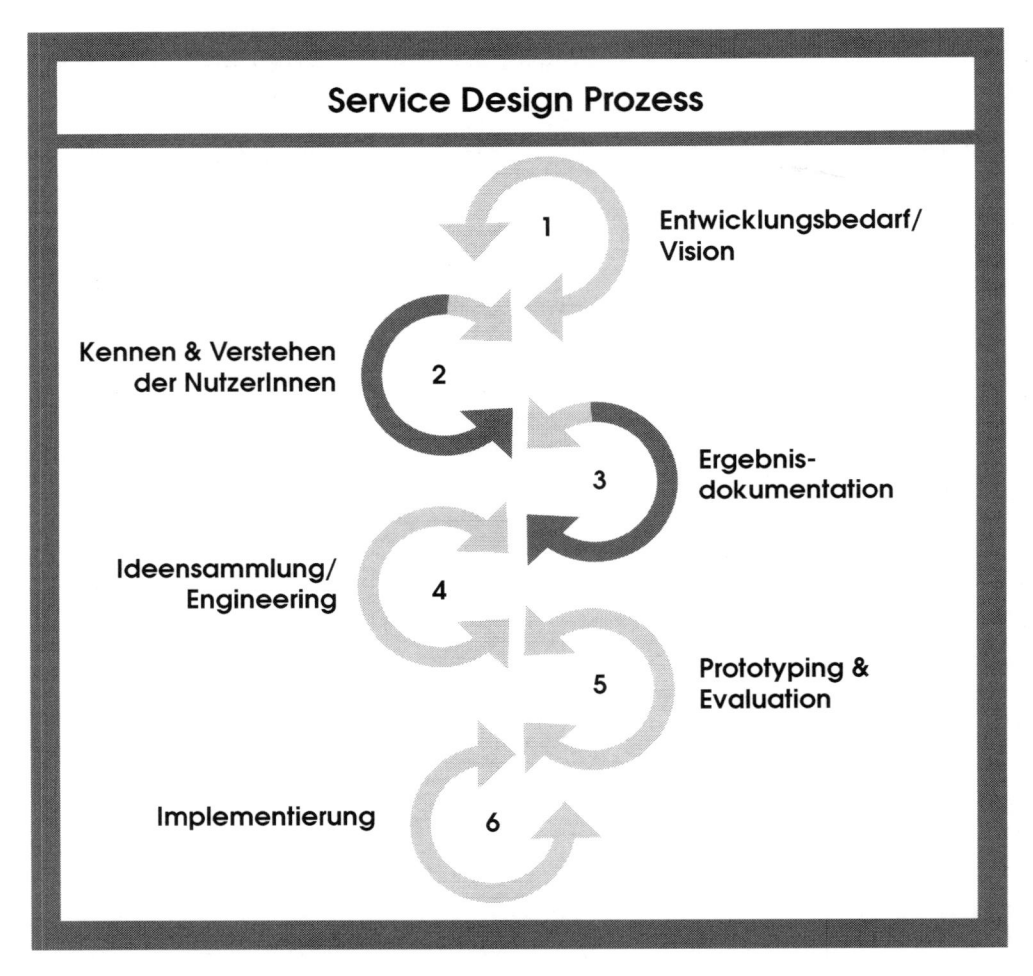

1. Entwicklungsbedarf/Vision
2. Kennen & Verstehen der NutzerInnen
3. Ergebnisdokumentation
4. Ideensammlung/Engineering
5. Prototyping & Evaluation
6. Implementierung

Abb. 14: Kennen und Verstehen der Erwartungen und Ansprüche als zweiter Schritt und Ergebnisdokumentation als dritter Schritt im SD-Prozess

Die Denkweise der DesignerIn setzt primär an der rat-/hilfesuchenden Person an. Die DesignerIn versucht sich in ihre Lage zu versetzen, sie und ihre Umwelt zu verstehen, um ihr Produkt bzw. Leistungsangebot passgenau, die Person und ihr Erleben fördernd zu gestalten. Der Unterschied zu umfassenden Qualitätsmanagement oder Marketingansätzen liegt in dem methodengestützten, verstehenden Zugang mit Fokus auf der Erlebensdimension, der die KundIn nicht nur als KonsumentIn sondern als Person mit individuellen Lebensentwürfen und Bedeutungszuschreibungen einbezieht. Deshalb ist das Service Design in besonderer Weise für die Zielgruppen der sozialen und gesundheitsbezogenen Dienstleistungen geeignet.

Folgende Fragen sollten in diesem Prozessschritt gestellt werden:

- Wie schätzt die rat-/hilfesuchende Person ihre Situation selbst ein, was sind ihre Ansprüche und Prioritäten?
- Welche Bedeutung hat die Situation, die zu einem Beratungs- und Hilfebedarf führt, für die Person in ihrem Lebenslauf?
- Was motiviert die Person überhaupt, nach Rat oder Hilfe zu suchen?
- Wenn der Rat oder die Hilfe zwangsweise verschrieben wird (z. B. durch die JugendrichterIn), wie kann der Zugang zu der Person gefunden werden?
- Wie erfährt die rat-/hilfesuchende Person von dem Leistungsangebot, wie kommt der Kontakt zustande?
- Welche Faktoren spielen eine Rolle, damit die LeistungsanbieterIn aktiv aufgesucht wird oder muss das Leistungsangebot aufsuchend und zugehend gestaltet werden, um die Person mit dem Angebot zu erreichen?
- Welche Rolle spielen das primäre Hilfesystem und andere Umgebungsfaktoren?
- Welche Bedeutung haben diese aus Sicht der rat-/hilfesuchenden Person?

Diese Fragen sind beispielhaft für den Design Prozess. Ihnen sollte die DesignerIn nicht nur zu Beginn bei der Neuanlage eines Leistungsangebots sondern laufend, iterativ nachgehen. Dabei bedient sich die DesignerIn sowohl wissenschaftlich fundierter quantitativer, empirisch-analytischer und interpretativ-hermeneutischer Methoden als auch kreativer Techniken und Tools. Sie kombiniert auch Methoden (Mixed-method Ansatz), um möglichst nah an das Erleben der Person zu kommen. Entscheidend ist, ob die Herangehensweise geeignet ist, das Verstehen der rat-/hilfesuchenden Person zu fördern. Insbesondere qualitative und kreative Methoden z.T. aus der Dramaturgie können die DesignerIn unterstützen, durch die Brille der rat-/hilfesuchenden Person zu sehen, ihre Lebensgeschichte und ihre Lebenswelt zu entdecken und zu verstehen. Es geht darum, den Bedarf, so wie er von der Person empfunden wird, zu erfahren, ja vielleicht sogar am eigenen Leib durch Simulation zu spüren. Die DesignerIn und ihr Team müssen bereit sein, in das Erleben der rat-/hilfesuchenden Person empathisch einzutauchen. Dies bedeutet eine professionelle Nähe zu der Person und zu ihrer Umwelt aufzubauen, um dann in einem nächsten Schritt mit analytischer Distanz Leistungsaspekte zu erkennen und im Leistungsprozess zu berücksichtigen.

Mixed-method Ansatz

Z. B. gilt es für die SchuldnerberaterIn zunächst das Problem aus Sicht von „Nina" zu verstehen, bevor sie nach den „Regeln der Kunst", mit ihrem Wissen über das Insolvenzrecht und den persönlicher Budgetplan, die Konsolidierung des Haushaltes plant. Das im Rahmen des Design Prozesses weiterentwickelte Leistungsangebot setzt dann vielleicht unmittelbar an dem für „Nina" vordringlichsten Problemen an, indem z. B. über ein Abkommen mit dem Energieversorger die Freischaltung des Stroms kurzfristig veranlasst und bis zur Stromlieferung warme Mahlzeiten für „Nina" und die Kinder sowie eine Notbeleuchtung bereitgestellt werden.

Persona

Methoden im Labor und im Feld

Um Leistungen schon von Anfang an, den Anforderungen der NutzerInnen entsprechend zu gestalten, sind neben Person-bezogenen Analysen auch umfassende Marktanalysen durchzuführen. Diese beziehen sich auf Gruppen von KundInnen mit annähernd gleichen Eigenschaften und entwickeln Archetypen, sog. **Persona** [Exkurs][16]. So könnte in unserem Beispiel von dem Einzelfall „Nina" auf die typische SchuldnerIn, alleinerziehend mit Kind geschlossen werden. Bei den kreativen Methoden kann noch zwischen den Methoden, die im „Labor" angewandt werden und jenen im Feld unterschieden werden. Mit „Labor" ist z. B. ein Besprechungsraum im Büro des Leistungsanbieters gemeint, in dem mit den MitarbeiterInnen Perspektiven aus Kundensicht entwickelt werden. Es gibt jedoch auch kreative Methoden, die in der natürlichen Umgebung der KundIn angewandt werden können, wenn z. B. die LeistungsanbieterIn mit der KundIn einen für sie ganz normalen Alltag begleitet und miterlebt (teilnehmende Beobachtung).

---

16 [**Persona**] „Persona" bezeichnete ursprünglich eine im antiken griechischen Theater von den Schauspielern verwendete Maske, welche die Rolle des Schauspielers typisierte. Prägnante, für den Dienstleistungserstellungsprozess relevante Eigenschaften der KundIn können für eine Gruppe von Personen z. B. alle alleinerziehende Mütter mit Kleinkindern und finanziellen Problemen definiert werden. Es entsteht ein Typus. Dabei darf jedoch die jeweils einzigartige Person im spezifischen Einzelfall nicht aus den Augen verloren werden.

Design | MANAGEMENT

Die Qualitätsmanagement-Beauftragte der Schuldnerberatung verbringt in ihrem Service Design Prozess einen ganzen Tag mit „Nina", um ihre Situation am eigenen Leib zu erfahren. Wie fühlt es sich an, im Dunklen zu sitzen und nach einem langen Schul- und Arbeitstag bei Kerzenschein im kalten Wohnzimmer zu verbringen, das weinende Kind zu beruhigen und ihm zu erklären, dass es keinen warmen Kakao haben kann, obwohl ihm kalt ist und es Hunger hat. Aus der systematischen Dokumentation und Analyse der teilnehmenden Beobachtung kann das Leistungsangebot neu gestaltet oder weiter entwickelt werden.

Leiberfahrung im Feld

Methodenpool

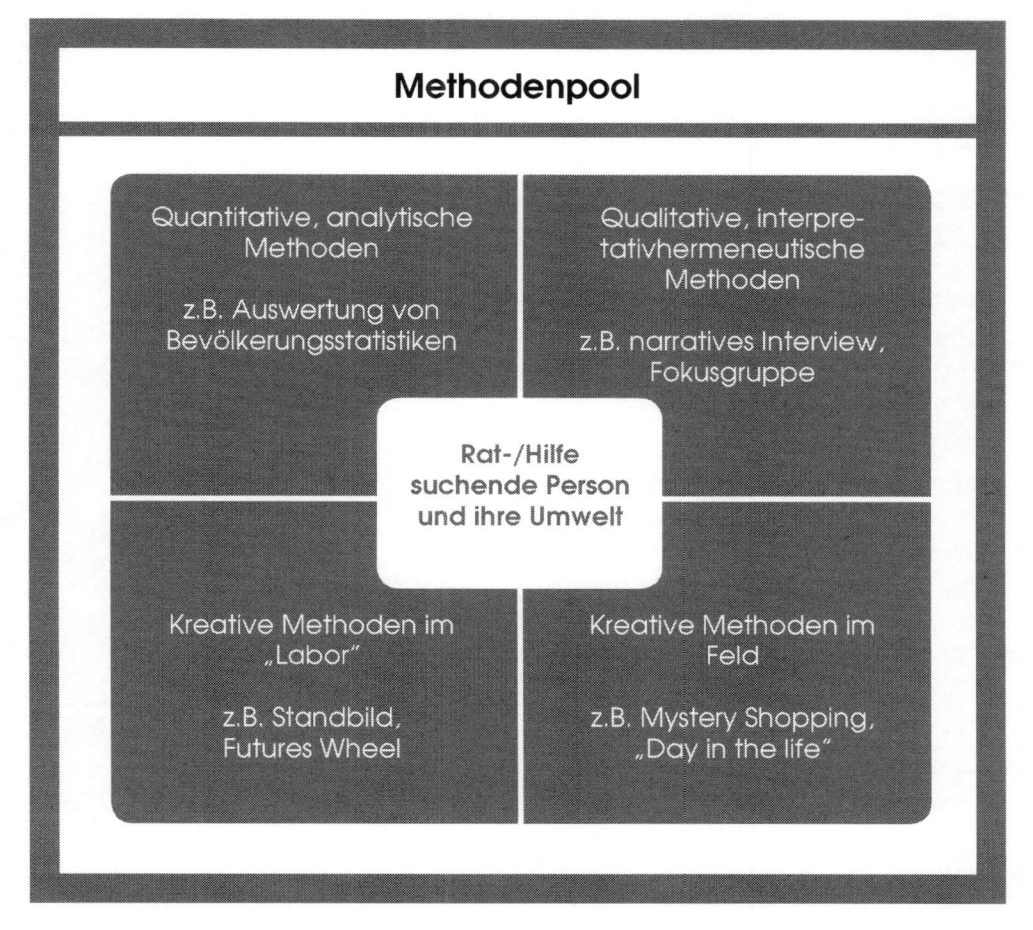

Quantitative, analytische Methoden	Qualitative, interpretativhermeneutische Methoden
z.B. Auswertung von Bevölkerungsstatistiken	z.B. narratives Interview, Fokusgruppe
Kreative Methoden im „Labor"	Kreative Methoden im Feld
z.B. Standbild, Futures Wheel	z.B. Mystery Shopping, „Day in the life"

Rat-/Hilfe suchende Person und ihre Umwelt

Abb. 15: Methodenpool, Mixed-method Ansatz des Service Design

4.3.2 Methoden der „Klassischen Marktforschung"

Die Methoden der klassischen Marktforschung wurden im Dienstleistungsbereich adaptiert. Nach Meffert & Bruhn wird Marktforschung wie folgt definiert:

Exkurs (Marktforschung)

„Die Marktforschung beschäftigt sich mit einer systematischen und empirischen Ermittlung sowie Aufbereitung relevanter Informationen über Absatz und Beschaffungsmärkte eines Unternehmens, um Marketingentscheidungen zu fundieren." (Meffert & Bruhn 2012: 98)

Marktforschung

Marktforschung schließt neben der Kundenperspektive, die marktbezogenen Bedingungen (z. B. gesetzlicher Rahmen) ein, dabei stehen die Mitanbieter und Wettbewerber im Fokus, zu denen die eigene Leistungsbereitschaft und Fähigkeit relational eingeschätzt wird. Marktentwicklungsprognosen und eine marktstrategische Ausrichtung auf Basis empirischen Materials sollen das Unternehmen langfristig bestehen lassen. Es geht um eine proaktive und gestaltende Ausrichtung der Organisation an den aktuellen und zukünftigen Anforderungen von Seiten der KundInnen, potentieller KundInnen, der Mitanbieter bzw. Wettbewerber und wenig beeinflussbarer Rahmenbedingungen, wie z. B. die gesetzlichen und volkswirtschaftlichen Rahmenbedingungen. Die Flexibilität des Unternehmens, sich auf verändernde Bedingungen einzustellen, wird im Marketing als „Überlebensstrategie" gezielt gefördert.

Marketing als Überlebensstrategie

Primär- und Sekundärforschung

Marktforschung wird neben unterschiedlichen Untersuchungsgegenständen (z. B. Informations- und Kaufverhalten, Mediennutzungsverhalten) in Primär- und Sekundärforschung kategorisiert. Primärforschung ist eine „speziell für bestimmte Problemstellungen des Dienstleistungsmarketings durchgeführte markt-, marktteilnehmer- und umfeldbezogene Erhebung" (Kuß 2010, S. 41, zit. in Meffert & Bruhn 2012: 102), während die Sekundärforschung Daten nutzt, die zu anderen Zwecken als zu Marktforschungszwecken erhoben wurden. So können z. B. für den Altenhilfebereich zur Marktforschung allgemein vom Bundesamt für Statistik zur Verfügung stehende Daten über die regional unterschiedliche demographische Entwicklung der Bevölkerung durchaus auch für Marketingzwecke (z. B. Standortentscheidung eines ambulanten Pflegedienstes) genutzt werden. Es werden quantitative (Auswertung von Statistiken z. B. Beschwerdestatistik, Branchenstatistik z. B. Altersentwicklung) und qualitative (z. B. Beobachtung, Gruppendiskussion) Methoden angewandt. Meffert & Bruhn kategorisieren die Methodik in Befragung, Beobachtung, Experiment und Panel[17].

---

17 [**Panel**] Ein Panel ist „ein bestimmter gleichbleibender Kreis von Auskunftssubjekten (Personen, Betrieben), bei denen über einen längeren Zeitraum hinweg Messungen (Beobachtung, Befragung) zu gleichen Themen in der gleichen Methode und zu den jeweils gleichen Zeitpunkten vorgenommen werden. Panels sind auf die Messung von Veränderungen hin optimiert. Ein weiterer Vorteil von Panels ist, dass von den Panelteilnehmern Daten zu unterschiedlichen Zeitpunkten vorliegen." (Springer Gabler Verlag (Herausgeber), Gabler Wirtschaftslexikon, Stichwort: Panel, online im Internet: http://wirtschaftslexikon.gabler.de/Archiv/3313/panel-v6.html)

SSD bietet darüber hinaus auch spezifischen Methoden der qualitativen Sozialforschung und vor allem auch kreative Methoden u. a. der Dramaturgie an. Diese haben den Vorteil der Aktivierung der internen und externen Kontaktpersonen, deren Ermächtigung und der Förderung von Innovation und Spaß am Arbeitsplatz.

Ermächtigung und Spaß am Arbeitsplatz

Im Dienstleistungsmanagement werden Spezifika des DL-Marketing und der Marktforschung in einer umfassenden Marketingkonzeption beschrieben. Die doppelte Immaterialität der DL spielt dabei eine herausragende Rolle, ebenso wie die Notwendigkeit der Integration des externen Faktors und das Uno-actu-Prinzip, das absatzpolitische Entscheidungen zum integralen Bestandteil des Produktionsprozesses werden lässt. Weitere Spezifikationen können an dieser Stelle nicht vertieft werden, jedoch soll im Zusammenhang mit dem Social Service Design die kundenorientierte Ausrichtung des Dienstleistungserstellungsprozesses als Aufgabe der Marktanalyse und Herausforderung des DL Marketing genauer betrachtet werden. Meffert & Bruhn (2012) heben die Bedeutung der Marktforschung im Zusammenhang mit der Analyse der Interaktionsprozesse zwischen „internen und externen Kontaktsubjekten" (ebd., S. 99) hervor. Dabei dienen die Daten über das Konsumentenverhalten, als Vorgabe für das Verhalten der internen Kontaktpersonen. Abweichungen von diesen Vorgaben werden als „Fehlverhalten" (ebd.) kategorisiert. Solche Einschätzungen haben die Tendenz die interne Kundenkontaktperson zu objektivieren und auf einen betrieblichen Funktionsfaktor zu reduzieren. Das Service Design setzt hier bereits in der Marktforschung im Interaktionsgeschehen zwischen Kundenkontaktperson und KundIn an, wobei die Anforderungen und individuellen Wertzuschreibungen im Austauschprozess von den Kundenkontaktpersonen stets aufs Neue zu ermitteln sind. Dies setzt weniger trainierte Verhaltensweisen als Achtsamkeit der jeweils einzigartigen KundIn gegenüber, sowie hohe Flexibilität und Kreativität voraus. Kreativität deshalb, weil über das standardmäßige Leistungsangebot hinaus stets individuelle Anpassungen erforderlich sind, die die Kundenkontaktperson, z.T. unter ständig wechselnden Kontextbedingen, leisten muss. Der internen Kundenkontaktperson wird eine verantwortliche und gestaltende Rolle zugesprochen. Stellen wir uns nur einmal die Anforderung einer MitarbeiterIn in einem ambulanten Pflegedienst vor, die jeweils in der eigenen Häuslichkeit der KundIn ihre Hilfeleistung erbringen muss. Dabei sind die Kontextbedingungen ganz unterschiedlich und manchmal auch widrig. Hier ist Erfindergeist gefragt, wenn z. B. das private Duschbad der KundIn über keinen behindertengerechten Einstieg verfügt oder für das Warmwasser gar der Holzofen zuvor beheizt werden muss. Zudem sind persönliche Vorlieben und Rituale bei der Hilfestellung zu integrieren.

Achtsamkeit

Interne Kundenkontaktperson

Erfindergeist

Job Crafting

Leana und KollegInnen (2009) haben in n = 62 Einrichtungen der frühkindlichen Erziehung (in Pennsylvania und New Jersey, USA), in denen n = 232 Fach- und Hilfskräfte interviewt und beobachtet sowie in gemischten Fokusgruppen befragt wurden, untersucht, wie Stellen- und Aufgabenprofile, die formal geregelt (z. B. durch Stellenbeschreibungen) waren, durch die StelleninhaberInnen (95 % Frauen mit einem Durchschnittsalter von 38 Jahren, durchschnittliche Verweildauer im Job: 4,88 Jahre) aktiv gestaltet wurden („job crafting"-Theorie, nach Wrzesniewski & Dutton 2001) und welche Wirkungen dies u. a. auf die Qualität der Arbeit mit den Kindern hatte. Dabei konnten individuell und vor allem kollektiv (im Team stattfindende) genutzte Gestaltungsräume dazu beitragen, dass die Identifikation mit der Arbeit und die Fähigkeit, auf unvorhergesehene Situationen mit den Kindern zu reagieren, anstieg (vgl. Leana et al. 2009).

Von Meffert & Bruhn (2012) werden bereits die Kundenkontaktpersonen als wichtige Quellen für relevante Informationen über den Markt genannt. Ebenso sollen Berichte von internen Abteilungen (Back Office) hinzugezogen werden. *Wie* diese Berichte erhoben und dann die Informationen in die Leistungsgestaltung integriert werden sollen, bleibt relativ offen. Hier können die Tools des SSD zur Unterstützung eingesetzt werden.

Nachfolgend werden nun schwerpunktmäßig kreative Methoden des SSD vorgestellt, die insbesondere den verstehenden Zugang zur KundIn erleichtern sollen.

4.3.3 Kreative Methoden und Tools für tiefere Einblicke

In den Schuhen der KundIn wandern

Die explorative, forschende, für Überraschungen bereite Haltung zeichnet die DesignerIn aus. In den „Schuhen der KundIn wandern" (Mager 2007: 115) mit Hilfe der nun nachfolgend beispielhaft aufgeführten Tools, bedeutet stets ein kleines Abenteuer, denn nicht selten werden die DesignerInnen von neuen Perspektiven und Eindrücken überrascht und müssen ihr eigenes Handeln als DienstleisterInnen überdenken und weiter entwickeln. Besonders die Anwendung und das Durchleben der kreativen Methoden können sogar die Sicht auf die Welt von Grund auf verändern.

Design · MANAGEMENT

Aktives, achtsames Zuhören und Anschauen
(Active and Mindful Listening and Watching)

Quelle: Siegel, Daniel J. 2007

Aktives, achtsames Zuhören und Anschauen

Kurzbeschreibung

Diese mit einfachsten Mitteln durchführbare Kommunikationsmethode bedeutet, dass sich die UntersucherIn der Person achtsam und aufmerksam zuwendet, ihr aktiv zuhört und das als verstanden Geglaubte zurückspiegelt, um den Verständigungsprozess zu fördern. Dabei wird die Person angeschaut, d.h. im Sinne der Anschauung aufmerksam beobachtet, ohne das Gesehene gleich zu bewerten, sondern zunächst aktiv die Person an sich und ihre Verhaltensweisen zu entdecken. Verbal und paraverbal, über die Körpersprache, Mitgeteiltes wird von der ZuhörerIn bzw. UntersucherIn paraphrasiert, d.h. mit ihren Worten umschrieben und mit der SenderIn der Botschaft hinsichtlich der Kernaussagen und der Absichten abgestimmt. Im Sinne des Service Design sind nun die als verstanden geglaubten Anforderungen der KundIn in den Leistungsentwicklungsprozess zu überführen.

Anschauung

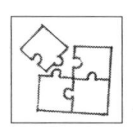

Umsetzung

Mit Hilfe dramaturgischer Methoden aus dem Improvisationstheater kann die Konzentration und Wahrnehmung geübt und schließlich bei der KundIn umgesetzt werden. Ein solches Tool ist zum Beispiel die Übung „Drei Veränderungen"

„Drei Veränderungen"

Die TeilnehmerInnen finden sich zu Zweit zusammen und stehen sich jeweils gegenüber. Sie werden aufgefordert, sich genau anzusehen. Nach einer kurzen Zeit (ca. 10 Sekunden) sollen sie sich den Rücken zudrehen und jeder an sich drei Dinge verändern. Die ModeratorIn kann zur Unterstützung eine Vorschlagsliste an die Wand hängen z.B. Hosenbeine umkrempeln, Brille abnehmen, Ärmel umkrempeln, Hand in die Hosentasche, Ohrring herausnehmen. Dann wenden sich die Spieler wieder einander zu und müssen wechselseitig die jeweiligen Veränderungen benennen.

„Nacherzählen mit Happy End"

Die TeilnehmerInnen finden sich zu Zweit zusammen und stehen sich jeweils gegenüber. Sie werden aufgefordert, sich eine kurze Geschichte mit „Happy End", d. h. einem aus ihrer Sicht guten Ende, zu erzählen. Die Moderatorin soll die Zeit, die für die Geschichte zur Verfügung steht (ca. 30 Sekunden), vorher angeben, damit sich die ErzählerInnen darauf einstellen können. Mit einem Signal wird die Erzählung beendet, ungeachtet, ob die Geschichte zu Ende erzählt wurde. Nun wechseln die PartnerInnen und die ZuhörerIn erzählt ihre Geschichte. Auch sie wird durch das Signal nach der gleichen Zeitspanne gestoppt. Nun geben die PartnerInnen jeweils abwechselnd die Geschichte des anderen wieder und versuchen das „Happy End" im Sinne der ErzählerIn weiter zu erzählen. Die PartnerInnen sollen sich dann Feedback geben, ob die Geschichte in Ihrem Sinne erzählt wurde oder wichtige Dinge gefehlt haben.

erwünschte Wirkungen

❐ Ohne konkret auf das Leistungsprogramm oder die AdressatInnen einzugehen, wird das Verstehen der Perspektive der KundIn ohne vorschnell über deren Situation zu urteilen, mit dieser Übung gefördert, indem die Übung zunächst an der Lebenswelt der Kundenkontaktpersonen anknüpft. Die Erfahrungen und Erkenntnisse können in einem nachfolgenden Schritt dann auf die Servicesituation übertragen werden.
❐ Verstehen vor Interpretation und Wertung
❐ Gefühl der Wertschätzung bei der KundIn

Design

Anspruchsgruppenkarte (Stakeholder Mapping)
Quelle: Business for Social Responsibility, BSR 2015

Anspruchs-gruppenkarte

Kurzbeschreibung

Eine Stakeholderanalyse basiert auf einer Analyse des aufgabenbezogenen Umsystems aus Sicht der Anspruchsgruppen. Beim Stakeholder Mapping werden die Anspruchsgruppen nicht nur hinsichtlich zentraler Kriterien, wie z. B. Einfluss, Macht, Interesse, Aktivität bewertet sondern auch zueinander in Beziehung gesetzt. Für soziale und gesundheitsbezogene (Dienst-)Leistungen sind diese Beziehungen von besonderer Bedeutung, da das sozialrechtliche Leistungsdreieck[18] komplexe Beziehungsgeflechte schafft. So können sich die Ansprüche der unmittelbaren NutzerInnen der Leistung von denen der Kostenträger erheblich unterscheiden oder gar im Widerspruch zueinander stehen. Beide Gruppen, rat-/hilfesuchende Personen und Kostenträger sind jedoch bei der Leistungsgestaltung als „KundInnen" zu berücksichtigen. Das Beziehungsgefüge ist zudem häufig durch sehr ungleich verteilte Macht und Ressourcen geprägt. Es entstehen Asymmetrien, die unsere Wahrnehmung als LeistungserbringerIn verzerren können. Der Einfluss der Kostenträger auf die Leistungsgestaltung kann aufgrund der Verfügungsgewalt über die finanziellen Ressourcen so weitreichend sein, dass die Leistungserbringer ihren Fokus komplett auf diese Anspruchsgruppe richten. Ein Beispiel aus der Gesundheits- und Krankenpflege ist die Pflegeplanung. Seit Einführung der sozialen Pflegeversicherung 1995 richtet sich die Pflegeplanung hauptsächlich nach den Bereichen aus, für die leistungsrechtlich eine Vergütung vorgesehen ist. Die Hilfen im Zusammenhang mit den sog. Verrichtungen des täglichen Lebens werden dabei vordringlich berücksichtigt. Stellt die pflegebedürftige Person jedoch Ansprüche an ihr kreatives, kulturelles, spirituelles und psycho-soziales Dasein, so finden sich dazu in den Pflegeplanungen kaum Informationen (vgl. Bartholomeyczik 2004), u. a. weil diese über SGB XI nicht abgerechnet werden können.

Asymmetrien im Beziehungsgefüge

---

18 **[Sozialrechtliches Leistungsdreieck]** Das sozialrechtliche Leistungsdreieck beschreibt die Beziehung zwischen AdressatIn (an die die Leistung gerichtet ist bzw. die die Leistung in Anspruch nimmt), Kosten- bzw. Leistungsträger, der den Dienst nicht selbst erbringt sondern damit einen Leistungserbringer beauftragt und direkt vergütet. Die LeistungsempfängerIn bzw. AdressatIn nutzt den Dienst unmittelbar, bezahlt die Leistung jedoch nicht direkt an den Leistungserbringer. Die Leistung wird zwischen Kostenträger und Leistungserbringer abgerechnet. Durch diese Dreiecksbeziehung kann es zu Intransparenz, Verlust an Souveränität der AdressatIn und zu Vertrauensverlust zwischen den Handelnden kommen, was die Marktwirkungen erheblich beeinflusst und zu Marktverzerrungen bis hin zum Marktversagen führen kann (vgl. u. a. Christa 2010: 30f.).

MANAGEMENT

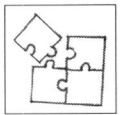

Teil II: Social Service Design

Umsetzung

Stakeholder identifizieren: Für die Organisation relevante Gruppen, Organisationen und Personen auflisten. Dabei können die Kriterien zur Beurteilung der Relevanz variieren. In diesem ersten Schritt sollen alle Anspruchsgruppen, die den TeilnehmerInnen als relevant erscheinen, zunächst ohne Bewertung und Priorisierung aufgenommen werden. Dabei kann eine Struktur für Betriebe der Sozial- und Gesundheitswirtschaft vorgegeben werden, z. B.:

- ❐ AdressatIn bzw. rat-/hilfesuchende Person des Leistungsangebots
- ❐ Angehörige, gesetzliche VertreterIn der AdressatIn
- ❐ MitarbeiterIn: interne Kundenkontaktpersonen, Backoffice-Personen
- ❐ zu- bzw. überweisende Stelle, z. B. Jugendamt, Hausarzt
- ❐ Kostenträger
- ❐ Eigner, Kapitalgeber
- ❐ Lieferanten
- ❐ Gemeinde
- ❐ Versicherte, Mitglieder der Solidargemeinschaft
- ❐ Kommunale, staatliche Organisationen
- ❐ nicht staatliche, gemeinnützige Organisationen

Das Brainstorming kann durch die ModeratorIn unterstützt werden, insbesondere, um in die Perspektive der jeweiligen Anspruchsgruppe, auch in Bezug auf das Erleben der DL, zu führen und Innovation zu fördern:

Achtsamkeit
- ❐ **Achtsamkeit**: Nicht diejenige Anspruchsgruppe, die am lautesten und mit der meisten Macht ausgestattet ihre Interessen am stärksten gegenüber der DL-Organisation vertritt, ist die wichtigste Anspruchsgruppe. In der Sozial- und Gesundheitswirtschaft ist dies häufig der Kostenträger oder Zuweiser, der seine Interessen am stärksten durchsetzt. Dabei hat die AdressatIn, an die das Leistungsangebot gerichtet ist, immer eine entscheidende Funktion.

Vielfalt
- ❐ **Vielfalt**: Die Stakeholder sollen aus möglichst verschiedenen Perspektiven entwickelt werden: Einfluss, Kooperationsmöglichkeit, Interessenvertretung, Finanzierung, Zuweisung/Vermittlung von AdressatInnen und Weiterversorgung von AdressatInnen, alternative Finanzierungsmöglichkeit, Verknüpfung mit anderen Leistungsbereichen/Sektoren/Branchen

Bewahren und Vorausdenken
- ❐ **Bewahren und Vorausdenken**: Welche Organisationen/Personen waren in der Unternehmensgeschichte wichtige Stakeholder, die sich vielleicht im Verlauf der Zeit zurückgezogen haben oder die aus dem Blick geraten sind? Welche Organisationen/Personen werden zukünftig in Bezug auf das neue Produkt oder in Bezug auf veränderte Rahmenbedingungen, z. B. gesetzliche Neuregelungen, von Bedeutung sein?

Multimedia und soziale Netzwerke nutzen
- ❐ **Multimedia und soziale Netzwerke nutzen**: Wie wird in den sozialen Medien über die eigene Organisation berichtet? Wer interessiert sich für die Organisation und warum? Haben andere Organisationen/Personen ihre Website mit der eigenen verlinkt?

Design

Analysieren

Analysieren: Aus der Perspektive der Interessengruppe werden die Anforderungen und Sichtweisen erhoben. Mit einem Service Design Ansatz kommt es nun in diesem Schritt darauf an, diese Anforderungen in Bezug auf das Erleben der Dienstleistung auch auf der emotionalen Ebene zu ergründen. Dabei können wiederum spezifische SD-Tools eingesetzt werden. Um die Relevanz der Stakeholder differenziert zu betrachten, können Kriterien angelegt werden, die spezifisch für die Branche und für die Organisation sind:
- Macht
- Einfluss
- Bedeutung für die eigene Organisation z. B. aufgrund des Informationsvorsprungs oder einer guten Vernetzung
- Wille/Motivation, mit der eigenen Organisation zu kooperieren oder sich zu engagieren,
- Notwendigkeit, die Interessen des Stakeholders zu berücksichtigen und zu schützten

Die Relevanz wird in dem nächsten Schritt dann mittels einer Skala bewertet. In Abb. 16 ist eine Anspruchsgruppenkarte beispielhaft für einen ambulanten Pflegedienst dargestellt. Die Stärke des Effekts nimmt von „++" zu „0" ab. Die Karten können je nach Organisation und Kriterien variieren.

Stakeholder Map				
Anspruchs-gruppen	Wirkung in Bezug auf die Leistung/ die LeistungserbringerIn			
	Macht	Einfluss	Interesse	Aktivität
PatientIn/ KundIn	+	+	++	+
Pflegekasse/ KostenträgerIn	++	++	+	+
Angehörige	++	++	+	++
NachbarIn	0	+	0	0

Abb. 16: Stakeholder Map am Beispiel ambulanter Pflegedienst

Vernetzung und Priorisierung: Die Verknüpfungen zwischen den einzelnen Anspruchsgruppen und die Priorisierung können z. B. mithilfe eines Portfolios erfolgen. Dabei sind Wirkungen mehrdimensional zu veranschaulichen. Abschließend kann wiederum eine Stakeholder-Liste mit Priorisierung erstellt werden.

Vernetzung und Priorisierung

Stakeholder Portfolio

emotionale Betroffenheit

Einfluss

Schattierung entspricht der Stärke des Einflusses
(je dunkler desto stärker)

Größe des Textfeldes entspricht der Bedeutung
(je größer desto bedeutungsvoller)

- PatientIn
- Angehörige
- NachbarIn
- Pflegekasse

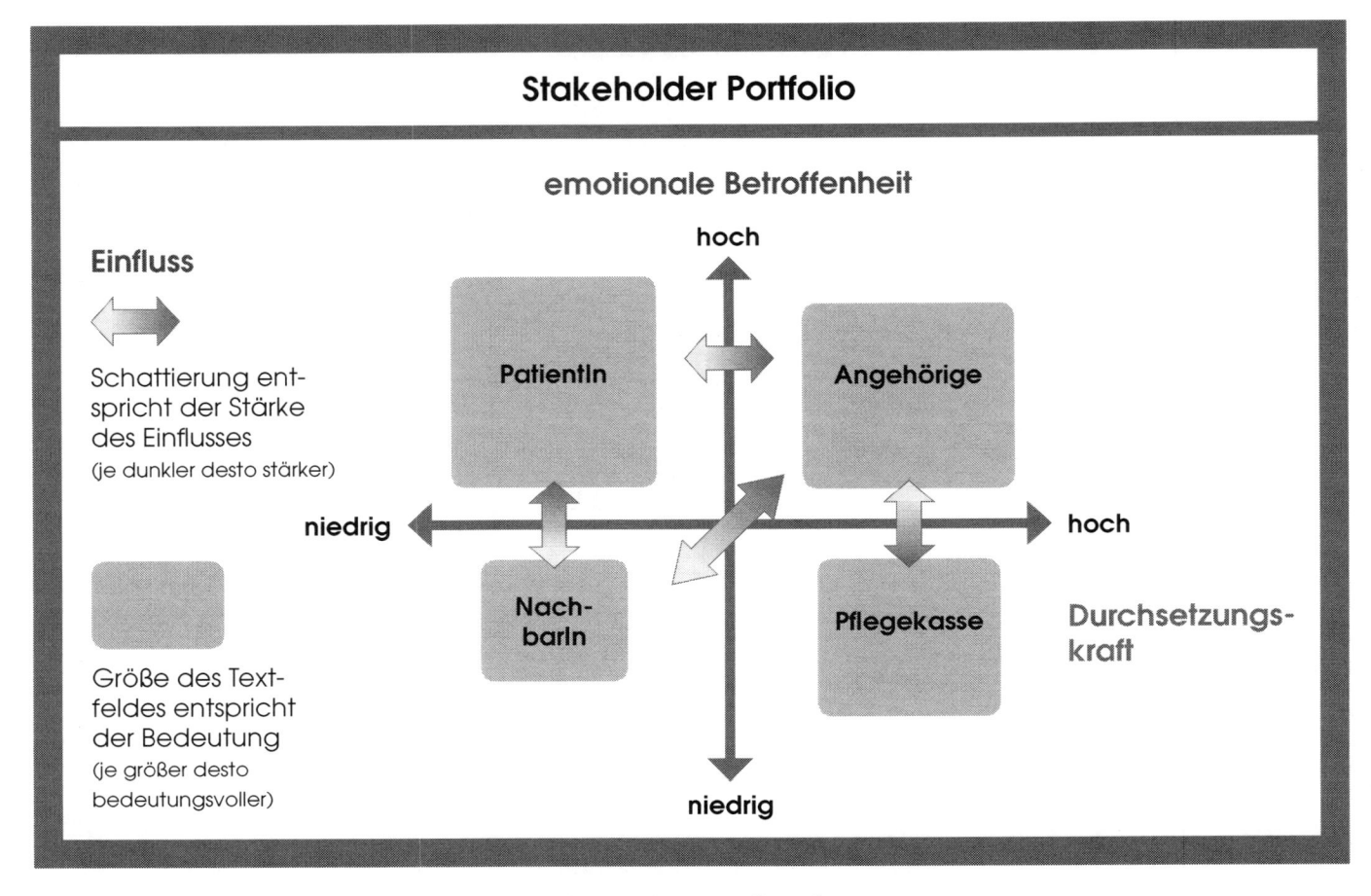

Durchsetzungskraft (niedrig – hoch)

Abb. 17: Stakeholder Portfolio am Beispiel ambulanter Pflegedienst

erwünschte Wirkung

Blickwinkel der Anspruchsgruppe

❐ Solche Analysen konsequent aus dem Blickwinkel der Anspruchsgruppe können die Leistungserbringer unterstützen, die verzerrenden Effekte ungleicher Machtverteilung im Sinne der rat-/hilfesuchenden Person auszugleichen. Diese Effekte sind nicht nur auf Seiten der Kostenträger zu suchen sondern auch im primären Hilfesystem bzw. im familiären System. Beispielsweise können Angehörige bei der Entscheidung für einen Heimplatz einen größeren Einfluss nehmen als die Person selbst, die ihren Lebensmittelpunkt in dem Heim finden soll. Dabei können die Prioritäten der Angehörigen, z. B. schnelle Erreichbarkeit, geringe Heimkosten, stärker berücksichtigt werden als diejenigen der pflegebedürftigen Person, z. B. angenehme, Vertrauen stiftende Atmosphäre und Gemeinschaft, ausreichend Rückzugsmöglichkeiten.

❐ Die Priorisierung unterstützt bei der Strategieentwicklung in Bezug auf die Fokussierung von Ressourcen und auf die zielgerichtete Berücksichtigung von Interessen, die in Organisationen der Sozial- und Gesundheitswirtschaft sehr vielschichtig sind.

Design

Standbild

Standbild

Quelle: Bundeszentrale für politische Bildung 2010

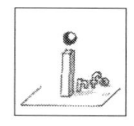

Kurzbeschreibung der Methode

Ein Standbild ist eine darstellende Methode aus der Dramaturgie, die es ermöglicht, die Sichtweise zu einem Problem oder zu einem Thema einmal anders auszudrücken als mit Worten. Das Standbild gibt in eingefrorener Form die Gefühle und Beziehungen der handelnden Personen zueinander wieder. Es ermöglicht den AkteurInnen, sich in die Gefühle und in das Erleben der Personen hineinzuversetzen. Das Verharren in einer Szene und Position intensiviert das Erleben dieser Emotionen. Die Methode wird viel im therapeutischen Bereich eingesetzt, kann aber auch den Design-Prozess unterstützen, indem die Empathie für die Sichtweise der Situation durch die AdressatIn bzw. KundIn gefördert wird.

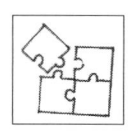

Umsetzung der Methode

Zunächst ist die Schlüsselsituation, die im Standbild dargestellt werden soll, zu definieren. Die Gruppe bestimmt eine RegisseurIn, die aus den Körpern der TeilnehmerInnen ein Standbild modelliert. Diese nehmen die ihnen zugewiesene Haltung ein, einschließlich Mimik und Gestik. Die RegisseurIn entscheidet, wann das Bild vollendet ist und fordert die Beteiligten nach Vollendung auf, 30 Sekunden in der jeweiligen Position zu verharren und nicht zu sprechen. BeobachterInnen erhalten die Gelegenheit, das Bild auf sich wirken zu lassen. In dieser Zeit kann ein Foto (unter Beachtung der Persönlichkeitsrechte und der einschlägigen Datenschutzbestimmungen) gemacht werden. Anschließend beschreiben die AkteurInnen, wie sie sich in ihrer Rolle und in der Position gefühlt haben. Auch die BeobachterInnen beschreiben das Bild und wie es auf sie wirkte. Die RegisseurIn gibt zuletzt ihre Interpretation dazu. Die RegisseurIn moderiert die anschließende Diskussion und achtete dabei darauf, dass konsequent die Sichtweise der „KundIn" eingenommen wird. Die Design-Gruppe erarbeitet Variationsmöglichkeiten und Lösungen, für eine gelungenere Situation. Diese wird erneut in einem Standbild plastisch dargestellt. Dieser Prozess kann solange wiederholt werden, bis die TeilnehmerInnen das Gefühl haben, dass die Situation den Ansprüchen der „KundIn" entspricht.

Teil II: Social Service Design

Variationsmöglichkeiten

- ☐ Standbild ohne Regisseur: Gruppe formt sich nach Absprache selbst.
- ☐ Realbild ↔ Ideal/Wunschbild kontrastieren lassen
- ☐ Baumeister oder Beobachter tritt als „Alter Ego" auf: Er tritt hinter die gestaltete Person, legt die Hand auf deren Schulter und spricht in Ich-Form aus, was dieser seiner Meinung nach gerade denkt oder fühlt.
- ☐ „Verflüssigen" von Bildern: Die Situation im Bild wird spontan weitergespielt.
- ☐ „Puzzle": Eine TeilnehmerIn nimmt eine Position ein, andere folgen ihr nacheinander.

erwünschte Wirkungen der Methode

Perspektivenwechsel

- ☐ sensibilisierender, individualisierender Zugang zu Schlüsselsituationen mit KundInnen
- ☐ Perspektivenwechsel aus der Sicht der professionell Helfenden in die Perspektive der rat-/hilfesuchenden Person
- ☐ Visualisierung von Gedanken und Gefühlen
- ☐ Alternative zu verbaler Kommunikation
- ☐ Form variierbar
- ☐ wenig Vorkenntnisse im szenischen Spiel notwendig
- ☐ fördert Gruppen- und Betriebsklima
- ☐ Phantasie als gestaltendes und produktiv-analytisches Lernverfahren
- ☐ Lösungen werden von den MitarbeiterInnen selbst erarbeitet und deren Wirkung unmittelbar erfahren: fördert die Motivation, die verbesserte Leistung auch mit der KundIn umzusetzen

Design MANAGEMENT

Dienstleistungs-Blaupause oder Prozesskarte oder Kunden-Erfahrungskarte
(Service Blueprinting Customer Experience Map, Customer Journey Mapping)

Quelle: Shostack L. 1984

Dienstleistungs-Blaupause oder Prozesskarte oder Kunden-Erfahrungskarte

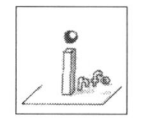

Kurzbeschreibung der Methode

Es handelt sich um die Visualisierung des Dienstleistungsprozesses aus der Perspektive der „KundIn". Dabei können die Aktivitäten der „KundIn", die Kontaktpunkte mit der Dienstleistungsorganisation, die für die „KundIn" sichtbaren und unsichtbaren (*back office*) Anteile des Leistungserstellungsprozesses, unterstützende Prozesse und emotionale Erfahrungen der „KundIn" abgebildet werden. Diejenigen Kontaktpunkte der „KundIn" mit der DL-Organisation, die für deren Wahrnehmung und Erfahrung der Leistung von entscheidender Bedeutung sind, werden als *„Momente der Wahrheit"* (*Moments of Truth*) bezeichnet. Diese entscheiden, ob die „KundIn" das Leistungsangebot überhaupt annimmt und letztlich weiterempfiehlt und ob ein Wert im erweiterten Sinne geschöpft werden kann. Die sog. *Sichtbarkeitslinie (line of visibility)* trennt die für die KundIn sichtbaren Anteile des Leistungserstellungsprozesses von den unsichtbaren, organisationsinternen Anteilen. Diese Linie ist zunächst mit Hilfe des Service Blueprinting zu ermitteln und sorgfältig zu gestalten. Dabei können die folgenden Fragen unterstützen:

- Was sieht die „KundIn" eigentlich vom Leistungserstellungsprozess und was liegt im Verborgenen?
- Was soll und was muss für die „KundIn" unsichtbar sein?
- Was soll die „KundIn" sehen bzw. erfahren?
- Wie können Soll-Ist-Abweichungen durch die Gestaltung der Sichtbarkeitslinie minimiert werden? Welche Anteile der Leistung sind zukünftig zu verbergen, welche Anteile müssen für die „KundIn" greifbarer gemacht werden? Was muss dazu hinter der Sichtbarkeitslinie in der Organisation verändert werden?

Momente der Wahrheit (Moments of Truth)

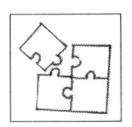

Umsetzung der Methode

Zunächst sind die Anteile der Leistung, die betrachtet werden sollen, zu definieren. Geht es z. B. um das Erstgespräch oder um die Krisenintervention. Das Service Blueprinting kann zusammen mit den Anspruchsgruppen, die von der Leistung in irgendeiner Weise betroffen sind, diese z. B. nutzen, finanzieren oder Einfluss auf deren Qualität nehmen, durchgeführt werden. Dazu sollte eine Moderation eingesetzt werden. Die NutzerIn der Leistung muss hinsichtlich ihrer demographischen und soziographischen Merkmale beschrieben werden – hier können auch Abstraktionen im Sinne der **Persona** vorgenommen werden, sodass die *Prozesskarte* für eine bestimmte Gruppe von EndverbraucherInnen gilt. Um konsequent durch die Augen der „KundIn" den Prozess zu sehen und zu beurteilen, können VertreterInnen der Nutzergruppe eingeladen werden. Hierbei ist vorher gut zu überlegen, in welche Prozesse die „KundIn" eingebunden wird und was für sie wahrnehmbar sein soll. Die Kundenperspektive kann auch stellvertretend durch eine TeilnehmerIn der DL-Organisation eingenommen werden. Dabei sind klare Rollenanweisungen und Regeln wichtig. Die aus Kundensicht wichtigen Kontakt- und Interaktionspunkte müssen identifiziert werden und die dahinter liegenden, unterstützenden und beeinflussenden Prozesse, Personen und Strukturen sind herauszuarbeiten. DesignerInnen wenden dabei kreative und flexible Methoden an und unterstützen den Prozess der „Blaupause" durch Visualisierung z. B. auf einem Whiteboard und mit Post-it-Notes, die schnell an verschiedene Stellen angebracht werden können. Ohne hohen materiellen Aufwand, kann auch einfach das Fenster des Besprechungsraums als Plattform dienen, auf das mit Spezialkreide geschrieben wird und Post-it-Notes geklebt werden können. Es handelt sich um einen dynamischen und iterativen Prozess mit den Beteiligten, wobei es wichtig ist, dass die Moderation darauf achtet, dass die Interessengruppen möglichst gleichberechtigt zu Wort kommen und unabhängig von der Linienfunktion und den Machtkonstellationen in der Organisation ihre Anliegen einbringen können. Vor allem die Kundenperspektive muss konsequent eingenommen werden. Dabei können Abbildungen mit typischen Situationen aus Kundensicht hilfreich sein. Diese können z. B. auch aus der Presse entnommen und stellvertretend eingesetzt werden. Des Weiteren muss die Moderation schließlich dafür sorgen, dass die Analyseergebnisse systematisch auf die Neugestaltung des Leistungsprozesses im Sinne der Produktentwicklung übertragen werden.

Service Blueprinting am Beispiel

back office				
Kommunikationsschulung Arzthelferin	Besucherparkplatz angemietet	Notfallmanagement	Raumplanung und -gestaltung Wartebereich	
EDV gestützte Terminplanung mit Zeitfenster für Notfälle	Standortplanung	digitale Anzeige der Wartezeit	Quiz auf digitaler Anzeige Infomaterial „Durchfallerkrankung"	↑ back office

positive Ereignisse aus Patientensicht
- „nehmen meine Beschwerden ernst" | „Parkplatz gleich vor der Praxis" | „die sind diskret" | „hab's nicht weit zur Toilette"
- „sind flexibel" | | „kann mich auf die Wartezeit einstellen" | „kann mich beschäftigen und die Zeit vergeht schnell"

… flexibel | einfacher Zugang | Diskretion Sicherheit | …

Kontaktpunkte/line of visibility aus Kundensicht

PATIENTIN — Qualitätserwartung

| Terminanfrage | Anfahrt/Eingang | Rezeption | Wartezimmer | Sprechzimmer |

PATIENTIN — Qualitätswahrnehemung

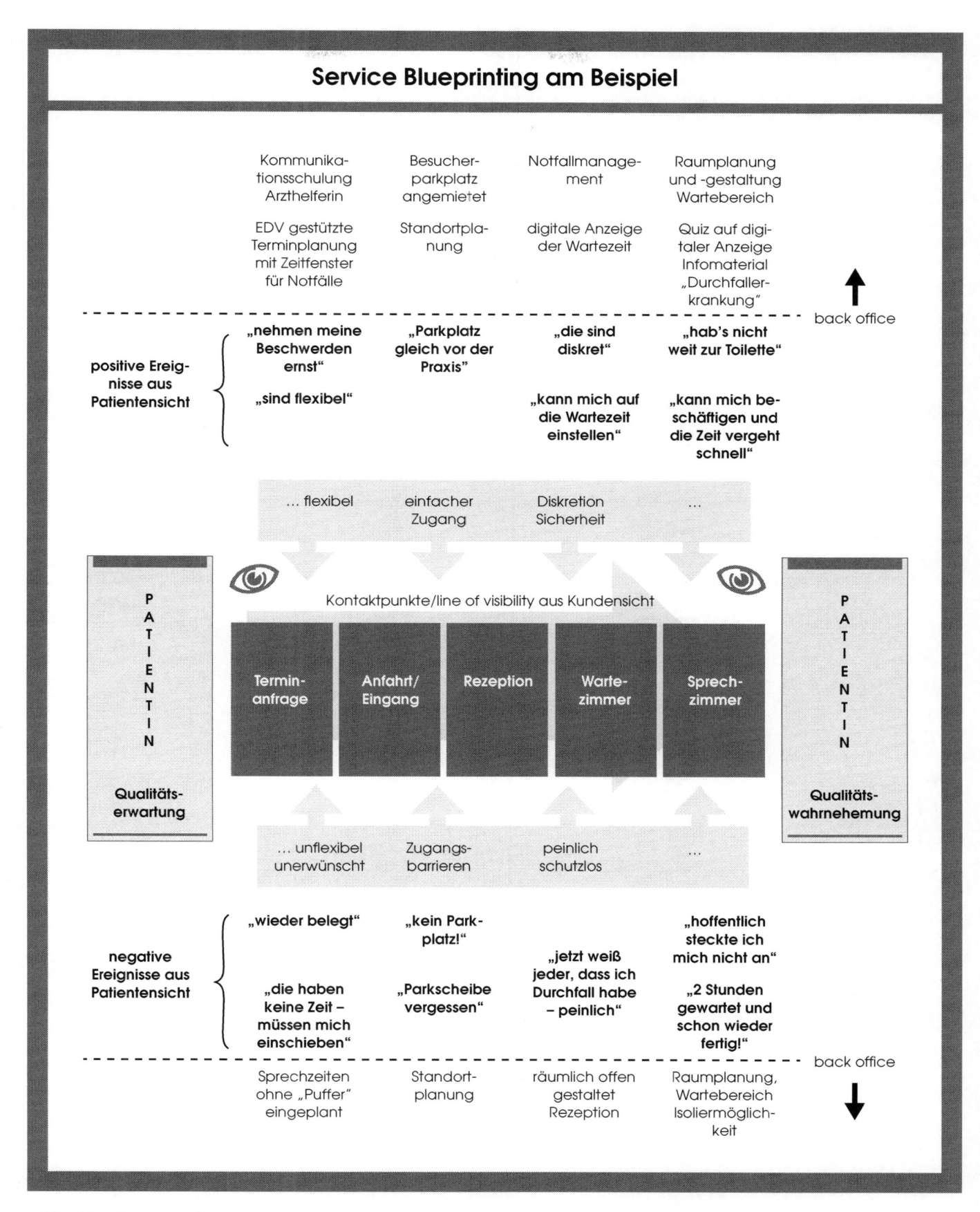

… unflexibel unerwünscht | Zugangsbarrieren | peinlich schutzlos | …

negative Ereignisse aus Patientensicht
- „wieder belegt" | „kein Parkplatz!" | „jetzt weiß jeder, dass ich Durchfall habe – peinlich" | „hoffentlich steckte ich mich nicht an"
- „die haben keine Zeit – müssen mich einschieben" | „Parkscheibe vergessen" | | „2 Stunden gewartet und schon wieder fertig!"

| Sprechzeiten ohne „Puffer" eingeplant | Standortplanung | räumlich offen gestaltet Rezeption | Raumplanung, Wartebereich Isoliermöglichkeit | ↓ back office |

Abb. 18: Service Blueprinting am Beispiel „Hausarztbesuch bei akuter Durchfallerkrankung"

Am **Beispiel „Hausarztbesuch bei akuter Durchfallerkrankung"** soll die „Blaupause" nun erklärt und in Ausschnitten skizziert werden. KundInnen, KlientInnen oder PatientInnen, die Hilfe oder Rat suchen oder an die ein Hilfsangebot mehr oder weniger deutlich herangetragen wird, bringen meist schon eine Vorgeschichte in Bezug auf den Anlass, der dazu führt, dass Hilfe oder Rat erforderlich sind, mit. Die eigene Situation wird durch die „KundIn" interpretiert und vor dem Hintergrund der eigenen Lebenswelt gedeutet. Kommt es beispielsweise zu einer Erscheinung, die die körperliche Funktion von heute auf morgen stark beeinträchtigt, wie eine akute Durchfallerkrankung, dann liegt nicht nur eine körperliche Funktionsstörung vor, sondern die betroffene Person wird insgesamt in ihrer Selbstwahrnehmung und in ihrem Befinden beeinträchtigt. Plötzlich die Kontrolle über die Ausscheidung zu verlieren, die Rollenfunktionen z. B. in der Familie und im Beruf nicht mehr voll ausüben zu können und Missempfindungen wie Schwindel aufgrund des Flüssigkeitsverlustes zu erfahren, bedeutet für die PatientIn ein einschneidendes Erleben. Durch die Erziehung geprägte Bedeutungszuschreibungen spielen insbesondere bei Inkontinenz (nicht kontrollierbare Harn- oder Stuhlausscheidung) eine große Rolle. Verunsichert durch das Krankheitsgeschehen und die möglichen Ursachen ruft die PatientIn beim Hausarzt an, um Hilfe zu bekommen. Die Erwartung von Seiten der PatientIn ist, dass ihre Situation ernst genommen und schnell reagiert wird, um der Unsicherheit und der Missempfindung zeitnah zu begegnen. Elmqvist und KollegInnen haben im Rahmen einer qualitativen Untersuchung (offene Interviews mit PatientInnen, ÄrztInnen und Pflegefach- und Hilfspersonen) in der Notaufnahme eines Krankenhauses herausgearbeitet, dass zu dieser Unsicherheit ein weiterer Unsicherheitsfaktor für die PatientInnen hinzukommt, nämlich nach welchen Regeln nun die „schnelle" Hilfe organisiert ist (Elmqvist et al. 2011). Der Anruf in der Arztpraxis vermittelt der PatientIn ggf. den Eindruck, den geplanten Ablauf nur zu stören, wenn die Sprechstundenhilfe schon etwas genervt anbietet, den „Fall" noch irgendwie dazwischen zu schieben. Der Weg in die Praxis ist auf Seiten der PatientIn begleitet von der Angst, vom Stuhldrang unterwegs überrascht zu werden. Dazu kommt noch, dass es keinen Parkplatz vor der Praxis gibt und zuerst eine Parkuhr mit passendem Kleingeld bedient werden muss, bevor die PatientIn zur Praxis gehen kann. Kaum angekommen, rührt sich der Darm und will entleert werden. Unter den vielen gleich aussehenden Türen in der Praxis ist nun die Toilettentüre schnell herauszufinden, um unhöflich, noch bevor man sich begrüßen konnte, darin zu verschwinden. Etwas erleichtert kommt die PatientIn zurück zur Rezeption, an der noch zwei weitere PatientInnen warten, um sich anzumelden. Die Türe zum nahegelegenen Wartezimmer steht offen und das peinliche Anliegen muss vor den Mithörern der Sprechstundenhilfe gegenüber zur Rechtfertigung der Dringlichkeit geäußert und beschrieben werden. „Ja, dann schieben wir Sie halt ein. Aber da müssen Sie schon mit Wartezeit rechnen." Dieser Satz von der Sprechstundenhilfe gibt ein wenig Hoffnung, aber hinterlässt auch eine große Unsicherheit über die nur vage angedeutete Wartezeit. Auf dem Weg zum Wartezimmer bekommt die PatientIn dann noch mit, dass ein weiterer „Notfall" hereingekommen ist. Sie kann nicht einschätzen, ob dieser Fall nun dringlicher ist und vorgezogen werden muss. Die Regeln, nach denen nun das augenscheinlich überfüllte Wartezimmer ge-

Design

leert werden soll, liegen im Verborgenen. Vage Vermutungen über die Kriterien, nach denen die PatientInnen aufgerufen werden, kreisen in den Köpfen der Wartenden, manchmal werden sie auch laut geäußert, wenn es zu Irritationen kommt. Wird nach dem Prinzip „first come, first serve" ausgewählt oder haben Privatversicherte immer Vorrang oder geht es nach medizinisch begründeter Dringlichkeit? Elmqvist und KollegInnen nennen diese Regeln „rules of the game" (Elmqvist et al. 2011: 2611), die unausgesprochen im Hintergrund liegen. Manchmal sind diese Regeln sogar dem Dienstleister selbst nicht klar.

Rules of the Game

Ein Standard zur Vorgehensweise bei PatientInnen mit akuten Erkrankungen oder bei Notfällen, sowie eine flexible Planung der Sprechzeit mit „Puffer" kann zumindest eine geeignete Struktur bieten. Die medizinische Ersteinschätzung eines akuten Krankheitsfalls sowie dessen Klassifikation (z. B. als Notfall, akuter Krankheitsfall ersten, zweiten usw. Ranges) nach anerkannten Richtlinien gäbe auf beiden Seiten, auf Seiten der PatientInnen und der PraxismitarbeiterInnen, Sicherheit. Wird dann vielleicht noch im Wartezimmer die Wartezeit digital angezeigt, können sich die PatientInnen darauf einstellen. Die LeserIn kann an dieser Stelle ihre eigene Phantasie weiter spielen lassen, wie das „Spiel" weiter geht und welche Regeln hilfreich wären. Dabei sind auch die Kontextbedingungen (Toilette, Hygiene, Interaktion zwischen den PatientInnen, räumliche Gestaltung der Rezeption u.v.m.) ebenfalls in den Blick zu nehmen.

erwünschte Wirkungen der Methode

- Neuanlage und konsequente Ausrichtung der Dienstleistung an der EndverbraucherIn
- Identifikation von Kontaktpunkten, die für die Wertschöpfung von Bedeutung sind
- Identifikation von wichtigen DL-Organisations-internen Unterstützungsprozessen, -personen und Strukturen
- Sichtbarmachen der Kundenperspektive und deren Wahrnehmung der Dienstleistung
- Höhere Zuverlässigkeit als Intuition und in der Gruppe (auf Seiten des Leistungserbringers) verstärkte Auffassungen darüber, was die Belegschaft glaubt, wie die KundIn die Leistung wahrnimmt und was für die KundIn wichtig ist
- Effizienzsteigerung der Leistungs- bzw. Produktentwicklung und -verbesserung
- gemeinsamer Bezugspunkt für alle Anspruchsgruppen und organisationsinternen Personen, die am Leistungserstellungsprozess unmittelbar oder mittelbar (backoffice) mitwirken
- kann auch als Tool verwendet werden, um die Wirkung von Veränderungs- und Verbesserungsprozessen zu evaluieren (Hollins 1991)

Verhaltens-Landkarte (Behavioral Map)

Quelle: Larson et al. 2005

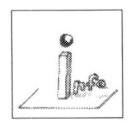

Verhaltens-Landkarte

Erleben des tangiblen Umfeldes

Kurzbeschreibung der Methode

Die Verhaltens-Landkarte ist eine Methode, um die Aktivität einer Person in einer bestimmten Umgebung zu analysieren. Sie ist besonders geeignet, um zu eruieren, wie die KundIn den Raum nutzt und wie sie das tangible Umfeld erlebt. Angesichts der Immaterialität der Dienstleistung in der Angebots- und Ergebnisphase hat die Umgebung, in der die Dienstleistung erbracht wird, eine sehr wichtige Ersatzfunktion. Denken wir nur an unsere Eindrücke als PatientIn im Behandlungszimmer. Sauberkeit, herumstehende Gerätschaften, Licht, Wärme und Farbe vermitteln uns einen ersten Eindruck davon, was uns erwartet. Durch die genaue Aufzeichnung, wo sich die Person, wie lange aufhält, entsteht eine Art Landkarte, anhand der in einem nächsten Schritt, die räumliche Situation gestaltet werden kann. Mit Hilfe moderner Sensortechnik werden solche Raumnutzungsdokumentationen bereits in Ambient Assisted Living Konzepten vorgenommen, um z. B. kritische Raumsituationen im Zusammenhang mit Sturzrisiko zu identifizieren.

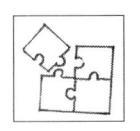

Umsetzung der Methode

Schritt 1: Zunächst ist die NutzerInnengruppe und der Raum bzw. das im Fokus stehende tangible Umfeld zu definieren. Zum Beispiel könnte dies der gemeinsame Aufenthaltsbereich (tangibles Umfeld) in einer ambulant betreuten Wohngemeinschaft mit demenzkranken MieterInnen (NutzerInnen) sein.

Schritt 2: In einem nächsten Schritt ist zu klären, welche Funktion und welche Bedeutung der Raum für die Dienstleistung, die weiterentwickelt werden soll (z. B. Alltagsbegleitung), hat.

Schritt 3: Nun ist zu überlegen, welche Verhaltensweisen und Aktivitäten relevant sind. Beispielsweise könnte dies das gemeinsame Kochen und Backen sein, bei dem die MieterInnen der betreuten Wohngemeinschaft unterstützt durch die AlltagsbegleiterIn je nach ihren Möglichkeiten unterschiedliche Aktivitäten übernehmen.

Schritt 4: Die Personas sind schließlich zu identifizieren. Zum Beispiel die MieterIn, die unter psychomotorischer Unruhe leidet, nicht sitzen und sich frei im Raum bewegen will (sog. wandering), oder die MieterIn, die aufgrund der sehr weit fortgeschrittenen demenziellen Erkrankung, nur noch passiv am Geschehen in einem Multifunktionsrollstuhl teilhaben kann. Und schließlich die MieterIn, die sich aktiv beim Kochen oder Backen beteiligt und noch sehr zielgerichtet umfassende Tätigkeiten übernehmen kann, dabei jedoch ihre Ruhe haben möchte.

Schritt 5: An dieser Stelle, können nun VertreterInnen der Kundengruppen (Personas) hinzugezogen werden oder Teammitglieder, die viel mit den KundInnen unmittelbar interagieren, übernehmen stellvertretend deren Rolle. Eine typische Alltagssituation wird simuliert und mit Hilfe teilnehmender Beobachtung, Videoaufzeichnung oder Sensortechnik werden die Bewegungsmuster dann aufgezeichnet. Die KundIn oder die stellvertretend für die KundIn agierende Person kann ihre Gedanken und Empfindungen während der Simulation laut aussprechen (think aloud method), um noch tiefer in die Sichtweise der KundIn einzutauchen und detailliertere Informationen über die Wirkung der jeweiligen Raumsituation zu bekommen. Sollen die Bewegungsmuster der KundInnen selbst aufgezeichnet werden, so sind die Persönlichkeitsrechte und die einschlägigen Datenschutzbestimmungen zu beachten. In der Marketingliteratur werden vergleichbare Analysen in Bezug auf das Kaufverhalten von KundInnen im Supermarkt mittels Radiofrequenztechnik und Auswertung mit multivariater Cluster Algorithmen beschrieben (vgl. Larson et al. 2005).

Kunden-Stellvertreter

Schritt 6: Die Aufzeichnungen werden auf den Grundriss des Raumes (z. B. DIN A3 oder größerer Papierbogen mit Grundriss des Raums) übertragen und es entsteht eine Art Landkarte.

Schritt 7: Analysieren der Landkarte. Anders als im Profit-Bereich, die die Raumgestaltung danach ausrichtet, die Kundenbindung und den Absatz zu erhöhen, kann die Analyse im sozialen und gesundheitlichen Sektor dafür eingesetzt werden, eine Person-fördernde Umgebungsgestaltung systematisch zu unterstützen. Folgende beispielhaft aufgeführten Fragen können die Analyse fokussieren:

Raumgestaltung

- Wo hält sich die Person am längsten im Raum auf?
- Werden Raumbereiche gemieden?
- Wie sind die Lichtverhältnisse an den Stellen im Raum, wo sich die Person am längsten aufhält und wo sie arbeiten, wie z. B. das Schneiden von Gemüse, durchführt?

☐ Welche Bewegungsspielräume bietet der Raum? Wenn die MieterIn im Multifunktionsrollstuhl auf die Toilette muss, wie weit muss sie gefahren werden und wie viel Raum steht in der Toilette für den durch die Pflegekraft assistierten Transfer vom Rollstuhl auf die Toilette zur Verfügung? Wie empfinden die MitbewohnerInnen den Toilettengang während der Zubereitung des Essens? Sind durch die Toilettentüre Geräusche zu hören? Kann sich die MieterIn mit psychomotorischer Unruhe frei in dem Raum bewegen? Sind die am häufigsten genutzten Gehstrecken bzgl. Sturzrisiko sicher?

Interaktion

☐ Wie unterstützt der Raum die Interaktion mit der MieterIn? Kann die AlltagsbegleiterIn alle am Kochen teilnehmenden MieterInnen gleichzeitig sehen und beobachten? Gibt es auch Rückzugsmöglichkeiten für noch recht selbständige MieterInnen, die ungestört einer Tätigkeit in der Küche nachgehen wollen?

Reorganisation der Raumverhältnisse

Schritt 8: Reorganisation der Raumverhältnisse auf Basis der Analyseergebnisse. Z. B. kann eine Konsequenz aus der Analyse sein, dass an bestimmten Stellen im Raum Lampen mit Licht höherer Lux-Zahl und Bewegungsmelder angebracht werden müssen. Ggf. ist die Toilettentüre mit schalldämpfendem Material auszukleiden oder „Inseln" mit Fingerfood für die umherwandernde

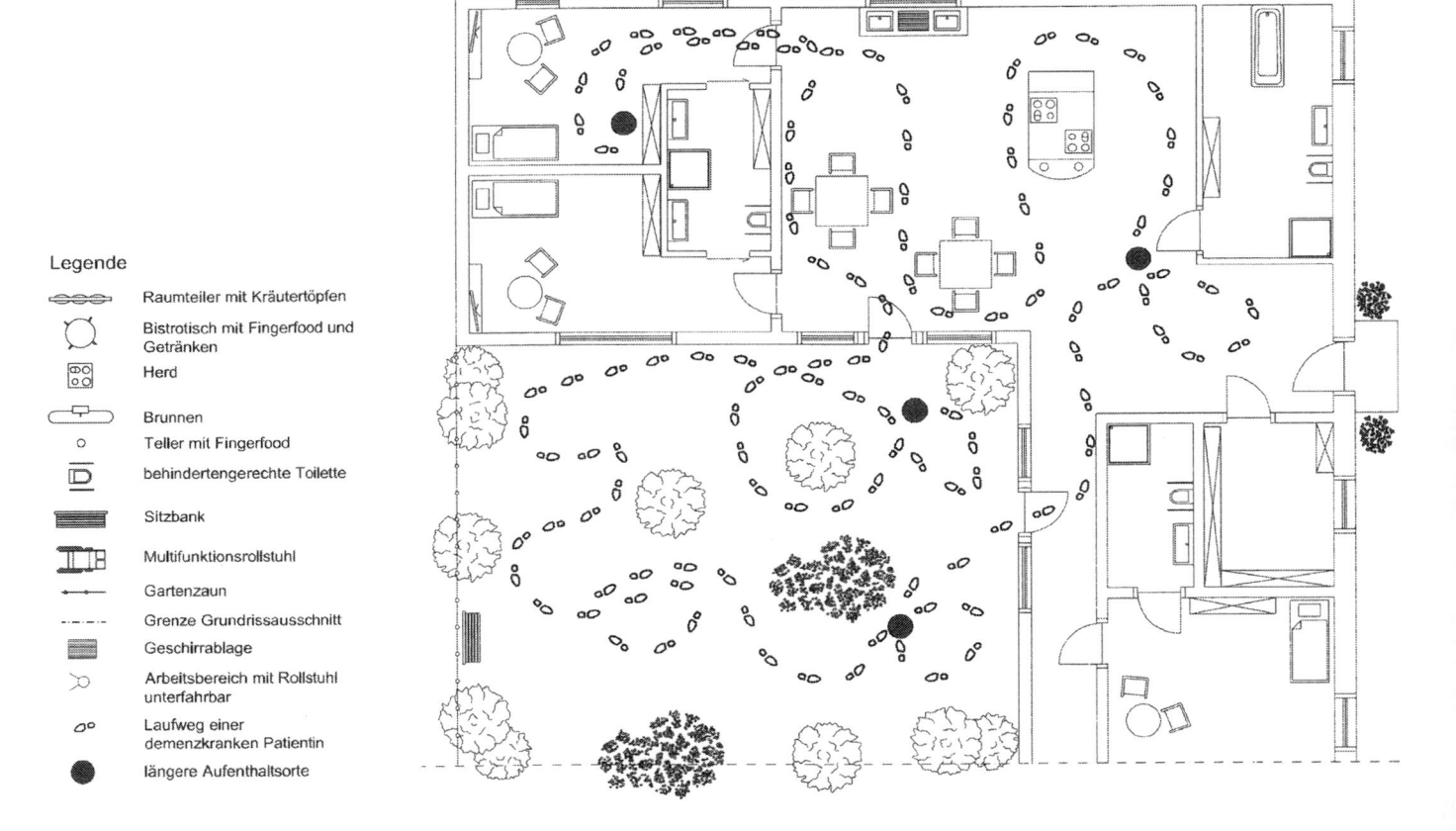

Abb. 19: Behavior Mapping am Beispiel ambulant betreute Demenz-WG

Design   MANAGEMENT

BewohnerIn sind einzurichten. Oft können kleine Veränderungen, die nicht viel kosten müssen, das Raumempfinden der MieterIn schon wesentlich günstiger beeinflussen. Ein flexibler Raumteiler mit Kräutertöpfen kann eine Rückzugsmöglichkeit bieten und zugleich für die umherwandernde BewohnerIn eine willkommene Stelle zum Innehalten, Riechen und Schmecken (Basale Stimulation) sein.

👍 erwünschte Wirkungen

- Besseres Verstehen des Raumerlebens der KundIn.
- Reorganisation des Raums mit positiven Wirkungen auf das Raumerleben der KundIn und auf die Interaktion mit der KundIn.
- Weiterführende erwünschte Wirkungen für das allgemeine Wohlbefinden und die Lebensqualität sowohl der KundIn als auch der Kundenkontaktperson, die in dem Raum mit der KundIn interagiert.
- Positive Wirkungen auf die Gesundheit der Personen, die in dem Raum arbeiten und leben.

Raumerleben der KundIn

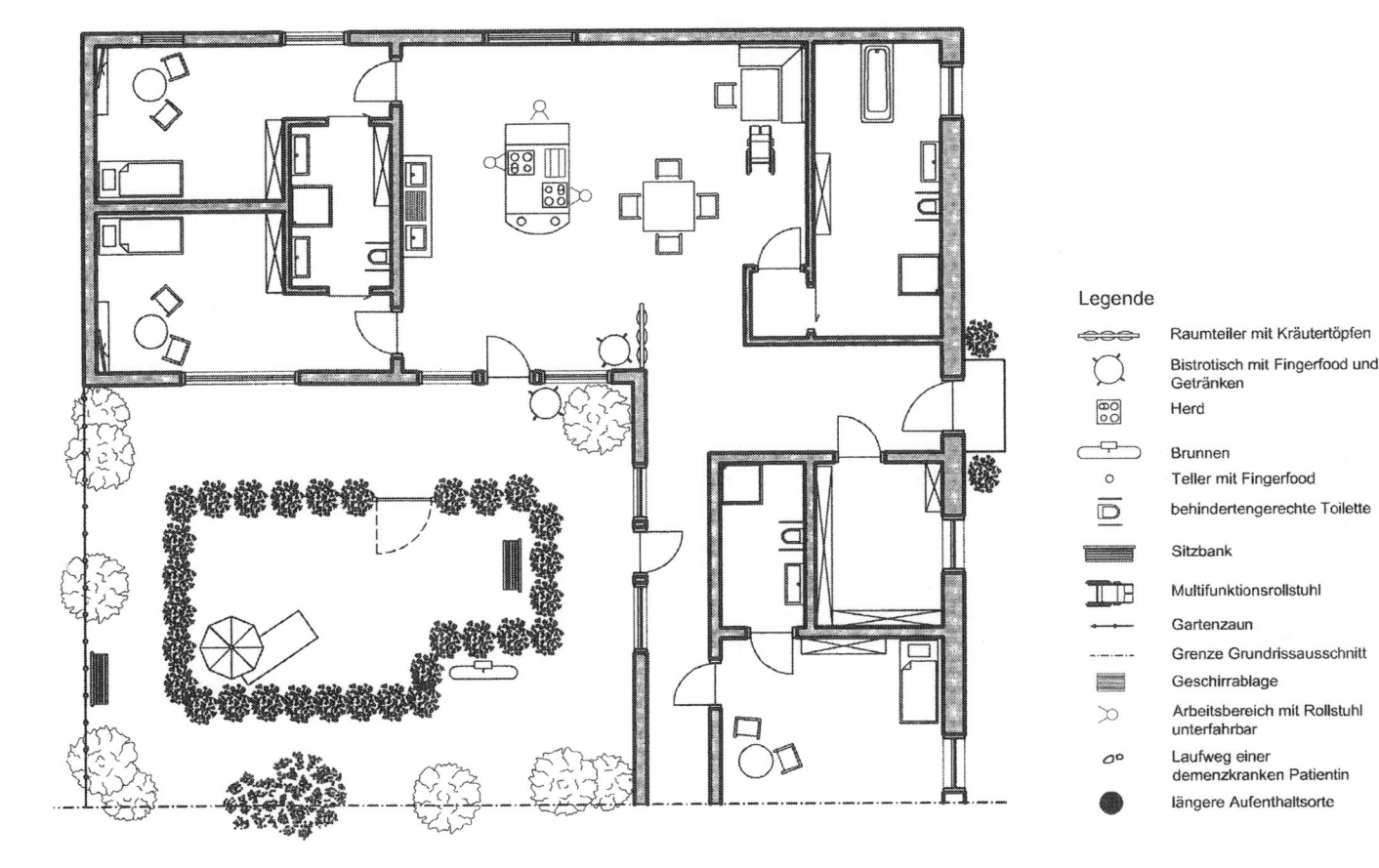

Abb. 20: Raum-Neugestaltung nach Auswertung der Behavior Map

Legende:
- Raumteiler mit Kräutertöpfen
- Bistrotisch mit Fingerfood und Getränken
- Herd
- Brunnen
- Teller mit Fingerfood
- behindertengerechte Toilette
- Sitzbank
- Multifunktionsrollstuhl
- Gartenzaun
- Grenze Grundrissausschnitt
- Geschirrablage
- Arbeitsbereich mit Rollstuhl unterfahrbar
- Laufweg einer demenzkranken Patientin
- längere Aufenthaltsorte

115

Empathie-Karte

Empathie-Karte (empathy map)

*Quelle: Gray et al. 2010, 65f.
Gray et al. verweisen auf den Erfinder der „Empathy Map"
Scott Matthews von XPLANE.*

Kurzbeschreibung der Methode

Die Empathie-Karte unterstützt das Design Team darin, sich in die Sichtweise und die Gefühle der KundIn hineinzuversetzen. Dabei wird strukturiert vorgegangen und am Ende des Prozesses werden für die KundIn sinnstiftende und wertschaffende sowie auch depersonalisierende und schmerzhafte Erfahrungen identifiziert. Im Mittelpunkt der Betrachtung kann eine Person, eine Gruppe oder ein Typus („Persona") stehen.

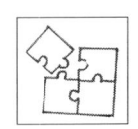

Umsetzung der Methode

Die Gruppe sollte aus mindestens 3 und höchstens 10 Mitgliedern bestehen. Für die Durchführung sind ca. 15 Minuten Zeitbedarf zu rechnen.

1. In die Mitte eines Flipchartpapiers oder Metaplanwand wird ein Kreis in Form eines Kopfes gezeichnet. Dem symbolischen Kopf sollen Augen, eine Nase, Mund und ggf. auch Ohren gegeben werden, um die MitarbeiterInnen auf die Kundenperspektive einzustimmen. Es soll klar werden, es geht um die KundIn als Mensch mit Gefühlen, mit Eindrücken und Gedanken, die für die Person in der Situation von Bedeutung sind. Um diesen Kreis herum wird ein großes Rechteck gezeichnet, welches schließlich in so viele Sektoren aufgeteilt wird, wie die Gruppe unterschiedliche Dimensionen der Wahrnehmung der KundIn bearbeiten will. Dabei können je nach Dienstleistung Schwerpunkte gesetzt werden. Gray und KollegInnen geben folgende Dimensionen vor: „Thinking", „Seeing", „Hearing", und „Feeling".

Thinking, Seeing, Hearing und Feeling

2. Nun werden die Teammitglieder aufgefordert, aus der Sicht der Person im Zentrum die Wahrnehmungen, Gedanken und Gefühle zu beschreiben. Dabei sollen Zweifel darüber, ob die Einschätzung dieser Wahrnehmungen auch tatsächlich mit denen der KundIn übereinstimmen, durch die Moderatorin aufgenommen werden. Die Beiträge werden den jeweiligen Sektoren zugeordnet (in der Abb. 21 durch die symbolisch skizzierten, angehefteten Karteikarten dargestellt). Die Formulierungen sollen so gewählt werden, dass die Kundenwahrnehmung möglichst plastisch und authentisch zum Ausdruck kommen. Bildaufnahmen oder Ausschnitte aus Berichten oder Kundenmitteilungen (z. B. aus dem „Beschwerdekasten") können die Authentizität erhöhen und die KundIn für das Team erlebbar machen.

Design   MANAGEMENT

3. In einem weiteren Schritt sind die beschriebenen Wahrnehmungen, Gedanken und Gefühle den Kategorien „pain" (depersonalisierende Wahrnehmungen) und „gain" (Sinn stiftende, positive und Wert schaffende Wahrnehmungen) zuzuordnen.
4. Schließlich kann eine andere Gruppe mit der Empathie-Karte weiter arbeiten und Vorschläge für Verbesserungen (Weiterentwicklung der Dienstleistung in Richtung Sinn stiftendes Erleben der KundIn und Wertschaffung) entwickeln.

Pain
Gain

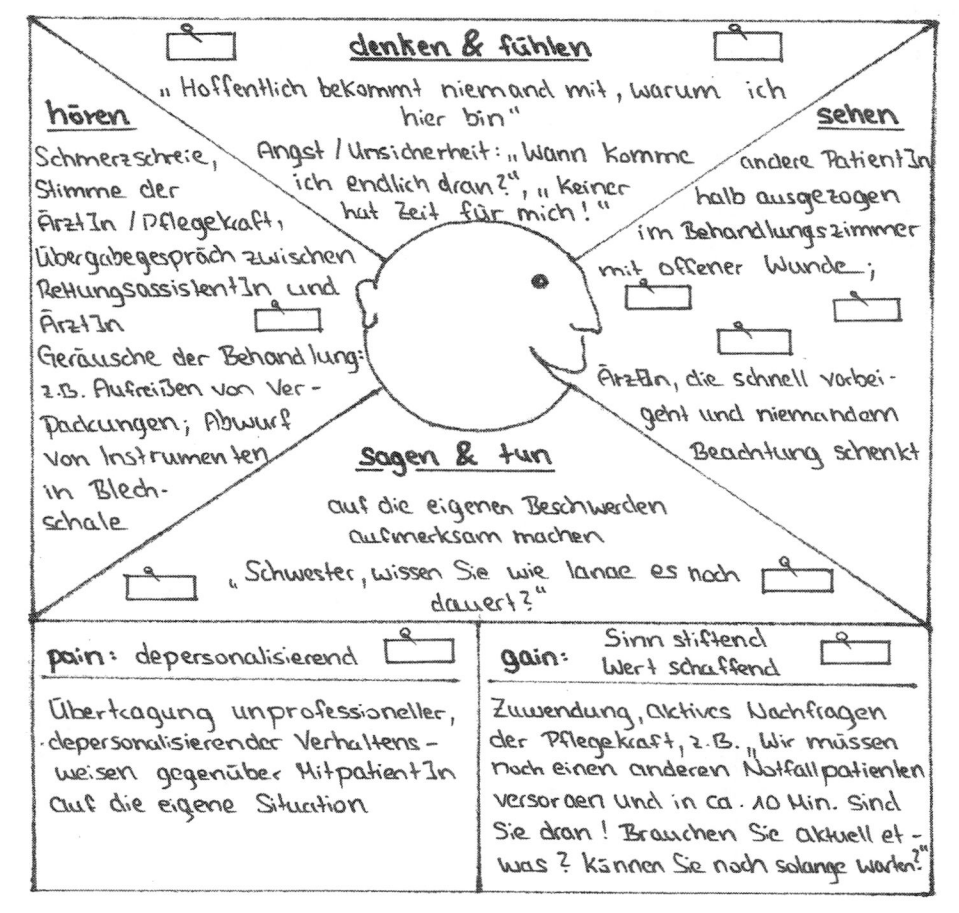

Abb. 21: Empathie-Karte am Beispiel: wartende PatientIn in der Notaufnahme eines Krankenhauses

erwünschte Wirkungen

- Verbesserter, verstehender Zugang zur KundIn und zu den Kontextbedingungen
- Förderung der Empathie
- Erweiterung der Sichtweise auf das Erleben der KundIn durch den Austausch mit KollegInnen aus unterschiedlichen Organisationsbereichen mit jeweils eigenen Blickwinkeln

Serivcemodellierung

4.4 Tools für die Strategieentwicklung und Serivcemodellierung

Die tieferen Einblicke in das Erleben der KundIn müssen in einem nächsten Schritt nun zu neuen Ideen und Konzepten für die Dienstleistung geformt werden. Die Methoden, die hier nur auszugsweise vorgestellt werden können, dienen dazu, aus möglichst vielen verschiedenen Bereichen des Unternehmens die unterschiedlichen Sichtweisen der MitarbeiterInnen auf die Situation der KundIn zusammenzuführen. Dabei sollen stets Kundenkontaktpersonen involviert sein und gezielt können auch die EndverbraucherInnen selbst in die Umsetzung der Tools einbezogen werden. Sollen die KundInnen bei der Produkt- und Strategieentwicklung beteiligt werden, so ist die Sichtbarkeitslinie (line of visibility) sorgfältig zu gestalten und unternehmensintern mit dem strategischen Management und der Leitung abzusprechen.

Internes Marketing

Lernende Organisation

Die Methodik kann in Bezug auf soziale und gesundheitsbezogene DL mehrfache Wirkungen entfalten. Einerseits in Bezug auf die bessere Ausrichtung der DL an den Anforderungen der NutzerInnen und andererseits in Bezug auf das interne Marketing. Im Rahmen der Umsetzung der Methoden können Marketingziele und Strategien mit den MitarbeiterInnen kommuniziert und konkret umgesetzt werden. Die MitarbeiterIn selbst wird durch ihre aktive Einbindung in den Produktentwicklungsprozess mit ihren Erfahrungen und Sichtweisen bzgl. Kundensituation wertgeschätzt, was von hoher Bedeutung für das Personalmarketing ist. Auch das Unternehmen profitiert im Sinne der lernenden Organisation. Kommunikationsstrukturen und -kulturen können bereichert werden, wenn z. B. Besprechungstermine statt der üblichen Moderation kreative Methoden als Abwechslung bieten. MitarbeiterInnen können aus einer eher passiven, konsumierenden Haltung gelöst und zum Mitgestalten in der Organisation ermutigt werden. Wenn dann am Ende ein reales Produkt steht, das mit den KundInnen umgesetzt wird, so erfahren die MitarbeiterInnen das Ergebnis ihrer Mitarbeit unmittelbar und als sinnvoll. Auch für das Change Management können die durchwegs demokratischen Methoden positive Wirkung entfalten, indem Widerstände gegen Veränderungen und Neuerungen abgebaut oder erst gar nicht aufgebaut werden, denn die MitarbeiterInnen sind von Anfang an, in den Produktentwicklungsprozess einbezogen und gestalten diesen mit.

Design · MANAGEMENT

Strategieentwicklung
635-Methode (Method 635)

Quelle: Rohrbach Bernd: Creativity by rules – Method 635, a new technique for solving problems. Absatzwirtschaft 12, 1969, S. 73–75

635-Methode

Kurzbeschreibung der Methode

Die 635-Methode ist eine strukturierte Form des Brainstormings. Charakteristisch für das Brainstorming ist die freie und kreative Ideensammlung zunächst ohne Bewertung.

Den Organisationen geht viel Innovationskraft dadurch verloren, dass Kundenkontaktpersonen und MitarbeiterInnen im Backoffice aufgrund der Machtstrukturen in der Organisation sich nicht zutrauen, ihre Ideen und Erfahrungen im unmittelbaren Kundenkontakt bei der Produktentwicklung einzubringen. Die 635-Methode ist eine Möglichkeit, Machtkonstellationen und Besitzdenken in Bezug auf die Idee bei der Ideengenerierung möglichst auszuschalten.

Entfaltung der Innovationskraft in der Machtstruktur der Organisation

Die TeilnehmerInnen können ihre Ideen spontan äußern, ohne dass diese durch die anderen TeilnehmerInnen kommentiert oder bewertet werden. Die IdeengeberIn beansprucht die Idee nicht für sich. Sobald der Vorschlag in den Ideen-Pool gegeben wurde, gehört er nur noch der Sache, im Sinne der Produkt- und Strategieentwicklung. Eine ModeratorIn achtet darauf, dass die Regeln eingehalten werden. Auch Vorschläge, die zunächst so erscheinen, als hätten sie mit dem Thema nichts zu tun oder wären ungeeignet, werden aufgenommen und dokumentiert. Die 635-Methode gibt für das Brainstorming eine Struktur vor, mit der ein Multiplikationseffekt in der Ideengenerierung erzielt werden kann.

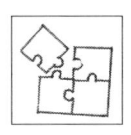

Umsetzung der Methode

Für die Umsetzung werden 6 TeilnehmerInnen gebraucht. Dabei sollte sich die PlanerIn bzw. ModeratorIn vorher überlegen, aus welchen Unternehmensbereichen diese 6 TeilnehmerInnen kommen sollen. Manchmal ist es hilfreich, wenn die TeilnehmerInnen aus möglichst unterschiedlichen Unternehmensbereichen kommen, um möglichst viele Sichtweisen auf das zu entwickelnde Leistungsgeschehen zu haben. Soll z. B. ein Beratungsangebot zugehend und aufsuchend statt wie bisher mit einer Komm-Struktur (Rat Suchende kommen in die Beratungsstelle) gestaltet werden, so empfiehlt es sich, MitarbeiterInnen nicht nur aus dem internen Geschäftsbereich sondern auch AußendienstmitarbeiterInnen einzubeziehen. Die 6 TeilnehmerInnen schreiben nun

Demokratischer Ansatz

spontan 3 Vorschläge für die Gestaltung des neuen Leistungsangebotes auf eine Moderationskarte. Diese Moderationskarte wandert im nächsten Schritt zur NachbarIn, die ihre Einfälle zu den 3 Vorschlägen auf die Karte notiert. Die Karten werden insgesamt 5-mal weitergegeben. Je nachdem wie viele Ideen pro Runde hinzugefügt werden, entsteht eine Vielzahl von möglichen Ansätzen für die Produkt- bzw. Strategieentwicklung. Wichtig ist, dass die Moderationskarten immer in eine Richtung weitergegeben werden und keine Diskussion der Ideen stattfindet, sondern sich die TeilnehmerInnen nur von den formulierten Ideen ihrer VorgängerInnen leiten lassen. Es sollte eine nicht zu lange Zeitvorgabe (z. B. 3 Minuten) für die jeweiligen Runden geben. Damit die Einfälle wirklich spontan und frei formuliert werden können, bedarf es einer Atmosphäre, in der sich die MitarbeiterInnen geschützt und selbstbestimmt fühlen. Die 635-Methode ist ein demokratischer Ansatz, der davon ausgeht, dass jede MitarbeiterIn einen wertvollen Beitrag zur Lösung einbringen kann. Am Ende der 5. Runde werden die gesammelten Vorschläge dann diskutiert, strukturiert (z. B. unter Bildung von Kategorien) und bewertet. Da niemandem die Ideen gehören und aufgrund der Vielzahl der Ideen auch kaum noch zu rekonstruieren ist, welche Idee von wem stammt, kann freier über die Vorschläge diskutiert werden.

Abb. 22: 635-Methode

erwünschte Wirkungen der Methode

❏ Schnelle Generierung von vielen Ideen zur Produkt- und Strategieentwicklung
❏ MitarbeiterInnen fühlen sich mit ihren Sichtweisen anerkannt und wertgeschätzt
❏ Bessere Lösungen aufgrund verschiedener Sichtweisen, Erfahrungshintergründe und Qualifikationen

Design MANAGEMENT

Service-Modellierung

Quelle: Yoji Akao: QFD-Quality Function Deployment. Verlag Moderne Industrie, Landsberg/Lech 1992
Emil Jovanov: „Service-QFD: Mit Quality Function Deployment zu innovativen Dienstleistungen" 1. Auflage, Symposion Publishing, Düsseldorf 2011

Service Design Prozess

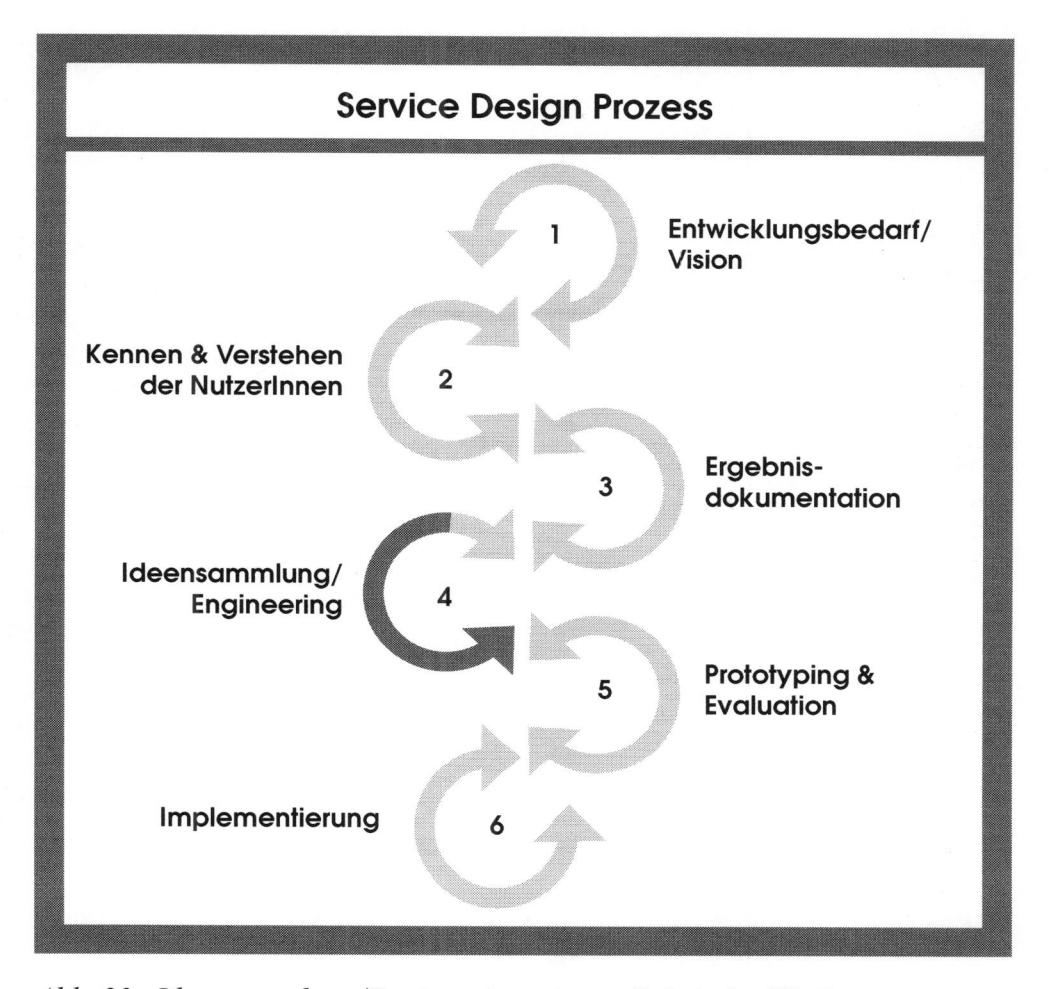

1. Entwicklungsbedarf/Vision
2. Kennen & Verstehen der NutzerInnen
3. Ergebnisdokumentation
4. Ideensammlung/Engineering
5. Prototyping & Evaluation
6. Implementierung

Abb. 23: Ideensammlung/Engineering, vierter Schritt im SD-Prozess

Für dieses Tool gibt es in der Literatur unterschiedliche Bezeichnungen:

Kunden-Bedürfnis-Matrix, „Haus der Qualität", Customer Needs Matrix, House of Quality oder Quality Function Deployment (QFD) oder NutzerInnen inspirierte Produktentwicklung (User-inspired Service Design)

Haus der Qualität

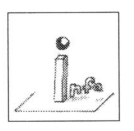

Kurzbeschreibung der Methode

Das Quality Function Deployment (QFD) ist eine Planungs- und Kommunikationsmethode, um Dienstleistungen kundenorientiert zu entwickeln und dabei die Ressourcen der Organisation gezielt zusammenzuführen. Die Bezeichnung des Tools ist das Ergebnis einer nicht ganz gelungenen Übersetzungsleistung vom Japanischen ins Englische. Kunden und Marktanforderungen werden systematisch in konkrete Produktanforderungen übersetzt. Dabei entstehen ganz neue oder wesentlich weiterentwickelte Produkte/ Dienstleistungen. Der Entwicklungsprozess wird durch die KundIn bzw. NutzerIn der sozialen bzw. gesundheitsbezogenen Dienstleistung inspiriert, sodass eine treffendere Bezeichnung ***NutzerInnen-inspirierte Produktentwicklung*** wäre. Der Kundenbegriff schließt interne KundInnen, z. B. direktes Kundenkontaktpersonal ein. QFD kann im Design Prozess sowohl auf der Ebene der Service-Modellierung, also Neuanlage und Testung einer Dienstleistung, als auch auf der Ebene der Implementierung angewandt werden. QFD unterstützt insbesondere den Prozess der Entwicklung der betrieblichen Strukturen und Abläufe, um die neue Dienstleistung anbieten und effizient umsetzen zu können.

Die interprofessionelle und bereichsübergreifende Zusammenarbeit bei der Produktplanung, Entwicklung und Dienstleistungserstellung mit der KundIn und das Marketing werden mit QFD gefördert. Die „Sprache des Kunden" wird in technisch-konstruktive Spezifikationen und Merkmale der Dienstleistung übersetzt. QFD hat hier eine Dolmetscher Funktion.

NutzerInnen-inspirierte Produktentwicklung

Dolmetscher Funktion

Design | MANAGEMENT

House of Quality

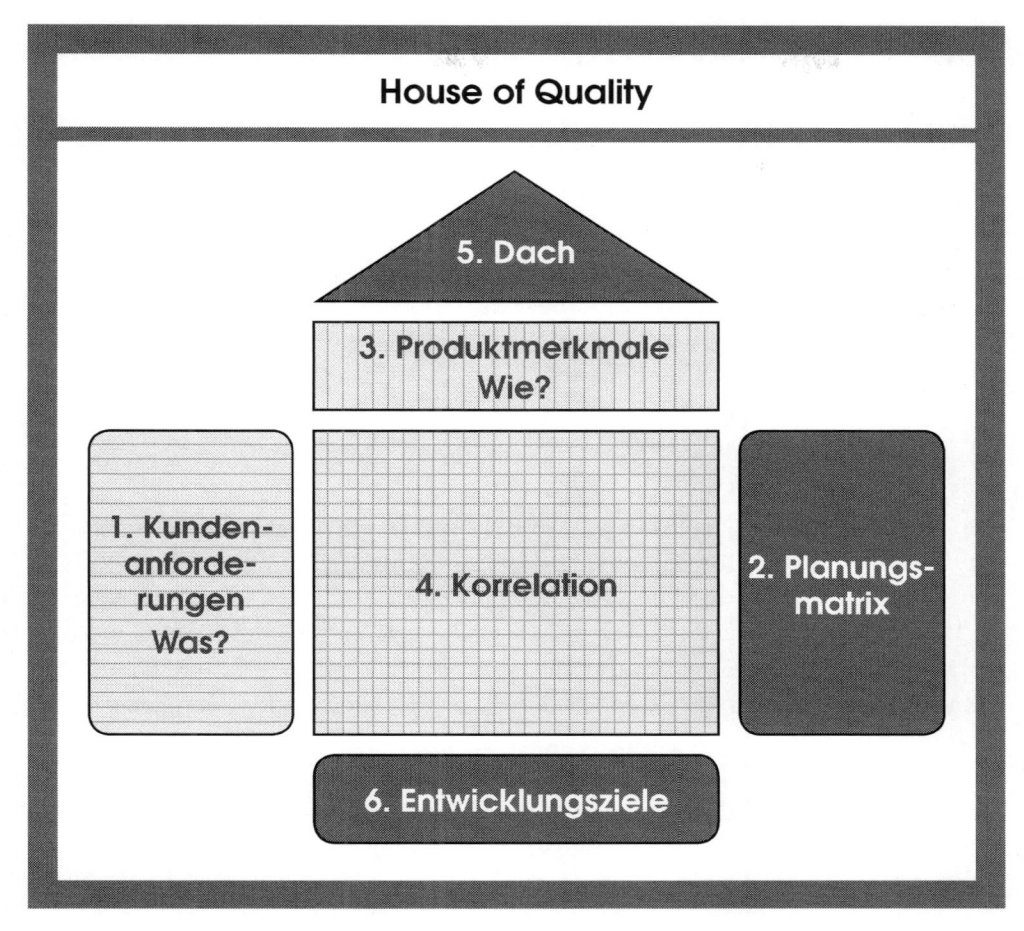

- 5. Dach
- 3. Produktmerkmale Wie?
- 1. Kundenanforderungen Was?
- 4. Korrelation
- 2. Planungsmatrix
- 6. Entwicklungsziele

Abb. 24: Schema House of Quality

Die Abbildung zeigt schematisch den grundsätzlichen Aufbau des House of Quality.

„Nina" geht unzufrieden aus der Schuldner-Beratungsstelle heraus und sagt: „Keiner versteht mich und alle wollen nur Geld von mir." Dahinter steht die Anforderung von „Nina", dass sich die BeraterIn in Ihre Sicht der Dinge hineinversetzen und ihre Notsituation nachvollziehen kann. Dies ist die Voraussetzung, damit sich „Nina" überhaupt auf den Beratungsprozess einlassen kann und will. Was dies nun für die Beratung als Dienstleistung bedeutet, gilt es z. B. mit dem QFD zu übersetzen. Welche Leistungseigenschaften sind von dieser Anforderung betroffen und in welchem Maße? Das Gefühl „Ninas", verstanden zu werden, kann z. B. über die Anwendung eines lösungsorientierten Beratungsansatzes vermittelt werden. Die Zuwendung der BeraterIn im Gespräch, ihre Bereitschaft und Fähigkeit, aktiv zuzuhören, haben wesentlichen Einfluss. Im House of Quality können weitere Anforderungen „Ninas" an das Beratungsangebot sichtbar und bzgl. der Bedeutung für die Qualitätswahrnehmung verdeutlicht werden. Dazu werden wichtige Eigenschaften der Beratung als Dienstleistung in direkten Bezug gesetzt. Über eine Quantifizierung der Bedeutung der Anforderungen und der Stärke der Beziehungen zwischen Anforderungen der AdressatIn und Dienstleistungseigenschaften, können die konkreten Ansatzpunkte für die Weiterentwicklung der DL herausgearbeitet werden.

Kundenwünsche werden im QFD gezielt und systematisch in Produktmerkmale und Eigenschaften umgesetzt. Darüber hinaus werden die erforderlichen Ressourcen nach Priorität identifiziert, sodass von Beginn an, die Ressourcenplanung mit den Leistungsanforderungen harmonisiert wird. Häufig scheitern Qualitätsentwicklungsprozesse daran, dass genau dieser Übersetzungsprozess von abstrakten Kundenanforderungen zu konkreten Produkteigenschaften und zur adäquaten Ressourcenplanung nicht gelingt. Dies hat dann weniger mit dem Willen des Kundenkontaktpersonals und der intern unterstützenden, für den Prozess verantwortlichen Organisationsmitglieder zu tun, als mit der geringen Unterstützung bei der Übersetzungsleistung z. B. durch entsprechende Methoden. Das „Haus der Qualität" kann hier als Visualisierungshilfe mit seinem systematischen und bildhaften Ansatz förderlich sein.

Im Rahmen des Social Service Design soll an dieser Stelle ein vereinfachtes Modell mit Spezifikationen für die soziale und gesundheitsbezogene Dienstleistung für die Alltagspraxis der Betriebe beschrieben werden.

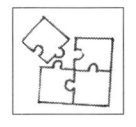

Umsetzung der Methode

QFD ist eine teamorientierte Methode, die eine Moderation erfordert. Die ModeratorIn hat dabei folgende wichtige Aufgaben:
- Die ModeratorIn muss gute Kenntnis von der Methode haben und diese in unterschiedlichen Zusammenhängen bereits angewandt haben.
- Sie lenkt den Fokus auf die Produktentwicklung und sorgt für den formalen bzw. strukturellen Rahmen (Struktur des QFD Modells), sodass die Mitglieder des Entwicklungsteams sich auf die Inhalte konzentrieren können.
- Die ModeratorIn identifiziert Zielkonflikte und moderiert diese lösungsorientiert. Dabei legt sie den Fokus auf die Innovationspotentiale von Konflikten.
- Sie prägt die Gesprächskultur und signalisiert deutlich, dass ungewöhnliche Sichtweisen und neue Ideen erwünscht sind.
- Die Moderation unterstützt den Fokus auf die KundIn bzw. AdressatIn.
- Sie sorgt für die Dokumentation und die Verbindlichkeit der Ergebnisse.

Design

QFD beinhaltet 9 Schritte, die zu jedem Zeitpunkt wieder zurückverfolgt werden können, aufgrund der Dokumentation in einer übersichtlichen Graphik, dem „Haus der Qualität" *(vgl. Abb. 24)*.

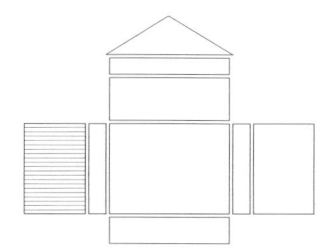

Schritt 1:
Identifikation der relevanten Kundengruppen und deren Anforderungen

Abb. 25: House of Quality:
„linker Flügel": Kundenanforderungen

Ausgangspunkt ist die Identifikation der relevanten Kundengruppen und deren Anforderungen. Im Social Service Design geht es gezielt darum, diejenigen Aspekte herauszuarbeiten, die mit der Erlebensdimension und der individuellen Wertzuschreibung der KundIn bzw. AdressatIn zusammenhängen. Dabei können wiederum Tools unterstützen, die im Design Prozess ganz zu Beginn bei der Marktforschung eingesetzt werden. Qualitative Methoden werden durch quantitative und kreative Methoden ergänzt, sodass ein Kundenprofil mit den wichtigsten Anforderungen gezeichnet werden kann. Dieses Profil ist die Eingabe für den QFD-Prozess. Enthält dieses Profil mehr als 25 Einzelanforderungen, so muss ein „Filter" zur Identifikation der wichtigsten Anforderungen vorgeschaltet werden, das sog. „Pre-HoQ" (**pre house of quality**). Mit Hilfe eines Portfolios, können z. B. diejenigen Anforderungen herausgearbeitet werden, die für die Qualitätswahrnehmung durch die AdressatIn besonders relevant und für die Leistungsqualität bzw. Nachhaltigkeit besonders kritisch sind. Insbesondere für soziale und gesundheitsbezogene Dienstleistungen, die besonders wissensintensiv sind und existenzielle Bedeutung für die KlientIn bzw. PatientIn haben, ist die zweite Perspektive der Leistungssicherheit von herausragender Bedeutung, d. h. Schaden ist von der AdressatIn abzuwenden und die DL ist am aktuellen Stand des Wissens auszurichten.

Erlebensdimension

Pre House of Quality

Priorisierung der Kundenanforderungen

```
zunehmende
Bedeutung für
die Wert-Wahr-        I              II
nehmung der
KundIn
                     III             IV

                              zunehmende Bedeutung für
                              die nachhaltige Wertschöpfung
```

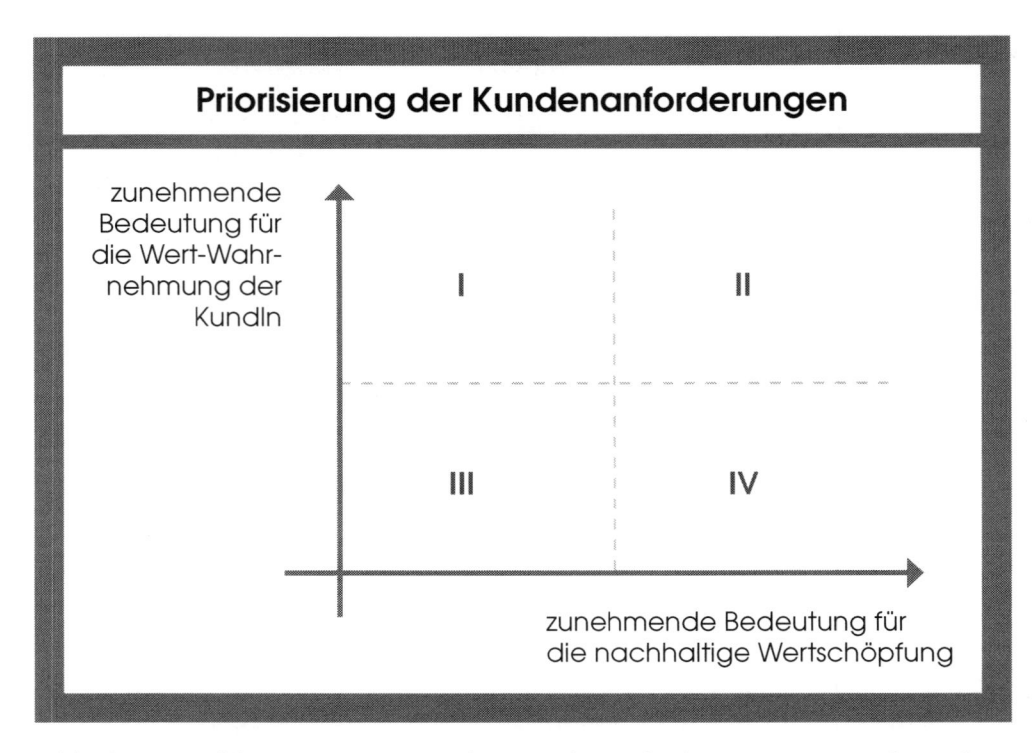

Abb. 26: Portfolio Priorisierung der Kundenanforderungen, exemplarisch

Diejenigen Anforderungen, die sich im Quadranten II (vgl. Abb. 26) befinden haben hohe Bedeutung sowohl für die Qualitätswahrnehmung der KundIn als auch für die Qualitätssicherung und nachhaltige Wertschöpfung, die im Fokus der Kostenträger und der Solidargemeinschaft sein dürften. Diese Anforderungen sollten mit höchster Priorität in das House of Quality übernommen werden.

Die nachfolgenden Schritte des QFD sind wesentlich davon bestimmt, ob eine Produktinnovation oder lediglich eine Produktweiterentwicklung erfolgen soll. Bei der Produktweiterentwicklung liegt der Schwerpunkt darauf, diejenigen Produkteigenschaften zu verbessern, die von besonders hoher Bedeutung für die Erfüllung der Kundenanforderungen und für die nachhaltige Wertschöpfung sowie ggf. für die Positionierung gegenüber den Wettbewerbern sind. Bei der Produktinnovation ist der Schwerpunkt auf die Entwicklung neuer Produkteigenschaften zu legen. So können z. B. bei der Schuldnerberatung im Fokus des Anbieters bisher nur die Notfallhilfe, Insolvenz- und Budgetplanung gewesen sein. Im Rahmen der Produktentwicklung kann eine bisher vernachlässigte Eigenschaft, z. B. die Kompetenzvermittlung bzgl. des täglichen Umgangs mit Geld (financial literacy) durch ein Angebot der Erwachsenenbildung hinzugenommen werden. Mit Hilfe des QFD können diese DL-Merkmale bzgl. Erfüllung der Kundenanforderungen und Bedeutung für die nachhaltige Wertschöpfung bewertet werden. Ggf. kann das Ergebnis eine hohe Priorität des Wissens über den Umgang mit Geld in der Alltagspraxis sein. Daraus kann sich die Neuanlage einer Dienstleistung ergeben, die zur Schuldnerberatung kombiniert wird und als zugehendes Angebot der Erwachsenenbildung gestaltet wird. Denkbar wäre hier auch ein präventiver Ansatz, der AdressatInnen mit hohem Verschuldungsrisiko proaktiv auf das Bildungsangebot aufmerksam macht.

Weiterentwicklung oder Neuanlage einer Dienstleistung

Einschub: Financial Literacy

In unserer Gesellschaft gehört der kompetente Umgang mit Geld zum notwendigen Alltagshandeln. Dies erfordert komplexe Kompetenzen und stellt vielfältige Anforderungen im Hinblick auf Wissen, Lesen, Schreiben und Rechnen, die sog. **Financial Literacy.** Ähnlich wie die Alphabetisierung ist die Kompetenzstärkung der BürgerInnen in Bezug auf das Management ihres eigenen Finanzhaushaltes flächendeckend anzustreben, um Überschuldung zu vermeiden und Teilhabe zu fördern. In dem Projekt „CurVe" werden in der Erwachsenenbildung lebensweltorientierte Modelle und Konzepte bereits wissenschaftlich fundiert entwickelt (vgl. Mania & Tröster 2015).

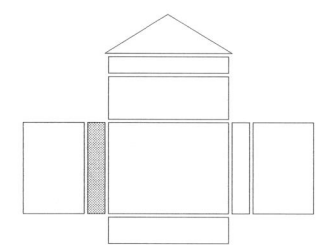

**Schritt 2:
Bewertung der Kundenanforderungen**

*Abb. 27: House of Quality:
Bewertung der Kundenanforderungen*

Im zweiten Schritt werden die Kundenanforderungen hinsichtlich ihrer Wichtigkeit für die KundIn bewertet. Idealerweise liegt dieser Bewertung z. B. eine Kundenbefragung zugrunde. In der Alltagspraxis wird jedoch häufig die Wichtigkeit für die KundIn aus Sicht des Entwicklungsteams, also aus einer internen Sicht, bewertet. Hierbei können sich Diskrepanzen und Lücken (vgl. Parasuraman et al. 1985) auf unterschiedlichen Ebenen ergeben. Parasuraman, Zeithaml und Berry (1985) beschreiben fünf solcher „Lücken". Die Diskrepanz zwischen der Wahrnehmung der Kundenerwartungen durch den Dienstleister und durch die KundIn selbst (Gap 1) oder der Bruch zwischen den Kundenerwartungen und konkreter Umsetzung dieser Erwartungen in die Produkteigenschaften (Gap 2) kann mit Hilfe des House of Quality verringert werden. Wenn die Ressourcen für eine systematische und repräsentative Kundenbefragung nicht vorhanden sind, sollten möglichst viele, unterschiedliche unternehmensinterne Perspektiven einbezogen werden, um die „Lücke" klein zu halten.

Es wird eine Bewertungsskale von 1 (wenig wichtig) bis 5 (sehr wichtig) angelegt. Die Bedeutung in Prozent ergibt sich dann, indem die absolute Bewertung aller Kundenanforderungen addiert und gleich 100 % gesetzt wird. Die einzelnen absoluten Werte werden dann durch den Wert, der 1 % entspricht, dividiert. Zur Kontrolle kann die Summe der prozentualen Anteile gebildet werden, die wieder 100 % ergeben muss.

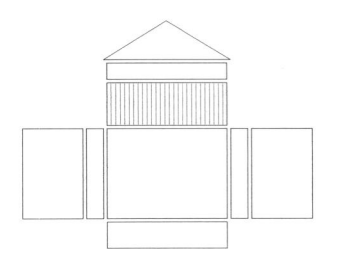

**Schritt 3:
Produkteigenschaften**

*Abb. 28: House of Quality:
Produkt-/Dienstleistungseigenschaften*

Begeisterungsfaktoren

Qualitätserleben

Im dritten Schritt werden die Eigenschaften der Dienstleistung, die zur Erfüllung der Kundenanforderungen notwendig sind, aufgelistet. Die „Begeisterungsfaktoren" (Faktorstruktur der Kundenzufriedenheit nach Matzler 2004), also diejenigen Serviceeigenschaften, die zwar insgeheim von der KundIn gewünscht, jedoch nicht als Erwartung ausgedrückt werden und in jedem Fall zur Zufriedenheit führen, sind bei der DL-Entwicklung in wettbewerbsorientierten Märkten herauszuarbeiten. In Bereichen schwacher Marktwirkungen oder bei Marktversagen, z. B. Alleinanbieter zwangsweise verordneter Leistungen, sind diejenigen Anforderungen hervorzuheben, die das Qualitätserleben und das Person-sein der AdressatIn fördern sowie für die nachhaltige Wirkung der Leistung von Bedeutung sind. An dieser Stelle ist das QFD Modell zu erweitern und an die Spezifika der sozialen und gesundheitsbezogenen Dienstleistung anzupassen.

**Schritt 4:
Optimierungsrichtung der
Produkteigenschaften**

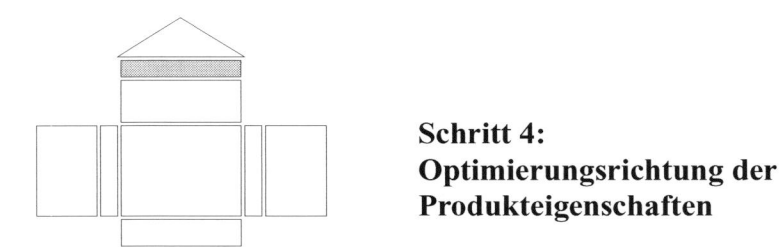

*Abb. 29: House of Quality:
Optimierungsrichtung der Produkt-/DL-Eigenschaften*

Die Produkt-/Dienstleistungseigenschaften werden im **4.** Schritt hinsichtlich Optimierungsrichtung (erhöhen/reduzieren) bewertet, d. h. muss die Merkmalsausprägung erhöht (Pfeil nach oben) oder reduziert (Pfeil nach unten) werden.

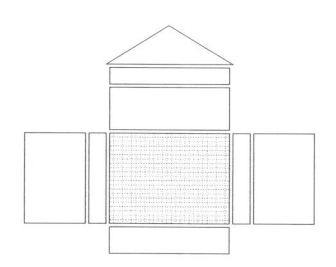

Schritt 5: Beziehung zwischen den einzelnen Kundenanforderungen und den Produkteigenschaften

Abb. 30: House of Quality:
Matrix Kundenanforderungen/Produkteigenschaften

Im Herzstück des Hauses der Qualität wird schließlich in der Matrix die Beziehung zwischen den einzelnen Kundenanforderungen und den Produkteigenschaften bewertet.

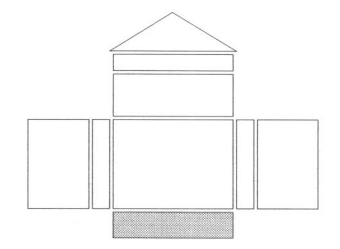

**Schritt 6:
Priorisierung Produkteigenschaften
(Entwicklungsziele)**

Abb. 31: House of Quality:
Priorisierung der Bedeutung der einzelnen Produkteigenschaften

Das Fundament des Hauses bildet die Priorisierung der Bedeutung der einzelnen Produkteigenschaften. Dazu werden die Werte (Wichtigkeit absolut x Stärke der Beziehung) in der Matrix horizontal multipliziert und vertikal addiert. Auch hier erfolgt eine Umrechnung in Prozent.

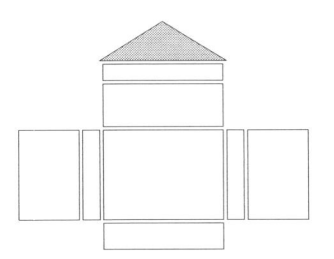

**Schritt 7:
Korrelation Produkteigenschaften**

*Abb. 32: House of Quality:
Korrelation der Produkteigenschaften*

Im Dach des Hauses können nun die einzelnen Produkteigenschaften hinsichtlich ihres Zusammenhangs, bzw. ihrer Korrelation, bewertet werden. Dies hat den Vorteil, dass im Designprozess sofort ersichtlich ist, welche Eigenschaften zusammenhängen und wie sich diese gegenseitig beeinflussen. In dem Beispiel korreliert z. B. die Eigenschaft „zugewandt" schwach positiv „+" mit der Eigenschaft „flexibel" (vgl. Abb. 35). D. h. bei der Produktentwicklung muss beides im Fokus sein.

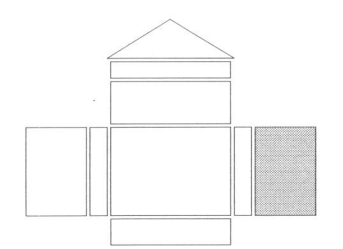

**Schritt 8:
Wettbewerbssituation und Bedeutung
für die Nachhaltigkeit**

*Abb. 33: House of Quality:
Wettbewerbssituation und Bedeutung für die Nachhaltigkeit*

Anpassung des QFD an die Sozial- und Gesundheitswirtschaft

Der rechte Flügel des Hauses der Qualität ermöglicht den Ausblick auf die Wettbewerbssituation im klassischen QFD. In der Sozial- und Gesundheitswirtschaft stehen Organisationen oder Dienstleistungen häufig nicht im unmittelbaren Wettbewerb mit anderen Anbietern. Eine Wettbewerbssituation und ein Legitimationsdruck entstehen jedoch gegenüber den Kostenträgern und der Solidargemeinschaft der Sozialversicherung. Die Bedeutung der Erfüllung von Anforderungen der AdressatInnen sozialer und gesundheitsbezogener Leistungen ist hinsichtlich einer nachhaltigen Wertschöpfung auf der Ebene der Nationalökonomie zu bewerten. Dies könnte z. B. heißen, dass die Anforderung „individuelle Hilfe" der SchuldnerIn nicht nur Bedeutung für die Zufriedenheit der SchuldnerIn hat, sondern zugleich für die nachhaltige Wirkung der Beratung in Bezug auf eine langfristige Konsolidierung des Privathaushaltes. Dies kann, nationalökonomisch betrachtet, wiederum von hoher Bedeutung sein, wenn die SchuldnerIn wieder in der Lage ist, z. B. ihre

Steuerlast zu tragen und keine Leistungen aus der Grundsicherung zu beanspruchen. Noch weitreichender dürften die Wirkungen auf Seiten der Kinder der alleinerziehenden Mutter sein, denen durch eine nachhaltige Haushaltskonsolidierung Teilhabe, z. B. Teilnahme an Schulausflügen, ermöglicht wird.

Die Recherche und Auswertung wissenschaftlich fundierter und zuverlässiger Belege für Wirkungsbeziehungen, wie z. B. individuelle, person-zentrierte Hilfeplanung und nachhaltige Haushaltskonsolidierung, können die Zuverlässigkeit der Rückschlüsse aus dem QFD für die Produktentwicklung erhöhen.

Werden nachhaltige Wirkungen der eigenen Leistung im Verhältnis zu Mitanbietern systematisch im Rahmen des QFD bewertet, kann der Aufwand für die Leistungsentwicklung und Leistungserbringung gegenüber dem Kostenträger argumentiert werden.

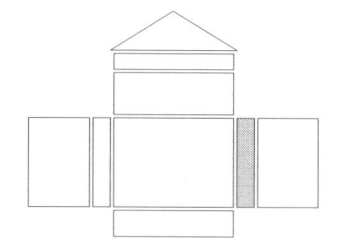

Schritt 9:
Bewertung der Bedeutung für die nachhaltige Wertschöpfung

Abb. 34: House of Quality:
Bewertung der relativen Stärke zu Mitanbietern und Bedeutung für die Nachhaltigkeit

Auch hier kann auf einer Skala zwischen 1 (niedrigste) bis 5 (höchste Bedeutung) die Bedeutung für die nachhaltige Wertschöpfung bewertet werden. Alternativ kann die Erfüllung der Kundenanforderungen im Verhältnis zu Mitbewerbern (A, B, C usw.) bewertet werden, um die relativen Stärken und Schwächen im Hinblick auf die Produktentwicklung herauszuarbeiten.

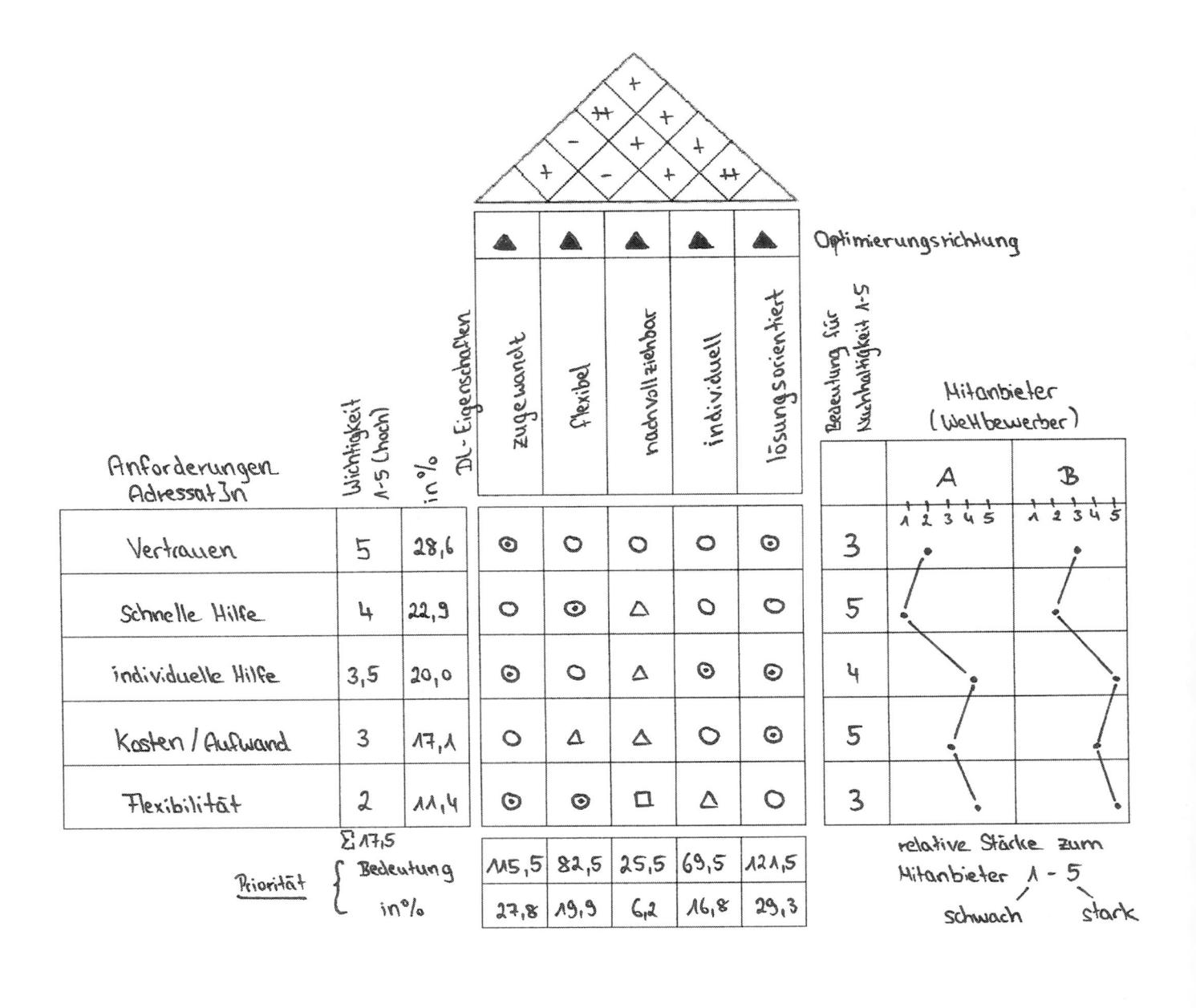

Abb. 35: House of Quality: Beispiel Schuldnerberatung

Design

erwünschte Wirkungen

Der QFD-Prozess im Entwicklungsteam, das idealerweise mit MitarbeiterInnen und Führungskräften aus den verschiedenen Unternehmensbereichen und interdisziplinär besetzt sein sollte, hat den Vorteil, dass Bewertungen diskutiert werden. Dabei erweitert sich die Sichtweise des Einzelnen auf kundenrelevante Serviceeigenschaften und zudem können Bewertungen konsentiert werden. Dies hat dann in der folgenden Phase der Umsetzung der Produktentwicklung den Vorteil, dass dieser auf Basis des Konsenses erfolgt. Die am QFD-Prozess beteiligten MitarbeiterInnen aus den unterschiedlichen Organisationsbereichen können als MultiplikatorInnen für das neue Produkt bzw. die neue Idee fungieren, was den Change Management Prozess günstig beeinflussen kann. Das Ergebnis des QFD sollte deshalb auch dokumentiert und von allen Beteiligten unterzeichnet werden.

- Produktentwicklung konsequent aus der Sicht der KundIn
- Einbeziehung der MitanbieterInnen und Sichtweise der Kostenträger
- Priorisierung der Kundenanforderungen und regelgeleitete Komplexitätsreduktion
- intensiver Kommunikationsprozess im Entwicklerteam über die Kundenanforderungen und Anforderungen an die Dienstleistung: Zielkonflikte werden schon im Entwicklungsprozess erkannt und bearbeitet
- Einbeziehung unterschiedlicher, mehr oder weniger kundennaher Bereiche und Disziplinen, die das neu entwickelte Produkt umsetzen müssen, bessere Zusammenarbeit
- unterschiedliche Perspektiven eröffnen kreative und innovative Entwicklungspotentiale
- höhere Mitarbeiterzufriedenheit und Motivation durch gleichberechtigte Einbeziehung in den Entwicklungsprozess und höheres Verständnis des Einzelnen für den gesamten Prozess

4.5 Prototyping: Pilotierung, Testung und Evaluation der Testphase in theoretisch fundierten Testszenarien

Integration der KundIn in die Testphase

Ist nun aus der neuen Idee eine konkrete Dienstleistung entstanden, die mit der KundIn umgesetzt werden soll, so kann vor der Implementierung in den Regelbetrieb, das neue Leistungsangebot getestet werden.

Der Service Design Prozess zeichnet sich dadurch aus, dass neu entwickelte Dienstleistungen meist unter Mitwirkung der NutzerInnen zunächst erprobt werden, bevor sie implementiert werden. Die AdressatIn wird schon in der Phase der Neuanlage einbezogen und darüber hinaus auch in der letzten Testphase, bevor die Leistung dann für alle KundInnen angeboten werden soll. So sieht es jedenfalls das theoretische Prozessmodell vor. In der Praxis verlaufen diese Schritte des Design-Prozesses weniger linear als iterativ und häufig fließend ineinander.

Expertenanalyse

Testung mit stellvertretender Kundenperspektive

Es gibt zahlreiche Tools, um die Dienstleistung auf ihre Nutzerfreundlichkeit hin zu testen. Grundsätzlich werden in der Literatur zwei Kategorien von Methoden unterschieden, die **Expertenanalyse** und die **Testung mit der NutzerIn**. Zudem sind die KlientInnen bei therapeutisch wirksamen Leistungsanteilen der DL vor möglichen unerwünschten Wirkungen zu schützen. Die Testung von Service-Modellierungen *mit* der NutzerIn selbst setzt insbesondere in der Sozial- und Gesundheitswirtschaft voraus, dass die NutzerIn in ihren Rechten geschützt wird und nur mit informiertem Einverständnis an dem Szenario beteiligt wird. Im SSD kommt noch eine dritte Kategorie hinzu, die **Testung mit stellvertretender Kundenperspektive**, die entweder von einer internen Kundenkontaktperson übernommen oder durch Visualisierungen (z. B. ein Bild mit einer „typischen" KundIn) simuliert wird. Auch hier gilt die sehr sorgfältige Gestaltung der Sichtbarkeitslinie in Abstimmung mit der Leitung und dem strategischen Management. Die Beteiligung der NutzerIn birgt jedoch ein hohes Potential an Ermächtigung der AdressatIn. Sie kann stellvertretend für andere AdressatInnen mit ähnlichen Anforderungen die neu angelegte DL testen, ihre Erfahrungen berichten und ihre Meinung äußern. Da die „Modellierungsmasse" noch nicht ausgehärtet ist, kann sie auf die Ausgestaltung des Leistungsangebotes noch Einfluss nehmen. Vor dem Hintergrund der Einschränkungen, unter denen die NutzerIn sozialer und gesundheitsbezogener Leistungen zu leiden hat, ist die Nutzerperspektive nur schwer zu simulieren. Freilich gibt es auch dafür mittlerweile Technologie, wie z. B. der Alterssimulationsanzug[19], jedoch ist das authentische Erleben der AdressatIn nicht wirklich zu substituieren.

---

19 [**Alterssimulationsanzug**] Der **Alterssimulationsanzug** besteht aus einzelnen Komponenten, z. B. Brille zur Simulation einer altersbedingten Sehschwäche, Gewichtsweste zur Simulation von Schweregefühl aufgrund abgebauter Muskelmasse im Alter. Durch deren Zusammenwirken kann ein Effekt erzielt werden, der den Einschränkungen der sensomotorischen Fähigkeiten im Alter sehr nahe kommt.

Nachfolgend werden beispielhaft weitere wichtige Ziele der Evaluation aufgeführt:

- Verstehen der Erfahrungen und des Verhaltens der NutzerInnen, um darauf die Dienstleistung abzustimmen
- Schutz der EndverbraucherIn vor unerwünschten Effekten und Manipulationen, was insbesondere vor dem Hintergrund der meist hohen Verletzlichkeit (Vulnerabilität) der NutzerInnen sozialer und gesundheitsbezogener DL von hoher Bedeutung ist
- Fehlervermeidung, Risikominimierung
- Identifikation von Problemen und Fehlern bzw. unerwünschten Wirkungen
- Identifikation besonders wertschöpfender Aspekte im Interaktionsgeschehen und in den Kontextbedingungen (tangibles Umfeld)

Da die Testszenarien mit oder ohne KundIn gestaltet werden können, gilt das Gleiche wie bei der Strategie- und Produktentwicklung. Wenn die KundInnen einbezogen werden, ist die Sichtbarkeitslinie (line of visibility) sorgfältig zu gestalten und unternehmensintern mit dem strategischen Management und der Leitung abzusprechen.

Testszenarien

Es ist von Test*szenarien* die Rede, weil die Service-Situation detailliert simuliert werden soll. Es genügt nicht, einzelne Sequenzen anzudeuten. Die Kontextbedingungen sind möglichst realitätsnah nachzustellen. Am besten findet die Simulation unter den tatsächlich gegebenen Bedingungen statt. Simulationslabore können hier unterstützen, jedoch im Gesundheits- und Sozialbetrieb das Budget übersteigen. Die Testung kann dann z. B. in den Zeiträumen, in denen kein „Parteiverkehr" in den jeweiligen Räumlichkeiten stattfindet, erfolgen. In der Ausbildung von MedizinerInnen und Pflegekräften werden sog. Skills- oder Simlabs (Simulationslabore) genutzt. An „Dummys", mit interaktiver Sensorik ausgestattet, werden Handlungen ausgeführt. Diese „Labore" sind genauso wie die echten Patienten- und Behandlungszimmer mit Medizinprodukten und Technologie ausgestattet, können jedoch die kommunikative Interaktion mit der PatientIn nur rudimentär simulieren.

Service Design Prozess

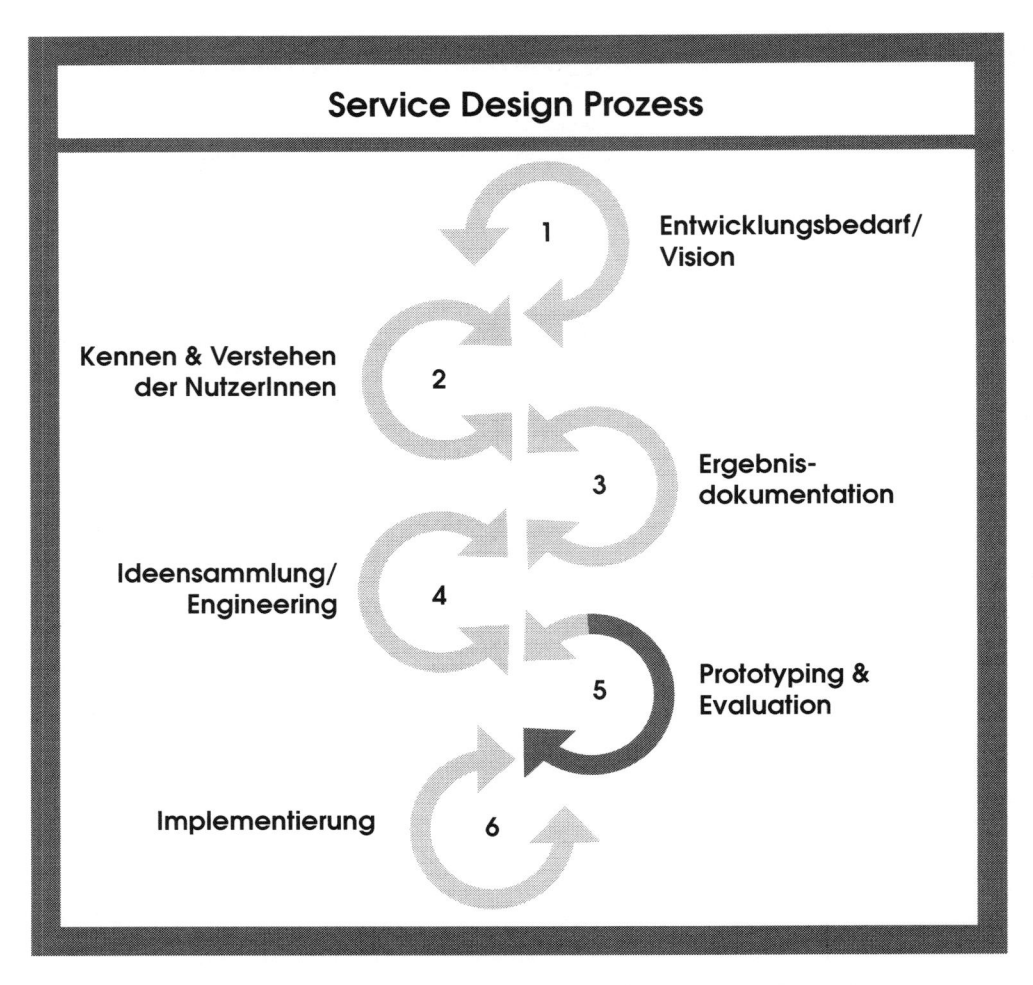

1. Entwicklungsbedarf/ Vision
2. Kennen & Verstehen der NutzerInnen
3. Ergebnisdokumentation
4. Ideensammlung/ Engineering
5. Prototyping & Evaluation
6. Implementierung

Abb. 36: Prototyping & Evaluation, fünfter Schritt im SD-Prozess

Prototypen-Testung am eigenen Leib (Bodystorming)

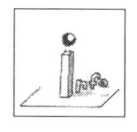

Quelle: Curedale R. 2013, S. 270

Kurzbeschreibung der Methode

Bei dieser Methode wird die neue Produktidee durch ihre EntwicklerInnen selbst am eigenen Leib getestet und erfahren. Dadurch können die neu angelegten Leistungskomponenten ausprobiert und erlebt werden.

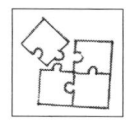

Umsetzung der Methode

Die Umsetzung soll nun anhand eines Beispiels erläutert werden. PatientInnen müssen im Krankenhaus oft lange Wartezeiten z. B. vor Untersuchungs- und Funktionsräumen auf dem Flur verbringen. Häufig müssen sie dabei nüchtern bleiben, dürfen also weder trinken noch essen. Manchmal steht eine unbekannte und/oder belastende Untersuchung, die auch mit Schmerzen verbunden sein kann, bevor. Das subjektive Zeitempfinden kann dabei verzerrt sein und die Angst vor der Untersuchung lässt wenige Minuten als eine „Ewigkeit" erscheinen. An den Warteplätzen gibt es weder eine Notrufmöglichkeit noch Essen oder Trinken. Kommt ein medizinischer Notfall dazwischen, kann sich die Wartezeit über eine oder mehrere Stunden hinziehen. Eine Kreisklinik hat sich für diese Situation eine Neugestaltung überlegt. In einem Pilotprojekt wurde eine Wartezone neu gestaltet. Räumlich wurde der Bereich farblich abgesetzt. Ein Sichtschutz soll für mehr Ruhe und Privatsphäre sorgen. Ein Trinkbrunnen mit frischem Wasser sowie hygienisch verpackte Snacks mit ausgewiesenen Inhaltsstoffen sorgen für das leibliche Wohl. Eine Wassersäule mit Lichteffekten, sowie eine digitale Anzeige mit Rätselaufgaben sorgen für Abwechslung. Die wartenden PatientInnen sollen einen sog. „Pager" erhalten, mit dem sie sich jederzeit über die aktuelle Wartezeit informieren können. Zugleich können sie damit im Notfall (wenn z. B. eine bettlägerige PatientIn dringend auf die Toilette muss) mit einem roten Knopf Hilfe rufen. Im Hintergrund wird dazu ein Personalpool mit Springerdienst eingeplant.

Schlüsselszenen

Die Produktidee soll nun getestet werden. Davor können Personas (verschiedene, typisierte PatientInnen, z. B. bettlägerige PatientIn, verwirrte PatientIn, PatientIn mit Schmerzen) und Schlüsselszenen (z. B. verlängerte Wartezeit wegen eines medizinischen Notfalls, PatientIn muss dringend auf die Toilette) definiert werden. Stellvertretend legt sich für die PatientIn, die RöntgenassistentIn in ein Patientenbett. Darin wird sie in den Wartebereich vor der Röntgenabteilung gefahren. Eine andere MitarbeiterIn übernimmt die Rolle der SpringerIn, eine weitere TesterIn fungiert als Fahrdienst und ein Teammitglied beobachtet das Geschehen, das auch mit einer Videokamera aufgezeichnet werden kann. Es können noch weitere Rollen (BesucherIn, die am Wartebereich vorbeigeht) vom Entwicklerteam übernommen werden.

Evaluation der Testphase

Videoanalyse

Schließlich werden anhand der Filmaufzeichnungen die Situationen analysiert und diskutiert. So kann z. B. aufgefallen sein, dass bei der bettlägerigen PatientIn vergessen wurde, das Getränk in Griffnähe bereitzustellen und das Kopfteil hochzustellen. Die RöntgenassistentIn spürt nun am eigenen Leib, was es bedeutet, hilflos im Bett zu liegen und auf die Untersuchung zu warten. Die Videoanalyse kann die Reflexion unterstützen, indem Schlüsselszenen anhand des Filmmaterials analysiert werden. Diese Erfahrungen aus der Simulation der Situation müssen durch das Entwicklerteam wieder verarbeitet und in der Servicemodellierung umgesetzt werden.

erwünschte Wirkungen der Methode

Empathie

- ❐ Die Prototypentestung am eigenen Leib fördert die Empathie für die AdressatInnen/NutzerInnen.
- ❐ MitarbeiterInnen erforschen die Erlebniswelt der NutzerIn und erfahren die Leistung und Kontextbedingungen am eigenen Leib, ohne dass Konsequenzen für die Kundenbeziehung und Kundenzufriedenheit zu befürchten wären.

Design

Kundenbeschattung (User Shadowing)

Kundenbeschattung

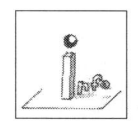

Kurzbeschreibung der Methode

Die „Kundenbeschattung" kann auch als teilnehmende Beobachtung, als Methode der qualitativen Sozialforschung verstanden werden. Hierbei soll sich der Schattenmann oder die Schattenfrau möglichst in das Erleben der KundIn hineinversetzen. Die KundIn wird über den gesamten, zuvor definierten Zeitraum bei der Nutzung der DL beobachtet. Dabei kann auch schon die Vereinbarung eines Termins von zu Hause aus und das Aufsuchen der Einrichtung, in der die Leistung dann erbracht wird, Bestandteil des Szenarios sein.

Kombiniert man diese Methode mit der sog. Think-aloud-Methode[20], bei der die NutzerIn ihre Gedanken während der Testung laut ausspricht, so kann die Kundenperspektive noch deutlicher herausgearbeitet werden. Video- und Audio-Aufzeichnungen bedürfen natürlich der informierten Einverständnis und der Einhaltung einschlägiger Datenschutzbestimmungen.

Think-aloud-Methode

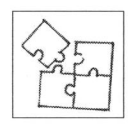

Umsetzung der Methode

Wie bei allen qualitativen Methoden zählt hier die Tiefe der Einblicke mehr als die möglichst hohe Anzahl an Testpersonen. Die TesterInnen sollten vielmehr danach ausgesucht werden, ob sie unterschiedliche Anforderungsprofile abdecken. Soll z. B. ein Beratungsangebot getestet werden, so sollten die TesterInnen unterschiedlichen Geschlechts und Alters sein und verschiedene Bildungsstände aufweisen.

Tiefe der Einblicke

Beschattung bedeutet für die BeschatterIn oft viele Stunden mit der TesterIn zusammen zu sein. Das kann in einer Sitzung oder in mehreren Sitzungen mit Pausen dazwischen erfolgen. Häufig spielt aber gerade der Zeitfaktor (z. B. zur Nachvollziehung von Wartezeiten) eine große Rolle. Das Aushalten von kritischen Situationen kann die Perspektive erheblich verändern.

---

20 [**Think-aloud-Methode**] Bei der **Think-aloud-Methode** wird die TestkandidatIn gebeten, ihre Gedanken während sie die DL beansprucht, laut auszusprechen. Dies erfordert eine sorgfältige Einweisung der TesterIn, die sich insbesondere vor dem Aussprechen ungewöhnlich oder kritisch erscheinender Gedanken evtl. scheut. Die Kontrolle der Aussprache von Gedanken hinsichtlich sozialer Erwünschtheit erfolgt meist automatisch und muss hier ausgeschalten oder zumindest minimiert werden. Auch die AnwenderInnen sind in der Methodik vorher zu schulen. Die von der TesterIn geäußerten Gedanken werden in einem Think-aloud-Protokoll festgehalten, das im Anschluss an den Test ausgewertet wird.

Häufig sind auch der KlientIn solche Situationen gar nicht bewusst, bzw. sie glaubt, das unerträgliche Warten aushalten zu müssen. Dann kann es mit der Think-aloud-Methode auch nicht als kritische Situation identifiziert werden. Wenn aber die BeobachterIn am eigenen Leib erfährt, was es heißt, mit dem Rollstuhl die Treppe zur Beratungsstelle nicht überwinden zu können, dann kann sich in der Einstellung und der Einschätzung der DienstleisterIn etwas verändern. Das Shadowing kann nicht durch eine Kundenbefragung ersetzt werden, weil es häufig einen Unterschied gibt, in dem was die Menschen tun, empfinden und sagen.

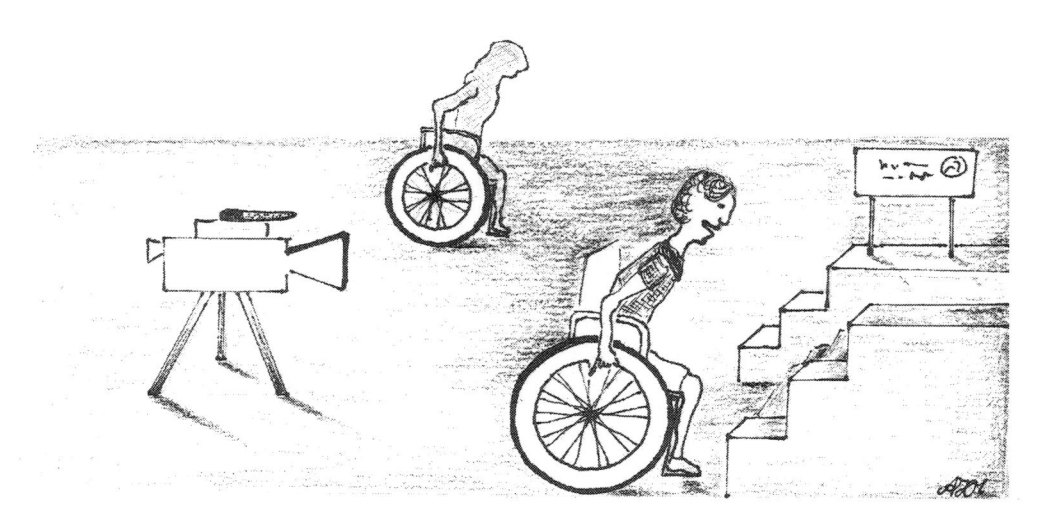

Abb. 37: Shadowing Beispiel: Besuch einer Beratungsstelle mit dem Rollstuhl

erwünschte Wirkungen der Methode

Blick hinter die Sichtbarkeitslinie

- ❐ Erfahrungen am eigenen Leib vermitteln einen tiefen Einblick in das Erleben der NutzerIn und können Einstellungen der DienstleisterIn verändern
- ❐ Kritische Situationen, die selbst für die NutzerIn nicht als solche erkannt oder eingeschätzt werden, können identifiziert werden
- ❐ Die komplette Sequenz des DL-Angebots kann getestet werden.
- ❐ Hinter der Sichtbarkeitslinie liegende, bedeutungsvolle Aspekte auf Seiten der KundIn können sichtbar werden.

Teil III: Implementierung und Anwendung im Marketing

5. Implementierung

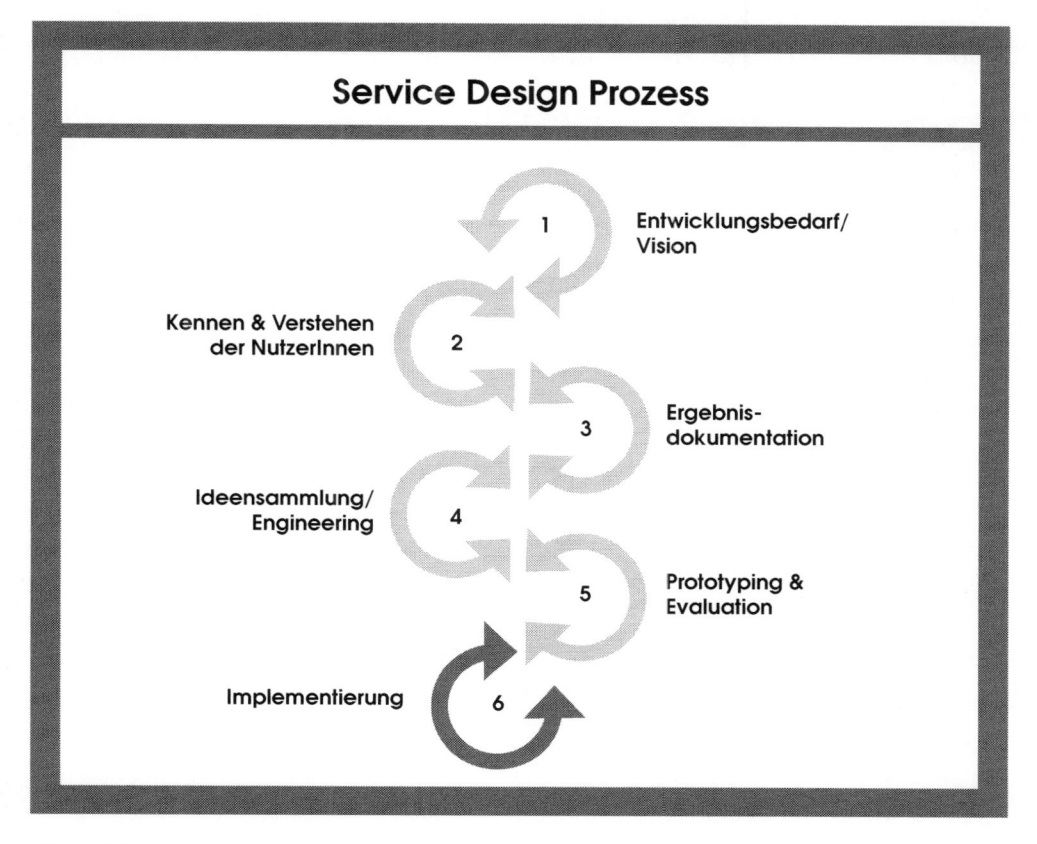

Abb. 38: Implementierung, sechster Schritt im SD-Prozess

Das klassische Marketing beschreibt unterschiedliche Marktentwicklungsstrategien. Dazu werden Werkzeuge zur Marktbearbeitung (Marketing Mix) eingesetzt. Der Markteintritt ist sorgfältig zu planen, dabei sind Barrieren und Promotoren zu identifizieren.

Marketing Mix

Hier soll nun die Implementierung der neu angelegten DL in die Organisation aus der Perspektive des Service Design zunächst im Mittelpunkt stehen. Anschließend werden in den darauf folgenden Kapiteln exemplarisch Marktbearbeitungsstrategien aus dem Blickwinkel des SSD vorgestellt. Dabei werden beispielhaft weitere Tools vorgestellt, die den Prozess der Verankerung einer neuen DL-Idee in alle Bereiche der Organisation, unterstützen. Sicherlich wurde dies durch die Service Design Strategie schon in der Phase der Produktentwicklung gut vorbereitet, soll hier aber noch einmal methodisch fundiert werden, um organisationsweit alle MitarbeiterInnen und Unternehmensbereiche zu involvieren. Die Idee muss in die Routine des Alltagsgeschäftes eingefügt werden und soll im Einzelfall unter Realbedingungen umgesetzt werden.

Geschichten erzählen

Geschichten erzählen (Storytelling)

Kurzbeschreibung der Methode

Beim Geschichten erzählen können Einblicke in das Erleben der neu konzipierten DL, sowohl auf Seiten der NutzerIn als auch auf Seiten der Kundenkontaktperson mittels narrativer, also erzählender Strategien, gewonnen werden. Schlüsselszenen und Erfahrungen werden dabei auch bildhaft dargestellt.

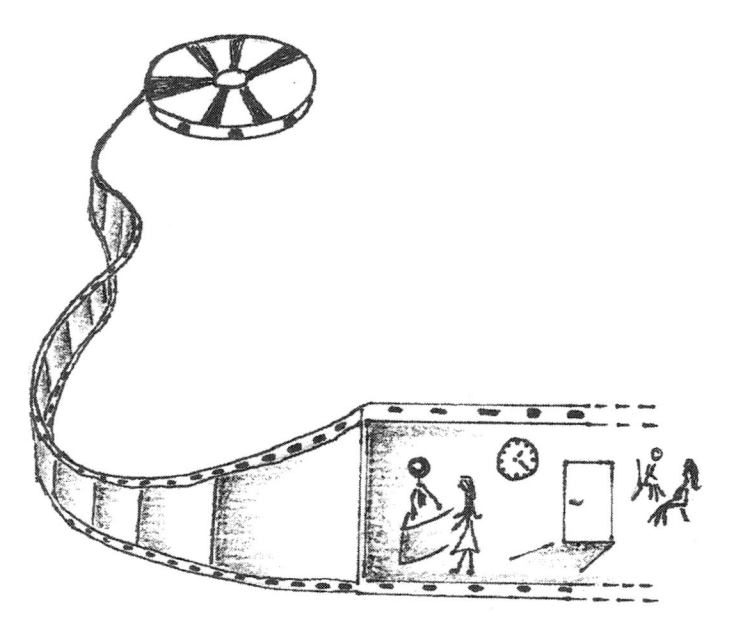

Abb. 39: Storytelling

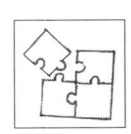

Umsetzung der Methode

Aus unterschiedlichen Perspektiven wird das Erleben des Leistungsgeschehens erzählt. Dazu ist es erforderlich, ggf. eine RepräsentantIn der KundInnen-Perspektive und MitarbeiterInnen aus den unterschiedlichen Unternehmensbereichen, die mit der KundIn in Kontakt treten, oder auch hinter der Sichtbarkeitslinie agieren, zum Erzählkreis einzuladen. Jeder soll zu seiner Sequenz, die er erzählt, stellvertretend eine Skizze anfertigen, welche die bedeutungsvolle Situation (kritisch oder Wert schaffend) zum Ausdruck bringt. Am Ende entsteht ein kompletter „Comicstreifen", der das Erzählte greifbar macht und veranschaulicht. Ideal wäre es natürlich, wenn eine professionelle ZeichnerIn den Prozess begleiten könnte, jedoch kommt es nicht so sehr auf das Gelingen der Zeichnung als auf die Inhalte an. Der Wiedererkennungswert kann bei eigenen Zeichnungen der MitarbeiterInnen sogar höher sein.

Comicstreifen

Implementierung

erwünschte Wirkungen der Methode

- Ideen und Eindrücke werden im Kontext besser verstanden und erinnert.
- Die narrative Vorgehensweise lässt Zusammenhänge entwickeln und erleichtert den Prozess des sich Hineinversetzens.
- Chronologische Abläufe und ihre Bedeutung im Zeitverlauf werden erfasst.
- Die Phantasie für die Entwicklung von Ideen zur Lösung von kritischen Situationen wird durch den Erzählstil und die graphische Darstellung angeregt.
- Was in der Realität nicht ausgesprochen und gedacht werden darf, kann in der Geschichte erzählt oder gezeichnet werden.
- Geschichten haben Fortsetzungen und können zu weiteren Produktideen führen.

Kunden-Gefühls-Wanderkarte (customer journey map)
Quelle: u. a. Curedale 2013: 135

Kunden-Gefühls-Wanderkarte

Kurzbeschreibung der Methode

Mit diesem Tool werden die gefühlsmäßigen Erfahrungen der KundIn während der Inanspruchnahme einer Dienstleistung erfasst und graphisch, in Form eines linearen Verlaufs dargestellt.

Das Tool kann auch für die emotionale, innere Verfassung der Kundenkontaktperson angewandt werden. Grant & Campbell (2013, S. 667) gehen davon aus, dass die von der Kundenkontaktperson wahrgenommene, sozial förderliche Wirkung („perceived prosocial impact") einer Dienstleistung und die wahrgenommene sozial destruktive Wirkung („perceived antisocial impact") jeweils auf einem Kontinuum liegen. Dazu müssten jedoch zwei Graphiken angelegt werden, eine Gefühlswanderkarte mit den positiven und eine zweite mit den negativen Wahrnehmungen, die sich auf einer Skala zwischen „0" und „10" bewegen.

Perceived Prosocial Impact

„Although it may initially appear that the two constructs are opposite poles of one continuum, we predicted that perceived prosocial and antisocial impacts lie on separate continua, much like positive and negative emotions (e.g. Cacioppo & Berntson, 1994)." (Grant & Campbell 2013: 667)

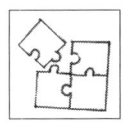

Umsetzung der Methode

- Die Dienstleistung (bzw. einzelne Sequenzen) muss zuvor definiert werden. Soll z. B. die Phase des Erstkontaktes bzw. des Erstgespräches bei einer Beratungsleistung analysiert werden, so sind der Beginn und das Ende zu definieren. Dazwischen sind die einzelnen Schritte in der Prozessfolge oder auch im Zeitverlauf in der Graphik auf der X-Achse anzugeben.
- Auf der Y-Achse ist nun eine Skala von „0" bis „10" anzulegen, wobei „0" bedeutet, dass die KundIn eine sehr schlechte, depersonalisierende, gefühlsmäßige Erfahrung macht und „10", dass die KundIn ein sehr positives, Person-förderndes und sinnstiftendes, emotionales Erleben hat.
- Die Wahrnehmungen der KundIn sind nun an den auf der X-Achse definierten Punkten zu erforschen. Dabei ist als Methode der Wahl, die KundIn selbst mit einem möglichst offenen, qualitativen Verfahren zu befragen. In kommunikativ schwierigen Situationen[21], können auch Beobachtungsverfahren mit regelgeleiteter Interpretation des gefühlsmäßigen Erlebens (z. B. Dementia Care Mapping, vgl. Hennig et al. 2006) eingesetzt werden oder stellvertretend Ersatzpersonen, z. B. Angehörige der KundIn, Kundenkontaktpersonen, befragt werden.
- Die Einschätzung des emotionalen Erlebens auf der Skala zwischen „0" und „10" sollte bevorzugt durch die KundIn selbst erfolgen und wird dann in die Graphik als Punkt übertragen. Beispielsweise findet der erste Beratungstermin um 9:00 Uhr statt. BeraterIn und KlientIn begrüßen sich und die KlientIn gewinnt einen ersten Eindruck bei der Begrüßung und formuliert diesen gefühlsmäßig (z. B. starker Händedruck der BeraterIn mit der Tendenz, die Hand der Ratsuchenden nach unten zu drücken) wird von der KlientIn als erstes negatives Erleben geschildert. Der Punkt wird an der Stelle „9:00 Uhr" auf der Höhe nahe der „0" eingezeichnet.
- In die Gefühlswanderkarte können nun die emotionalen Schlüsselerlebnisse von unterschiedlichen KlientInnen oder Personae eingezeichnet werden.
- Die KlientInnen-Perspektive kann in der Karte durch die Perspektive der Kundenkontaktperson ergänzt werden. Beispielsweise kann es sein, dass auch die BeraterIn bei der Begrüßung ein negatives Gefühl hatte, sodass die Motivation der BeraterIn, an dieser Situation etwas zu ändern, hoch sein dürfte.

Emotionale Schlüsselerlebnisse

---

21 [**Kommunikativ schwierige Situationen**] „Kommunikativ schwierige Situationen" können durch >Störungen< und >Beeinträchtigungen< der Kommunikation auf verschiedenen Ebenen entstehen. Kommunikative Einschränkungen gehen keineswegs nur auf Eigenschaften der hilfe-/ratsuchenden bzw. pflegebedürftigen Person zurück: häufig haben sie ihre Ursache im Kontext der hilfe-/ratsuchenden bzw. pflegebedürftigen Person, zu dem auch die professionellen HelferInnen gehören. Kommunikationsstörungen gefährden nach Behrens et al. die Effektivität und Effizienz der Pflege bzw. allgemein der Hilfsangebote in dreierlei Hinsicht: durch Einschränkung der Autonomie, durch erschwerte Orientierung an den Bedürfnissen der hilfe-/ratsuchenden bzw. pflegebedürftigen Person und durch die Gefährdung der Kontinuität der Sicherung und Steuerung von Verläufen im Pflege- bzw. Hilfeprozess [Behrens et al. 2005: 19. Behrens J, Langer G, Hanns S, Zimmermann M: Evidence-basierte Pflege chronisch Pflegebedürftiger in kommunikativ schwierigen Situationen. Pflege & Gesellschaft, 10 (2005) 17-20]

Implementierung

◻ Auf Basis der „emotional journey map" kann die DL nun systematisch weiterentwickelt werden. Dabei sind insbesondere diejenigen Kontaktpunkte genauer zu analysieren, die emotional für die KlientIn und für die Kundenkontaktperson von großer Bedeutung sind, entweder weil ein sehr negatives oder sehr positives, gefühlsmäßiges Erleben damit verbunden wird. Der Blick soll auch auf das positive Erleben gerichtet sein, um z. B. von diesen Interaktionsmomenten für die Situationen zu lernen, die mit negativen Gefühlen verbunden werden.

Interaktionsmomente

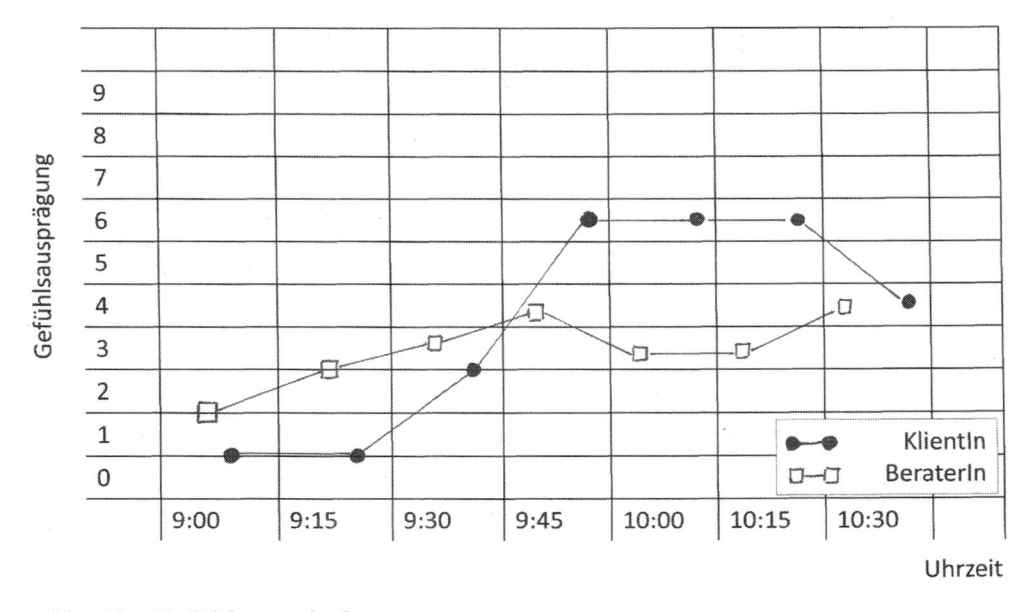

Abb. 40: Gefühlswanderkarte

erwünschte Wirkungen der Methode

◻ Der Fokus wird systematisch auf das gefühlsmäßige Erleben gerichtet. Äußerlich sichtbare Handlungsabläufe treten in den Hintergrund.
◻ Die persönliche Erfahrung der KundIn (und der Kundenkontaktperson) wird sichtbar und greifbar.
◻ Es werden konkrete Ansatzpunkt zur Weiterentwicklung der DL in Richtung positive, sinnstiftende Erfahrung für die KundIn (und für die interne Kontaktperson) identifiziert.

5.1 Spaß und Wohlergehen am Service Encounter – Internes Personalmarketing und Employer Branding aus Sicht des Social Service Design (SSD)

Fachkräftemangel, hohe Fluktuation, gehäuftes Auftreten von stressbedingten, psychischen Erkrankungen und hohe Burnout-Raten prägen den Arbeitsmarkt in der „Helferbranche" (vgl. Kap. 1). Längst bestimmt Knappheit den Markt und gut qualifizierte ArbeitnehmerInnen können sich ihre ArbeitgeberInnen und Stellen aussuchen. Für Unternehmen stellt sich die Frage, wie sie sich als Arbeitgeber von Wettbewerbern im Kampf um gut qualifizierte Fachkräfte profilieren können.

Wertschöpfungskette im Dienstleistungssektor

Chidley & Pritchard (2014) erklären mit Bezug auf die Arbeiten von James Heskett an der Harvard Universität in den 1990er Jahren die Wertschöpfungskette im Dienstleistungssektor. Nach diesem Modell werden Profit und Wachstum in erster Linie durch Kundenbindung erreicht. Kundenbindung sei ein Ergebnis der Kundenzufriedenheit und Kundenzufriedenheit sei wiederum stark beeinflusst durch den subjektiven Wert einer DL, der von der KundIn wahrgenommen wird. Dieser Wert werde durch zufriedene, loyale und produktive MitarbeiterInnen geschaffen. Profit und Wachstum hängen eng mit der Mitarbeiterzufriedenheit zusammen. Die Kette der Kundenzufriedenheit beginnt nach Chidley & Pitchard also mit der Mitarbeiterzufriedenheit und Loyalität (Chidley & Pritchard 2014: 293f.).

Die „Service-Industrie" hat hier inzwischen ihre Modelle u. a. im Marketing und Qualitätsmanagement weiterentwickelt und die Dienstleistungsforschung gewinnt zunehmend an überprüftem Wissen zu Wirkungen und Wechselwirkungen von Einflussfaktoren für die Mitarbeiter- und Kundenzufriedenheit.

Marktgläubigkeit Marktfeindlichkeit

Die Helferbranche hängt überwiegend am Tropf der gesetzlich reglementierten und staatlichen Kostenträger gegenüber denen die „KundIn" als rat-/hilfesuchenden Person meist in einer existenziell bedeutsamen oder bedrohten Lage wenig Macht und Einflussmöglichkeiten hat. Vielleicht liegt es daran, dass sich die Einschätzung der „Kundenzufriedenheit" durch die Leistungserbringer zwischen Marktgläubigkeit und Marktfeindlichkeit bewegt und die EndverbraucherInnen sozialer Dienstleistungen in ihrer Qualitätswahrnehmung immer noch wenig Beachtung finden. Zufriedenheitsbefragungen, wie sie beispielsweise beim sog. „Pflege-TÜV" durchgeführt werden, liefern fast durchgehend Spitzenwerte (vgl. Sünderkamp 2014), denen Skandalmeldungen in der Presse gegenüberstehen. AdressatInnen mit schwersten, vor allem auch kognitiven Einschränkungen und mit dem höchsten Risiko, dass ihre Bedürfnisse und Anforderungen bei der Leistungserstellung nicht entsprechend berücksichtigt werden, fallen aus den methodisch wenig anspruchsvollen Zufriedenheitsumfragen heraus. Auch wenn augenscheinlich die „KundInnen" der Helferbranche nur mit wenig Macht ausgestattet sind, so sind ihre Hilfe-Bedarfe und ihre Hilfe-Erfahrungen letztlich die Legitimation des „helfenden Betriebs", der sich meist über öffentliche Mittel und Mitgliedsbeiträge finanziert. Während die Wirkungsbeziehung von unzufriedenen und Stress belasteten HelferInnen auf die Kundenzufriedenheit bereits untersucht ist (vgl. u. a. Frey 2013: 103), stellt sich auch umgekehrt die Frage, wie unzufriedene und unter personaler Deprivation leidende EndverbraucherInnen von sozialen Dienstleistungen auf das Befinden der internen Kontaktpersonen wirken. Die Dienstleistungsforschung zeigt hier erste gute Ansätze, auch eines kausalen Wirkungsnachweises der Kundenzufriedenheit als Determinante der Mitarbeiterzufriedenheit. Die methodischen Anforderungen für solche ursächlichen Wirkungsnachweise sind sehr hoch und in der Sozialforschung, die in der Regel im Feld mit zahlreichen, schwer zu kontrollierenden Einflüssen erfolgt, besonders aufwändig. Die Evidence-Lage bzgl. des Zusammenhangs von Kunden- und Mitarbeiterzufriedenheit ist keinesfalls als homogen zu bezeichnen. So gibt es auch Studien, die keine Korrelation belegen oder den Zusammenhang nur in eine Richtung, von der Mitarbeiterzufriedenheit zur Kundenzufriedenheit, aber nicht umgekehrt (vgl. Jeon & Choi 2012) nachweisen. Bei der Übertragung der Ergebnisse sind auch setting- und populationsspezifische Merkmale zu beachten. Frey (2013) gelang in einer Stichprobe (n = 250, Rücklaufquote 20,6 %) von sog. Professional Services Unternehmen mit mehr als sechs MitarbeiterInnen in Deutschland der Nachweis eines Kausalzusammenhangs zwischen Kundenzufriedenheit und Mitarbeiterzufriedenheit sowie von positiven Effekten von der Mitarbeiterzufriedenheit auf die Mitarbeiterbindung (Frey 2013: 114f.). Das Angebot von wissensintensiven Dienstleistungen des Untersuchungssamples in der Studie von Frey stimmt mit einem wichtigen Kennzeichen der Sozial- und Gesundheitswirtschaft überein. Andere Charakteristika der Dienstleistung, wie z. B. die Zuwendungsbeziehung fehlen in dieser Zufallsauswahl von Unternehmen. Angesichts der spezifischen Motivationslage der Beschäftigten in der Sozial- und Gesundheitswirtschaft und der besonders intensiven Interaktion zwischen interner Kontaktperson und AdressatIn dürften die Effekte, so die Hypothese, in der Sozial- und Gesundheitswirtschaft noch stärker ausgeprägt sein. Gerade in solchen DL-Bereichen, in denen die internen Kundenkontaktpersonen z. B. aufgrund des Außendienstes mehr Kontakt zur KundIn als zu Vorgesetzten und KollegInnen des Unternehmens haben, spielt die KundIn als **relationaler Bezugspunkt für die Mitarbeiterzufriedenheit** eine wesentliche Rolle. Erhält beispielsweise die MitarbeiterIn eines ambulanten Pflegedienstes von Ihren KundInnen positive Rückmeldungen und Anerkennung für ihre Dienste, so kann dies stärker motivierend wirken als das einmalige Lob der PflegedienstleiterIn bei der monatlichen Teambesprechung.

Dienstleistungsforschung

KundIn als relationaler Bezugspunkt für die Mitarbeiterzufriedenheit

Wenn wenig Wert auf eine gelungene, d. h. die AkteurInnen in ihrem Person-sein fördernde, Service-Beziehung gelegt wird, betrifft das stets AdressatIn *und* AnbieterIn gleichermaßen. Das bedeutet, dass Kunden- und Mitarbeiterorientierung in der Personalwirtschaft sozialer und gesundheitsbezogener Dienstleistungsorganisationen nicht voneinander zu trennen sind und mit gleich hohem Engagement betrieben werden sollten. Kann die AnbieterIn aufgrund Zeitmangels oder eingeschränkter Empathie auf das Bedürfnis nach Wertschätzung und Selbstbestimmung der rat-/hilfesuchenden Person nicht eingehen, so bleibt das Gefühl der Depersonalisation und Wertminderung auf beiden Seiten haften.

Empathie
Wertschätzung
Selbstbestimmung

Angesichts der skizzierten Situation auf dem Arbeitsmarkt und der Bedeutung des internen Kundenkontaktpersonals für die Wertschöpfung und Kundenbindung ist ein strategisches Personalmarketing für soziale und gesundheitsbezogene Dienstleistungsorganisationen unabdingbar. Dies ist in der Sozial- und Gesundheitswirtschaft in erster Linie eine Frage der Humanität, weil der Umgang mit Menschen in zumeist existenziell bedeutenden oder sogar bedrohlichen Lebenslagen eine nicht zweckorientierte Zuwendung erfordert. Die positiven Effekte auf die Kostenstruktur und Ertragslage, weil z. B. durch Mitarbeiterbindung geringere Personalersatzkosten anfallen und durch Kundenbindung aufgrund hoher Kundenzufriedenheit geringere Kundenakquisekosten, sind jedoch für das Überleben der Organisation und für die Volkswirtschaft von hoher Bedeutung. Personalbindung hat bei wissensintensiven Dienstleistungen, wie den sozialen und gesundheitsbezogenen DL, eine besondere Relevanz, da bei Kündigung mit der MitarbeiterIn nicht nur die Person, sondern auch mit ihr das Wissen und die Erfahrung gehen. Formal können wohl Qualifikationen ggf. ersetzt werden, aber spezifisches Anwendungswissen und wie die Organisationsphilosophie konkret in der DL umgesetzt werden kann, gehen verloren. In sozialen und gesundheitsbezogenen DL-Organisationen spielen Leitbilder und die dahinter liegenden Werte eine besondere Rolle, da diese nach innen und außen Vertrauen und Sinn vermitteln. Was es aber bedeutet, diese Werte in der Alltagspraxis mit der AdressatIn zu leben und konkret in der Leistungsgestaltung umzusetzen, muss erst erschlossen werden. Diese Anpassungsprozesse sind von neuen MitarbeiterInnen zu leisten, ganz zu schweigen von den Teamentwicklungsprozessen, die empfindlich von Fluktuation berührt werden.

Exkurs (Personalmarketing)[22]

Internes Personalmarketing

5.1.1 Internes Personalmarketing unter dem Blickwinkel des SSD

Zunächst soll nun das interne Personalmarketing näher unter dem Blickwinkel des Social Service Design beleuchtet werden. Im klassischen Dienstleistungsmarketing wird die Beziehung zwischen KundIn und internem Kontaktpersonal im Customer Relationship Marketing (CRM) gezielt zur Absatzförderung eingesetzt. Mit der Personalpolitik sollen Kundenakquise und -bindung über die systematische Förderung bestimmter Verhaltensmerkmale des internen Kundenkontaktpersonals, wie Freundlichkeit, Zuverlässigkeit, Pünktlichkeit und Erhöhung der Beratungsqualität (Meffert/Bruhn 2012: 138f.) erreicht werden.

---

22 „Generell kann man Personalmarketing als eine abgestimmte Kombination von Maßnahmen beschreiben, die Mitarbeiter veranlassen sollen, in das Unternehmen zu kommen, langfristig zu bleiben und motiviert und engagiert Leistungen für das Unternehmen zu erbringen. Aufgabe des externen Personalmarketings ist dabei schwerpunktmäßig, die Mitarbeiter zu werben und auszuwählen, Zielsetzung des internen Personalmarketings, die Mitarbeiter motiviert zu binden." (Foidl-Dreißer et al. 2004: 161) „Das primäre Ziel des Personalmarketings besteht in der Schaffung von Voraussetzungen zur langfristigen Sicherung der Versorgung einer Unternehmung mit qualifizierten und motivierten Mitarbeitern." (Zaugg 1996: 34) Personalmarketing richtet sich an vorhandene und potenzielle MitarbeiterInnen bzw. BewerberInnen.

Implementierung

Soziale und gesundheitsbezogene Dienstleistungen *mit Zuwendungsbeziehung* lassen sich jedoch schon aus ethischen Gründen nicht einfach in diese Systematik des klassischen Dienstleistungsmarketings einordnen. Da die Zuwendungsbeziehung eine spontane und zwecklose, menschliche Regung ist, lässt sie sich nicht verordnen oder im Rahmen einer Serviceorientierung auf dem Level des nach außen hin darzustellenden Freundlichkeitsniveaus halten. Schließlich ist gerade die Zuwendungsbeziehung für viele MitarbeiterInnen ein wesentlicher Anreiz zum Erlernen und zur Ausübung des Berufes. Für die AdressatInnen bedeutet sie Vertrauen und kann sogar heilend und fördernd wirken (Watson 1996).

Zuwendungsbeziehung

Die Personalpolitik sollte bereits durch die Grundannahme des Service Design-Ansatzes, dass Servicequalität und das Erleben der sozialen und gesundheitsbezogenen Dienstleistung durch die NutzerIn stark von der inneren Verfassung und nicht nur vom Verhalten der internen Kontaktperson abhängig sind (co-kreativer Gestaltungsprozess), geprägt sein. Die Herausforderung des Unternehmens besteht nicht nur darin, die auf Seiten der KundInnen gewünschten Verhaltensweisen bei den MitarbeiterInnen zu fördern, sondern die MitarbeiterInnen zu befähigen und vor allem zu ermächtigen, Spielräume so zu gestalten, dass mit der KundIn Wert konstruiert und identitätsförderndes Erleben auf beiden Seiten ermöglicht wird. An den Stellen, an denen VertreterInnen des DL-Unternehmens direkt mit der KundIn interagieren (Service Encounter oder Frontline), wird die versprochene Leistungsfähigkeit in der Angebotsphase und Potentialdimension zum greifbaren Produkt im Sinne erlebter Zuwendung, Emotion und menschlicher Interaktion. Die auf dem Flyer versprochene menschliche Nähe kann erfahren und konkret erlebt werden. Sie bekommt ein Gesicht und die AdressatIn erfährt sich über die Kontaktperson als Mensch, dem bei gelungener Interaktion Wertschätzung entgegengebracht wird. Service Design arbeitet mit seinen Instrumenten diese Kontaktpunkte sorgfältig heraus und gestaltet sie aus der Erlebensperspektive der KundIn. Weil sich die Wahrnehmung der DL durch die KundIn an diesen Kontaktpunkten entscheidet, werden diese räumlichen und zeitlichen Schnittstellen der Interaktion zwischen internem Kundenkontaktpersonal und KundIn auch als „Moments of Truth" (Momente der Wahrheit) bezeichnet. In Abb. 18 wurde dazu eine Dienstleistungsblaupause zu dem Beispiel „Hausarztbesuch bei akuter Durchfallerkrankung" gezeichnet.

Co-kreativer Gestaltungsprozess

Kontaktpunkte

Exkurs (Internes Marketing)[23]

Die Marketingliteratur hält sich jedoch bedeckt bezüglich der Frage, wie nun die mitarbeitergerichteten Zielgrößen (z. B. Mitarbeiterzufriedenheit, Selbstbestimmung im Arbeitsleben) gleichzeitig mit den kundengerichteten Erwartungen an das Verhalten der MitarbeiterInnen erfüllt werden sollen,

---

23 „Internes Marketing beinhaltet die systematische Optimierung unternehmensinterner Prozesse mit Instrumenten des Marketing- und Personalmanagements, um durch eine konsequente und gleichzeitige Kunden- und Mitarbeiterorientierung das Marketing als interne Denkhaltung durchzusetzen, damit die marktgerichteten Unternehmensziele effizient erreicht werden (Bruhn 2010c, S. 86)." (zit. in Meffert/Bruhn 2012: 138f.)

insbesondere wenn es zu Interessenkonflikten kommt. Steigerung von Motivation und Zufriedenheit sowie Bindung der MitarbeiterInnen an das Unternehmen werden mit dem Zweck verfolgt, Kundenzufriedenheit und Bindung zu erreichen. Lässt sich aber das Handeln der MitarbeiterInnen im unmittelbaren „Kunden"-kontakt bei Dienstleistungen mit *Zuwendungsbeziehung* überhaupt in diesem Maße beeinflussen und strategisch planen? Das klassische Dienstleistungsmanagement klammert die Zuwendungsbeziehung als wichtige Dimension des Leistungsprozesses aus. Die Entscheidungs- und Handlungsspielräume, die das Management in den Unternehmen sozialer und gesundheitsbezogener Dienstleistungen dem Kundenkontaktpersonal zur Gestaltung der Zuwendungsbeziehung lassen, sind meist das Ergebnis einer persönlichen und zufälligen Entscheidung und weniger einer bewusst gewählten Strategie. Im Rahmen eines umfassenden Service Design-Ansatzes sollen nun die nachfolgend aufgeführten, strategischen Entwicklungs- und Arbeitsfelder des internen Marketings gestaltet werden.

Dienstleistungen mit Zuwendungsbeziehung

Die strategischen Entwicklungs- und Arbeitsfelder des internen Personalmarketings im Zusammenhang mit Service Design sind:

Qualität des Arbeitslebens

- die Mitarbeiterzufriedenheit und weiterführend die Qualität des Arbeitslebens (QoWorkLife), welche die individuellen Bedeutungszuschreibungen der MitarbeiterIn an ihre Arbeitswelt einschließt
- Adhärenz zum Unternehmen/zur Marke (Mitarbeiterbindung)
- aktives, co-kreatives Mitwirken der MitarbeiterInnen an der Neuanlage und Gestaltung von Dienstleistungen z. B. Marktforschung durch interne Kontaktpersonen als Input für den Designprozess
- gezielte Gestaltung von Freiräumen für spontane Zuwendungsbeziehung und Zuwendungsarbeit mit der AdressatIn

Zuwendungsbeziehung und Zuwendungsarbeit

Wohlergehen und Qualität des Arbeitslebens (Quality of Worklife, QoWorkL) als Alleinstellungsmerkmale

Qualität des Arbeitslebens (Quality of work life)

Das Arbeitsleben macht einen Großteil unseres Lebens (bei einer Vollzeitbeschäftigung immerhin etwa acht Stunden des Tages) aus und bestimmt wesentlich unsere insgesamt empfundene Lebensqualität (Clarke & Brooks 2010). Die Qualität des Arbeitslebens (Quality of work life) ist ein mehrdimensionales, individuelles bzw. subjektives und dynamisches Konstrukt, das umfassender als die Arbeitszufriedenheit (work satisfaction) auch Dimensionen, wie z. B. Autonomie, Wirkung von Organisationskultur und Arbeitsklima, erfasst. McGillis Hall und KollegInnen haben 2005 für die Pflege die nachfolgend aufgeführten Indikatoren der Qualität des Arbeitslebens mittels systematischer Literaturübersicht identifiziert, deren Übertragbarkeit auf andere soziale Dienstleistungsbereiche zu prüfen ist:

Implementierung

- Personalmix in Bezug auf Qualifikation, Arbeitszeit, Ausbildung, Erfahrung, Ausfallzeiten und Herkunft (internes oder externes Personal/Personalleasing)
- Grad an Autonomie und Entscheidungsspielraum, wie er von den MitarbeiterInnen wahrgenommen wird
- Entwicklungs- und Karrieremöglichkeiten
- Dichte der Kontrolle durch die Bereichsleitung
- Teamarbeit
- Organisationsklima und -kultur
- Arbeitszufriedenheit
- Arbeitsbelastung und Produktivität

Autonomie und Entscheidungsspielraum

(McGillis Hall et al. 2006: 10)

Eine gute Qualität des Arbeitslebens ist nicht zuletzt auch die Voraussetzung für eine der AdressatIn zugewandten Dienstleistung, die neben rein instrumentellen, verrichtungsbezogenen Anforderungen auch die Dimension der Lebenswirklichkeit und persönlichen Bedeutungszuschreibungen („system of personal meaning" nach Rubinstein 2000: 21) mit einbezieht. Dies trifft insbesondere für Bereiche der sozialen und gesundheitsbezogenen Dienstleistungen zu, in denen die unmittelbaren Kontaktpersonen häufig als „LebensbegleiterInnen" über einen langen Zeitraum am Leben der AdressatInnen teilhaben, wie dies beispielsweise in stationären Einrichtungen der Behinderten-, Jugend- und Altenhilfe der Fall ist.

Lebenssinn und Freude am Leben werden in solchen Einrichtungen im sozialen Austausch miteinander konstruiert. Auch wenn die HelferInnen die Einrichtungen immer wieder verlassen und in ihr eigenes, privates Leben außerhalb zurückkehren können, so verbringen sie doch einen großen Teil ihrer Lebenszeit im Lebensmittelpunkt der HeimbewohnerInnen. Die Bedeutung der Qualität des Arbeitslebens für das Wohlergehen der HelferInnen ist zwischen diesen vollstationären Leistungsangeboten und einmaligen, reinen Informationsangeboten abzustufen. Dennoch sollte sie stets im Blick verantwortlicher PersonalmanagerInnen in der Sozial- und Gesundheitswirtschaft sein.

Lebenssinn und Freude am Leben

Die europaweit angelegte RN4CAST-Studie über die Arbeitsbedingungen der Pflegekräfte in akutstationären Einrichtungen legte Zufriedenheitskategorien, wie die Qualität des Arbeitslebens (Quality of Working Life), Arbeits- und Berufszufriedenheit (job satisfaction) und deren Erfüllung aus Sicht der Befragten dar, wobei zum Teil besorgniserregende Ergebnisse zu Tage kamen, die Burnout, das frühe Ausscheiden aus dem Beruf oder mangelnde Pflegequalität bis hin zur erhöhten Mortalität (Sterblichkeit) der PatientInnen zur Folge haben (Heinen et al. 2013).

Die Querschnittserhebung mit insgesamt 33.659 Pflegekräften in 12 europäischen Ländern zeigt, dass die quantitative und qualitative Personalplanung einen großen Einfluss auf die Ergebnisse seitens der PatientInnen (Sterblichkeitsrate) sowie auf das Wohlbefinden der Pflegenden selbst (z. B. Burnout, Berufsausstieg) hat (Aiken et al. 2013).

Person-gebundene Ressourcen

In Verbindung mit den EUROSTAT-Daten ist zu konstatieren, dass schlechte Personal-Bedarfsplanung und ein damit verbundener Arbeitskräftemangel in einem Land Europas nicht nur die Stabilität der Arbeitskraft im eigenen Land, sondern auch die anderer Länder (vor allem Nachbarländer mit niedrigerem Lohnniveau) durch internationale Migrationsbewegungen gefährdet. Spätestens seit dem Gesetz über die allgemeine Freizügigkeit von Unionsbürgern ist dies nicht nur mehr eine Frage der Personalpolitik auf Organisationsebene, der Arbeits- und Berufspolitik auf nationaler Ebene sondern eine Frage nachhaltiger Europapolitik (Rodrigues et al. 2012). Der Nachhaltigkeitsbegriff kann in der Sozial- und Gesundheitswirtschaft auf wichtige, Person-gebundene Ressourcen (z. B. Wissen, Zuwendung, Fähigkeit zur Lösungsverständigung) ausgedehnt werden. Die Grundregel der Forstleute in der Zeit um 1800: „Die Nutzung der Naturgüter findet in der Rate des natürlichen Wachstums ihre absolute Höchstgrenze" gilt weiter und muss zudem auf die Nutzung der menschlichen Arbeitskraft als Ressource übertragen werden und könnte angesichts des Fachkräftemangels und der Wanderbewegungen von ArbeiterInnen in Europa so lauten:

Die Nutzung Person-gebundener Ressourcen in der Dienstleistung findet in der Sozial- und Gesundheitswirtschaft da seine Grenze, wo die Regenerationsfähigkeit, die Bereitschaft zur Wanderung und zur Abgabe freiwilliger Zuwendung der Person aufhört.

Intelligentes, nachhaltiges und integratives Wachstum Wohlfahrtsökonomie

Dazu benötigt das Wirtschaftssystem weiterentwickelte und komplexere Indikatoren zur Steuerung des Wachstums als das Bruttoinlandsprodukt (BIP) – wie z. B. die EUROSTAT-Nachhaltigkeitsindikatoren. So verfolgt die Boston Consulting Group seit einigen Jahren die ökonomische Entwicklung auf Basis des sog. **Sustainable Economic Development Assessment (SEDA)**. Mit diesem zehn Dimensionen umfassenden Indikator kann die volkswirtschaftliche Entwicklung wesentlich differenzierter im Hinblick auf ein nachhaltiges Wachstum verfolgt werden, als mit dem BIP alleine (vgl. BCG 2013). Mit dem SEDA-Assessment ist ein Steuerungsinstrument für die im Juni 2010 vom Europarat beschlossene EUROPA 2020 Strategie für Beschäftigung und intelligentes, nachhaltiges und integratives Wachstum entwickelt worden. Dabei stehen ausdrücklich auch Dimensionen der gesellschaftlichen Wohlfahrt und der Lebensqualität im Fokus der Beobachtung des Wirtschaftswachstums, ganz in der Tradition der Wohlfahrtsökonomie. Die langfristige Wertentwicklung kann mit Hilfe dieser Indikatoren verfolgt und belegt werden, sodass die in der *Theorie der Wertkonstruktion* (vgl. Teil I) vermuteten Wirkungen erfasst, wenn auch nicht ursächlich belegt werden können.

Sollen im Sinne dieses mehrdimensionalen und nachhaltigen Begriffs der Wirtschaftsentwicklung Organisationen der Sozial- und Gesundheitswirtschaft geführt werden, so sind die in dieser Branche so wichtigen und werttreibenden Person gebundenen Ressourcen zu schonen und zu entwickeln. Clarke und Brooks belegen einen statistischen Zusammenhang zwischen Arbeitszufriedenheit der Pflegekräfte und Ergebnisqualität (Patientenoutcome) in der Pflege. Die RN4Cast-Studie liefert zumindest für den Pflegebereich dichtes Datenmaterial für Europa, wobei die Auswirkungen mangelnder Arbeitszufriedenheit auf die Arbeitsergebnisse auch hohe wirtschaftliche Relevanz haben. Es gilt mittlerweile als wissenschaftlich gut belegt, dass zu wenig und schlecht ausgebildetes Personal in der Pflege, das risikoadjustierte Mortalitätsrisiko und die Rate an unerwünschten Ereignissen im Krankenhaus statistisch nachweisbar erhöhen. Verlängerte Krankenhausaufenthalte, aufgrund von Komplikationen, sind für die betroffenen PatientInnen belastend und kosten Geld. Neben adäquater, dem Patientenaufkommen und dem Pflegebedarf entsprechender Personalausstattung ist nach Entlastungs- und Unterstützungssystemen zu suchen, die nachweislich erwünschte Wirkungen auf die Qualität des Arbeitslebens zeigen. Die Qualität des Arbeitslebens ließ sich bisher jedoch nur als globales Konzept erfassen. Differenzierte Analysen anhand einzelner Dimensionen waren nicht möglich (Clarke & Brooks 2010: 302). Es werden jedoch zunehmend mehr und verlässlichere Instrumente zur Erhebung dieses komplexen und individuellen Konstruktes entwickelt, so z. B. der „Work Quality Index", sodass Wirkungsnachweise möglich sind.

Der „Work Quality Index (WQI)" umfasst sechs Subskalen zu den relevanten Dimensionen dieses Konzeptes:

- professionelle Arbeitsumgebung,
- Autonomie,
- subjektiver Wert der Arbeit,
- professionelle Beziehungen,
- Rollenbeziehungen und
- Anreize

und beinhaltet 38 Likert-Skalen mit 7-stufiger Bewertungskategorie

(McGillis Hall et al. 2006: 19).

Aus einer Social Service Design Perspektive müsste die Interaktionsbeziehung der Kundenkontaktpersonen mit den KundInnen noch spezifischer ggf. in der Kategorie „professionelle Beziehungen" betrachtet werden. Gestaltungsräume für die Zuwendungsbeziehung wären dabei gezielt einzuplanen und intern zu kommunizieren. MitarbeiterInnen spielen auf allen Ebenen des Marketings, der Marktforschung, sowie der Entwicklung der Marketingstrategie und Marktbearbeitung eine wichtige Rolle. Faktisch werden diese Rollen von den MitarbeiterInnen mehr oder weniger bewusst wahrgenommen, jedoch kaum reflektiert und gezielt gestaltet.

Social Service Design Perspektive

Nehmen wir z. B. eine HelferIn eines Wohlfahrtverbandes, der damit wirbt, dass für ihn der Mensch im Mittelpunkt stehe. Letztlich ist es die HelferIn im unmittelbaren Kontakt mit der AdressatIn, die weiß, was es für die jeweils einzigartige KlientIn bedeutet, „im Mittelpunkt" zu sein. In der Interaktion wird es für die KlientIn greifbar und wahrnehmbar, was es heißt, im Zentrum des Interesses (oder auch nicht) zu sein. Wird der Leitsatz nur für die KlientInnen und nicht für die MitarbeiterInnen ausgelegt, so kann dieser für die HelferIn schnell zur hohlen Formel verkommen. Sie fühlt sich selbst nicht als Mensch wahrgenommen und wertgeschätzt und wird deshalb die Leitformel mit der KlientIn auch schwerlich umsetzen können. Bindet der Wohlfahrtsverband die MitarbeiterInnen jedoch von Anfang an in die Strategieentwicklung des Marketings ein, könnte aus dem Allerweltsleitspruch ein wirklich sinnvermittelnder und die KlientInnen ansprechender Leitsatz werden, der zudem vom Personal nicht nur mit getragen sondern auch in der Interaktion mit der KlientIn gelebt und erlebt würde.

5.1.2 Employer Branding als wichtige Strategie im Personalmarketing

SSD als Markenmerkmal

Employer Branding

Aus der Perspektive des klassischen Personalmarketings kann nun das Konzept des internen Marketings mit dem Employer Branding, d.h. der Aufbau und die Pflege von Unternehmen als Arbeitgebermarke, verknüpft werden. Arbeitgebermarkenbildung kann als Instrument des Personalmarketings eingesetzt und mit dem klassischen Marketingmix ausgestaltet werden. Ziel ist die Neugewinnung, Rekrutierung und Bindung von Fachkräften über Identifikation mit den Markeneigenschaften, über den Wiederkennungswert und die Anziehungskraft der Arbeitgebermarke.

Arbeitgeber Attraktivität

Nach Nagel (2011) gibt es für die Arbeitgeber Attraktivität fünf Treiber:

- ❒ Job Charakteristika bzw. Eigenschaften
- ❒ Menschen und Unternehmenskultur
- ❒ Reputation/Image
- ❒ Gehalt und Karrieremöglichkeit
- ❒ Glaubwürdigkeit

Jobeigenschaften

Jobeigenschaften sind teilweise immanent, also dem jeweiligen Aufgabenbereich innewohnend und kaum veränderbar, oder gestaltbar. Die veränderbaren Anteile können als Ansatzpunkte für das Marketing entsprechend den Anforderungen der umworbenen Fachperson, dienen. Die Anforderungen durch die KlientInnen beispielsweise sind gegeben, aber die Unterstützung des Arbeitgebers im Umgang damit (z.B. verstehende Diagnostik, Kommunikations- und Interaktionskonzepte z.B. Deeskalationstraining, Validation, Hilfsmittel, unterstützende Technologien) kann gestaltet werden. SSD bietet hier aktive und mitbestimmende Gestaltungsmöglichkeiten.

Gehalt und Karrieremöglichkeiten sind in der Sozial- und Gesundheitswirtschaft durch das Tarifrecht (z.B. TVöD) und gesetzliche Vorschriften (z.B. Mindestanforderungen an die Qualifikation einer Heimleitung nach Heimpersonalverordnung) größtenteils vorgegeben. Möglichkeiten der leistungsbezo-

Implementierung

genen Sondervergütung, die z. B. auch der TVöD zunehmend bietet, und nicht monetäre Anreize (z. B. Ermäßigungstarif im Fitnessstudio, private Nutzung des Dienstwagens) können jedoch vom Arbeitgeber bestimmt werden. Für die Karriereplanung sind die vielen Möglichkeiten der Teilzeitbeschäftigung und der Schichtdienst in der Sozial- und Gesundheitswirtschaft von Bedeutung. Berufsbegleitendes Studium und Weiterbildungsmaßnahmen können dabei mit dem Job meist gut vereinbart werden.

Arbeitsplatzsicherheit stellt eine Stärke in vielen Bereichen der Sozial- und Gesundheitswirtschaft dar, nicht nur weil im öffentlichen Dienst viele Arbeitsplätze unbefristet sind sondern weil insbesondere die Gesundheitswirtschaft ein „Wachstumsmarkt" ist (vgl. Teil I).

Arbeitsplatzsicherheit

Arbeitsumfeld, Standort: Grundsätzliche Standorteigenschaften, wie Lage und Verkehrsanbindung sind nach gefallener Standortentscheidung nur noch wenig gestaltbar, dennoch können Nachteile ausgeglichen (z. B. firmeneigenes Ruftaxi, Betriebskindergarten) und Vorteile kommuniziert werden. Die Arbeitsumfeldgestaltung spielt bei sozialen und gesundheitsbezogenen Dienstleistungen, die als Vertrauensgüter zu bezeichnen sind, eine wichtige Rolle.

Arbeitsumfeld, Standort

Mit den Tools des SSD (z. B. Behavior Mapping) werden nicht nur das tangible Umfeld für die KundIn, sondern auch das Arbeitsumfeld der MitarbeiterInnen person- und erlebensorientiert gestaltet.

Der **Verantwortungsbereich** des Stellenprofils ist entsprechend den Aufgaben, der Qualifikation der StelleninhaberIn und ihrem Verantwortungsbedürfnis angemessen zu gestalten. Für die Wahrnehmung der DL als flexible, auf die individuellen Bedürfnisse zugeschnittene Leistung durch die AdressatIn, ist die Entscheidungskompetenz in Bezug auf klientenorientierte Prozesse möglichst nah an der KlientIn auszurichten. Das bedeutet z. B. dass Entscheidungsbefugnisse in Bezug auf die Hilfeplanung bei der HelferIn im unmittelbaren Klientenkontakt liegen sollen.

Entscheidungskompetenz

SSD bindet die MitarbeiterIn in die Verantwortung der marktorientierten Ausrichtung des Leistungsangebotes unmittelbar ein. Die Methodenvielfalt des SSD bietet dabei für die einzelnen MitarbeiterInnen jeweils adäquate Möglichkeiten, sich in den Produktentwicklungsprozess einzuschalten. MitarbeiterInnen im unmittelbaren Kundenkontakt erleben sich als kompetent und wertgeschätzt.

Verantwortung

Aufgaben bzw. Aufgabenprofile sind zu erheben und zu gestalten, sowie der Leistungsfähigkeit und dem Leistungswillen (bis zu einer gewissen Grenze) anzupassen. Profilierungsmöglichkeiten über Sonderaufgaben (z. B. Beauftragte für Qualität), Projektarbeit, Vertretung des Arbeitgebers nach Außen, Teilnahme an überregionalen Konferenzen, Kooperations- und Netzwerkarbeit können geringe Karrieremöglichkeiten und Einseitigkeit im Aufgabenprofil kompensieren.

Kreative Gestaltung von Aufgabenprofilen

Zum Thema Work-Life Balance ist der Umgang mit Erreichbarkeit per Email oder mobiler Telefonie auch außerhalb der Dienst- bzw. Arbeitszeiten zu klären. Dienst- und Einsatzplanung sowie Ausfallzeitenmanagement (z. B. Pool, Bereitschaftsdienstmodelle) spielen in der Sozial- und Gesundheitswirtschaft eine erhebliche Rolle in Bezug auf Arbeitgeberattraktivität.

SSD kann das Aufgabenspektrum erweitern und mit seinen kreativen Anteilen bereichern. Beim Story Telling z. B. kann jede MitarbeiterIn einen Beitrag leisten. Der Einblick in andere Aufgabenbereiche bietet neue Perspektiven und Abwechslung. Betriebliche Zusammenhänge werden erkannt und die Bedeutung des eigenen, begrenzten Aufgabenbereichs für das Gesamtprodukt und den Betrieb wird deutlich.

Arbeitszeit-Flexibilität z. B. über Arbeitszeitkonten und Gleitzeit-Regelung kann die Nachteile und Belastungen durch Schichtdienst z.T. kompensieren sowie Karrieremöglichkeiten (z. B. berufsbegleitendes Studieren) eröffnen. Alle **Maßnahmen der Personalentwicklung**, „into the job", „on the job", „near the job", „along the job" und „off the job" (vgl. Friedrich 2010: 81ff.), können als Ansatzpunkte für das Personalmarketing gesehen werden.

Mobilität und Internationalität können gerade in der Sozial- und Gesundheitswirtschaft die Arbeitgeberattraktivität insbesondere bei jungen Fachkräften erhöhen. Eine Hospitation in einer Einrichtung mit innovativem Konzept in einer anderen Region hat vielschichtige Wirkungen, nicht nur für die Arbeitgeber Attraktivität sondern auch z. B. im Sinne der Teamentwicklung. Sind die Kosten für eine Fernreise nicht zu tragen, kann auch der Besuch von ausländischen Gästen zur Internationalisierung beitragen. Häufig suchen ausländische Universitäten Hospitationsmöglichkeiten in Deutschland. Die Internationalität der eigenen Belegschaft kann als Stärke ausgebaut und kommunikationspolitisch genutzt werden. Im SSD-Prozess können kulturspezifische Sichtweisen von den MitarbeiterInnen mit Migrationshintergrund eingebracht werden.

Reputation und Image sind meist geschichtlich gewachsene Außenwirkungen einer DL-Organisation. Die Touchpoint-Gestaltung im Recruiting Prozess, also die bewusste Gestaltung des Kontaktes mit BewerberInnen, auch mit solchen, die für die vakante Stelle nicht in Frage kommen, ist für den Ruf der Organisation von enormer Bedeutung. Dabei kann die Kontaktpunktanalyse und Gestaltung mit Hilfe des Service Blueprinting (vgl. Kap. 4.3.3) unterstützen. Medienberichte können einen über die Jahre mühsam erarbeiteten guten Ruf schnell zunichtemachen. In der Altenpflege sind viele Organisationen davon betroffen. Aber auch die „Mund-zu-Mund Propaganda" ist nicht zu unterschätzen, wobei auch hier die Bedeutung von abgewiesenen BewerberInnen auf eine Stelle hervorzuheben ist.
Die Tools des Service Design können hier hilfreich sein, um vertiefende Einblicke in die Perspektive der Fachperson als KundIn zu bekommen. Die Jobeigenschaften können dabei als Produktmerkmale mit den SSD-Tools modelliert werden.

5.2 Der Design-Ansatz als nützliche Perspektive im Beziehungsmarketing

Kritischer Moment für die Qualitätswahrnehmung einer sozialen Dienstleistung durch die „KundIn" ist die Übertragung der Leistungsbereitschaft auf die AdressatIn durch die interne Kontaktperson. In sozialen und gesundheitsbezogenen Organisationen entstehen häufig hohe Kosten durch das Vorhalten dieser Leistungsbereitschaft, insbesondere bei wissensintensiven Dienstleistungen wie z. B. die Pflege, die frühkindliche Erziehung, die Suchtberatung u.v.m. und in Bereichen, in denen die Nachfrage erheblich schwanken kann. Stellt man sich nur die Situation in der Notaufnahme eines Krankenhauses vor, so sind Hightech-Anlagen und Personal mit spezifischen Fachkenntnissen vorzuhalten bzw. in Bereitschaft zu stellen, um dann im Falle einer medizinischen Notfall- und Krisensituation zeitnah und adäquat reagieren zu können. Diese Vorhalte-Kosten sind dann beim Leistungsabruf durch die PatientIn möglichst punktgenau in eine wertschöpfende Leistung umzusetzen. Dabei ist der Wert beispielsweise nicht nur an der mit der Krankenkasse abrechenbaren Leistung zu bemessen sondern auch daran, wie das hoch spezifische Leistungsgeschehen von den AkteurInnen auf beiden Seiten, PatientIn und HelferIn, wahrgenommen wird. Auch wenn sich die PatientIn im medizinischen Notfall in der Regel die Zuweisung zu einer Klinik nicht aussuchen kann, so kann sie zumindest nach überstandener Behandlung und Genesung von ihren Erfahrungen Dritten berichten oder bei wiederholt eintretendem Bedarf darauf reagieren.

In der Managementliteratur wird diese Phase hinsichtlich der von der „KundIn" wahrgenommenen Qualität der Leistung als kritischer Moment für das Erleben der Dienstleistung und die Qualitätsbeurteilung durch die LeistungsempfängerIn gesehen. Die Interaktionslinie ergibt sich dabei aus zahlreichen sog. Kontaktpunkten, oder „kritischen Momenten", in denen die HelferIn mit der rat-/hilfesuchenden Person unmittelbar interagiert. Um an das Beispiel des Krankenhauses anzuknüpfen, ergeben sich auch bei sog. elektiven Eingriffen, also wenn eine notwendige medizinische Behandlungsmaßnahme im Krankenhaus voraus geplant werden kann, schon vor und bei der Klinik-Aufnahme kritische Momente, die über das Vertrauen und die Interaktionsbereitschaft der PatientIn entscheiden können. Klinikleitungen unterschätzen hier z. B. den Effekt der Interaktivität zwischen PatientInnen, die z. B. bei der Aufnahme warten, und auch die ersten Eindrücke, die die Aufnahmesituation vermittelt. So kann das Ziehen einer Nummer vor der Patientenaufnahme zu Übertragungen auf Vorerfahrungen mit arbeitsvermittelnden Institutionen führen oder die Kommunikation im ungeschützten Raum die PatientIn in unangenehme Situationen bzgl. der Handhabung sehr persönlicher und sensibler Daten bringen.

SSD am Service Encounter

Kritischer Moment für das Erleben

Integrationsfähigkeit und -bereitschaft der KundIn

Soziale und gesundheitsbezogene Dienstleistungen sind meist mit einem hohen Grad an Interaktion und Integration verbunden. Die „KundIn" muss auf verschiedenen Ebenen, körperlich, geistig, psychisch und seelisch in den Leistungsprozess einbezogen werden. Dabei sind ihre Fähigkeit und ihr Wille zur Integration in den Therapie- und Pflegeplan bzw. in den Pflegeprozess von internen (lebensgeschichtlich geprägten Erfahrungen und externen (z. B. Unterstützung durch Angehörige) Faktoren beeinflusst und können stark schwanken. Nach Fließ und Kolleginnen ist „die vom Kunden wahrgenommene Dienstleistungsqualität maßgeblich und unmittelbar von den verbalen und nonverbalen Personalverhaltensweisen beeinflusst" (Fließ et al. 2003: 18).

Dienstleistungskontakt

Im Dienstleistungsmanagement werden Spezifika des Dienstleistungskontaktes beschrieben, wobei nun speziell auf den Variabilitäts- und Varietätsgrad eingegangen werden soll.

Variabilitätsmarketing als Schlüssel zur Implementierung des co-kreativen Prozesses

Wissensintensive, bilateral-personenbezogene, soziale Dienstleistungen *mit Zuwendungsbeziehung* zeigen einen hohen Variabilitäts- bzw. Varietätsgrad. Sie sind hinsichtlich Vorhersagbarkeit und Zeitablauf der Veränderungen unsicher und dynamisch (vgl. Hermann 2002: 15). Dabei spielen individuelle Eigenschaften und Anforderungen der „KundInnen", der jeweiligen Situation und der organisationsinternen Begebenheiten eine Rolle. Reaktionen auf Krankheit, Pflegebedürftigkeit und soziale Notlagen sowie die damit einhergehenden Einschränkungen sind höchst individuell. So kann bei gleicher, von außen, sichtbaren Notsituation, z. B. Überschuldung und Zahlungsunfähigkeit, die persönliche Reaktion der betroffenen Person stark variieren. Während sich die Einen proaktiv selbst Rat holen und der Überzeugung sind, ihre finanzielle Situation schnell wieder in den Griff zu bekommen, verzweifeln die Anderen und entwickeln zudem psychische Auffälligkeiten bis hin zum Suizid. Dazwischen liegen zahlreiche Schattierungen möglicher Reaktionen, auf welche die HelferInnen individuell eingehen müssen. Während im **Variabilitätsmarketing** die Dynamik der im Zeitverlauf unterschiedlichen Leistungsanforderungen im Mittelpunkt steht, geht es im **Varietätsmarketing** um die Person-spezifischen Eigenschaften und Leistungsanforderungen, die sich aus den jeweils einzigartigen Reaktionen und Bedeutungszuschreibungen an die Situation ergeben.

Variabilitätsmarketing

Implementierung

Exkurs: (Variabilitäts- und Varietätsmarketing)

Variabilitäts- und Varietätsmarketing ist eine *organisationsumfassende* Aufgabe, bei der Marktforschung, strategische Entscheidung und Marktbearbeitung ineinandergreifen und welche die Individualität (Variabilität) sowie Dynamik (Varietät) der jeweils einzigartigen Lebenslagen und Gesundheitsprozesse der NutzerInnen sozialer und gesundheitsbezogener Leistungen gezielt einbezieht. Den Wert, den die sozialen und gesundheitsbezogenen Leistungen für die unmittelbaren NutzerInnen, die AuftraggeberInnen, die Kostenträger, die Partner und die Gesellschaft insgesamt hat, gilt es zu ermitteln, bei der Leistungserstellung kreativ einzubeziehen und zu erhöhen sowie zu kommunizieren. Dabei kann SSD sinnvoll unterstützen.

Die Grenzen der beabsichtigten und strategisch geplanten Marktbearbeitung werden durch den zweckfreien Raum der Zuwendungsbeziehung, die existentielle Betroffenheit und die krankheits- bzw. notlagebedingten Einschränkungen beispielsweise der Informationsverarbeitungskapazität und Entscheidungsfähigkeit der rat-/hilfesuchenden Person vorgegeben und sind aus marketingethischen und berufsethischen Gründen zu beachten. Dies stellt eine wesentliche Führungsaufgabe im Marketingmanagement sozialer und gesundheitsbezogener Dienstleistungen dar.

Marketing ist eine Aufgabe, die alle Ebenen der Organisation betrifft. Die Unternehmensleitung trifft möglichst auf Basis einer methoden- und datengestützten Marktanalyse strategische, marketingethisch reflektierte Entscheidungen zur Positionierung, die nach innen und außen kommuniziert werden. Marketing ist als ein „Set von Instrumenten zur Marktforschung, Marktbearbeitung und strategischen Ausrichtung von Organisationen" (vgl. Meffert/Bruhn 2012) zu betrachten. Aufgrund der Besonderheiten der sozialen und gesundheitsbezogenen Dienstleistung ist die Bedeutung der internen Kontaktpersonen im unmittelbaren „Kunden"-kontakt für das Marketing nicht hoch genug einzuschätzen. Als ExpertInnen der individuellen Situation der AdressatIn sind sie als „MarktforscherInnen" zu sehen. Sie können die individuellen Vorlieben aus der Vielzahl und Mehrschichtigkeit der „Kunden"-kontakte ermitteln und zugleich in die Leistungsgestaltung einbeziehen. Für diese komplexen Aufgaben benötigen die internen Kontaktpersonen Entscheidungsfreiräume und Unterstützung von Seiten der Organisation und des Managements, die gezielt im Rahmen des strategischen Marketingmanagements eingeräumt werden können.

MarktforscherInnen

Strenge Regel- und Kontrollsysteme im Sinne der Standardisierung wirken in diesem Sinne nicht nur einengend auf diese Handlungsspielräume und somit produktivitäts- und wertschöpfungshemmend sondern auch belastend für die MitarbeiterInnen, da sie u. a. deren Selbstbestimmung einschränken (vgl. Wiswede 2007). Dauerhaft hat dies nicht nur Auswirkungen auf die durch die NutzerIn wahrgenommene Qualität sondern auch auf die durch die HelferIn wahrgenommene Arbeitsbelastung und -zufriedenheit. Dies kann schließlich zu Überlastung und erhöhten Fehlzeiten durch Erkrankung führen (vgl. u. a.

BAuA 2006). Will das Management den Betrieb nachhaltig, wirtschaftlich ausrichten, sind bei der Kostenrechnung solche langfristig wirksamen (Doppel- und Mehrfach-) Effekte zu berücksichtigen. Wiswede weist jedoch auch darauf hin, dass eine höhere Spezifität der Regelung im Sinne der Standardisierung Konfusion und Unsicherheit der internen Kontaktpersonen reduzieren kann. Zu weite, dem individuellen Kompetenzprofil und der individuellen Bereitschaft zur Verantwortungsübernahme nicht angemessene Handlungs- und Entscheidungsspielräume können hingegen die HelferIn im unmittelbaren Kontakt mit der AdressatIn überfordern. Eine niedrigere Spezifität der Regelung kann aber auch motivieren und die Kreativität fördern, was wiederum mehr Innovationen im Sinne des Social Service Design nach sich zieht.

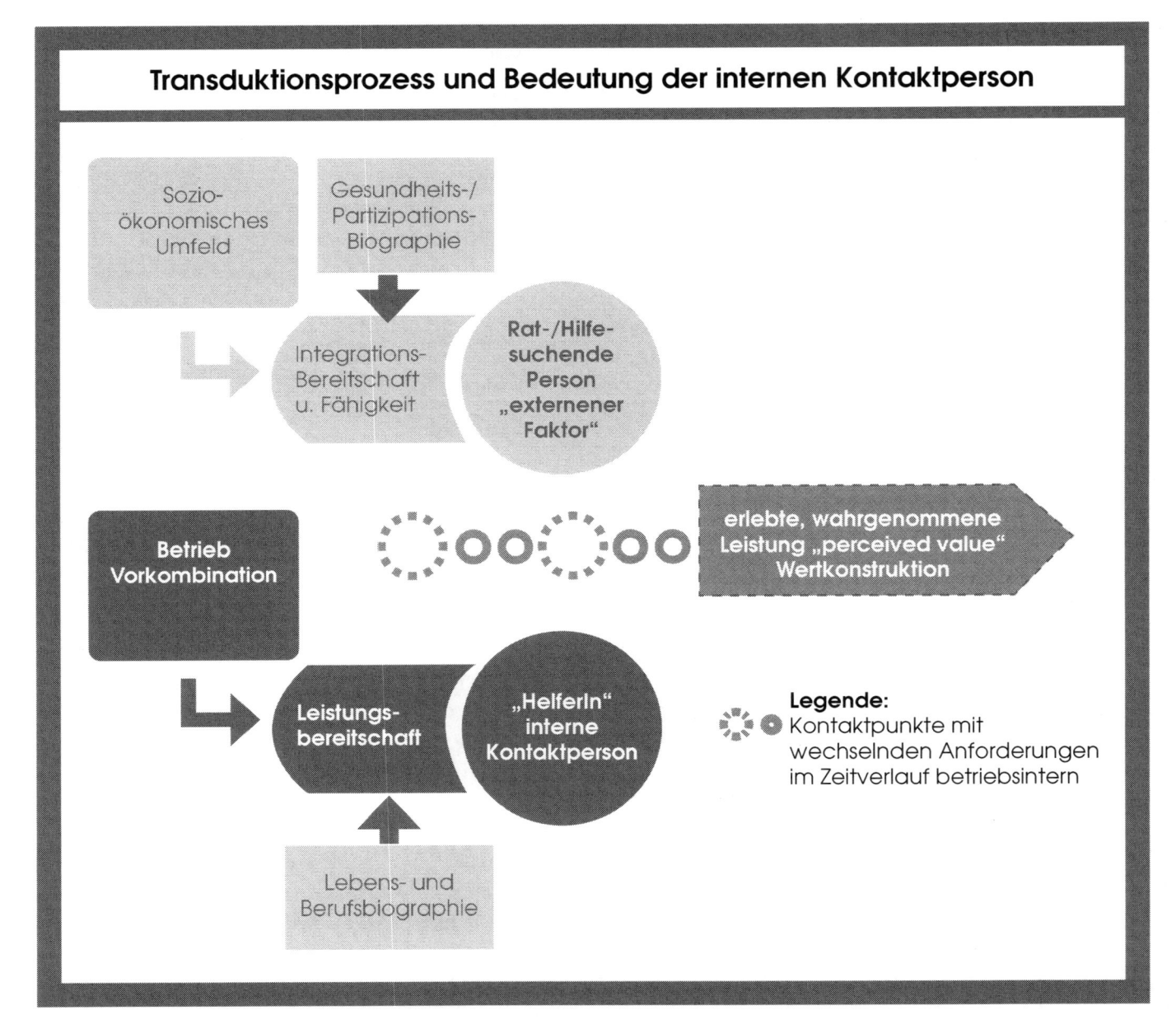

Abb. 41: Transduktionsprozess und Bedeutung der internen Kontaktperson in der unmittelbaren Interaktion mit der rat-/hilfesuchenden Person

Plädoyer für die Balance zwischen Standardisierung und Individualisierung

Individualisierung birgt ein Humanisierungspotential, indem Menschenwürde und Selbstbestimmung konkretisiert werden und nicht zur hohlen Formel des Leitbildes verkommen. Kreative, gezielte Anpassungsleistungen bergen ein noch nicht ausreichend beachtetes Markt- und Qualitätsentwicklungspotential für soziale und gesundheitsbezogene Dienstleistungen und können als Wettbewerbsvorteil genutzt werden. Insbesondere, wenn der Wert einer flexiblen, die individuellen Anforderungen der AdressatIn berücksichtigenden und zugleich fachgerechten Leistungsgestaltung kommuniziert wird. Zwischen Standardisierung und Individualisierung ist auszubalancieren. Dabei sind grundsätzliche humanistische und marktstrategische Überlegungen vom Sozial- und Gesundheitsmanagement anzustellen. Individuelle, angemessene Handlungsspielräumen für die im unmittelbaren Kundenkontakt stehenden MitarbeiterInnen sind gezielt zu gestalten. Dies hat Auswirkungen auf die Regelung von Befugnissen und damit auch auf Machtstrukturen einer Organisation. Wiswede schließt Machtkonflikte in diesem Zusammenhang nicht aus (Wiswede, 2007). Im Machtkalkül und in der Wirtschaftlichkeitsbeurteilung ist jedoch das langfristige Überleben des Betriebes auf dem Markt zu berücksichtigen und dieses ist nur mit strategischem Marketingmanagement und im Schulterschluss mit den internen Kontaktpersonen durch nachhaltige Personal- und Kundenbeziehungen zu erreichen.

Balance zwischen Standardisierung und Individualisierung

6. Entwurf einer Sozialmarketing Ethik

Sozial- und GesundheitsmanagerInnen sind mit Fragen und Konfliktsituationen im Zusammenhang mit wirtschaftlichen Entscheidungen häufig auf sich gestellt. Der Diskurs über wirtschaftsethische Fragestellungen in der Helferbranche wird noch nicht systematisch geführt. Studiengänge, in denen Sozial- und Gesundheitsmanagement gelehrt wird, sehen teilweise in den Curricula Supervision und Coaching vor. Inwiefern dort neben dem Lerncoaching auch Fragen zur beruflichen Identität und zum Berufsethos der Sozial- und GesundheitsmanagerIn besprochen werden, bleibt wohl eher der persönlichen Schwerpunktsetzung der Lehrenden und Studierenden überlassen. Ethik stellt ein Querschnittsthema dar und ethische Fragestellungen durchziehen alle Module der Curricula. Auch wenn die Sozial- und Gesundheitswirtschaftsethik in der Regel noch kein eigenes Fach darstellt, so sind Weiterbildungsangebote und Studiengänge des Sozial- und Gesundheitsmanagements dennoch als normative Inseln zu sehen. Der Rollenwechsel von der HelferIn zur Sozial- und GesundheitsmanagerIn im Rahmen von weiterführenden Qualifikationen im Leitungs- und Managementbereich darf nicht unterschätzt werden. Die Vorbereitung der angehenden Sozial- und Gesundheitsmanager auf moralische Konflikte zwischen dem Ethos des ursprünglich erlernten Hilfe-Berufes und den Anforderungen einer Leitungsfunktion in der Organisation muss Bestandteil der Ausbildung und des Studiums sein, wenn wir der Tendenz der „Ökonomisierung und Dehumanisierung" entgegenarbeiten wollen. Dabei ist ein differenzierter Begriff von Sozial- und Gesundheitsökonomie zu entwickeln, der die Wirtschaftlichkeit weder zum höchsten Postulat erhebt noch zum Feindbild erklärt.

Sozial- und Gesundheitswirtschaftsethik

Ethik kann Werte und normative Hintergründe von menschlichem Handeln und Entscheiden sichtbar machen. Im ethischen Diskurs werden Entscheidungen systematisch auf einer normativen Basis im Einzelfall und für Fallkonstellationen begründet.

Die Marketingethik im Speziellen beschäftigt sich mit moralischem Verhalten in der Ausgestaltung guter Kundenbeziehungen. Güldner begründet die Einhaltung geltender Normen der Gesellschaft bei den Marketingaktivitäten mit der Firmenreputation (vgl. Güldner 2007). Er stellt ethisch reflektierte Entscheidungsfindung damit in den Dienst der Image-Bildung. Der hier vorgestellte Entwurf einer Sozialmarketingethik bezieht sich aber in erster Linie, so wie das SSD, auf die Menschen, die auf der Mikro- und Mesoebene in sozial- und gesundheitswirtschaftlichen Organisationen agieren und wird mit den konstituierenden Merkmalen der sozialen und gesundheitsbezogenen Dienstleistung begründet. Das herausragendste Merkmal ist dabei die Zuwendungsbeziehung.

Entwurf einer Sozialmarketing Ethik

Soziale und gesundheitsbezogene Dienstleistungen sind wissensintensiv und meist intangibel (immateriell, nicht greifbar), sowohl in der Angebots- als auch in der Ergebnisphase. Hinzu kommt, dass die rat-/hilfesuchende Person aufgrund ihrer Hilfebedürftigkeit, z. B. durch Krankheit und/oder soziale Notlage, häufig in ihrer Entscheidungsfähigkeit und Wahlfreiheit eingeschränkt ist. „Kaufentscheidungen" werden zum Teil unter Zwang (z. B. Zwangszuweisung in der Jugendhilfe) oder unter dem Druck der existenziellen Bedrohung bei mangelnder Information getroffen. Kostenträger bestimmen die Ressourcenallokation maßgeblich, sowohl auf der Mesoebene im Rahmen der Selbstverwaltung als auch auf der Mikroebene z. B. bei der individuellen Einzelentscheidung über die Leistungsbewilligung. Es besteht also schon strukturell bedingt ein Ungleichgewicht in der Fähigkeit und Möglichkeit, Interessen durchzusetzen (**strukturell bedingte Machtasymmetrie**).

Wahlfreiheit

Strukturell bedingte Machtasymmetrie

Die **Dimension der transpersonalen Zuwendungsbeziehung** bei sozialen und gesundheitsbezogenen Dienstleistungen erfordert einen zweckfreien Handlungsspielraum, in dem der Mensch allein aufgrund seines Menschseins (und nicht aufgrund seiner Kaufkraft) Achtsamkeit und Wertschätzung erfahren muss. Dieser Handlungsspielraum erfordert nicht nur Zeit sondern auch Entscheidungen, *wie* Dienstleistungen angeboten, erbracht und bewertet werden. Soziale und gesundheitsbezogene DL sind mit einer intensiven, menschlichen Interaktion verbunden. Sowohl die rat-/hilfesuchenden Person als auch die Kundenkontaktperson suchen in dieser Interaktion nach identitätsfördernden und sinnstiftenden, also Wert schaffenden Momenten (**value creating moments**), die mit positiven Wahrnehmungen des Selbst und des Gegenübers verbunden sind. Marktstrategische Entscheidungen auf der Mikroebene, die mit dem SSD-Ansatz stets verbunden sind, sind deshalb marketingethisch zu reflektieren und berufsethischen Maßstäben nachgeordnet.

Transpersonale Zuwendungsbeziehung

Value Creating Moments

Die Grenzen der beabsichtigten und strategisch geplanten Marktbearbeitung werden durch den zweckfreien Raum der Zuwendungsbeziehung, die existentielle Betroffenheit und die krankheits- bzw. notlagenbedingten Einschränkungen der rat-/hilfesuchenden Person vorgegeben. Dennoch soll das Instrumentarium des klassischen Marketings zuerst zum Nutzen der Menschen und dann auch der Organisation eingesetzt werden.

Sozialmarketing-Ethik stellt genauso wie Sozialmarketing eine wesentliche **Führungsaufgabe** im Marketingmanagement sozialer und gesundheitsbezogener Dienstleistungen dar. Nachfolgend sollen deshalb erste Ansätze für eine Sozialmarketing-Ethik entwickelt werden.

Führungsaufgabe

Teil III: Implementierung und Anwendung im Marketing

Knappheit ist kein Schicksal

Knappheit ist kein Schicksal

Knappheit darf nicht einfach als gegeben hingenommen werden. Die Ursachen der Knappheit sind kritisch zu hinterfragen und liegen häufig in grundlegenden politischen Entscheidungen bzgl. Ressourcenallokation. Haushaltsentscheidungen auf Bundes-, Landes- und Kommunalebene liegen implizit Werte zugrunde. Organisationen der Sozial- und Gesundheitswirtschaft müssen diese Entscheidungen operationalisieren und konkretisieren. Dabei stoßen sie auf die marketingethisch relevante Frage, ob eine Leistung „verkauft" werden muss, obwohl ihre Refinanzierung nicht gesichert ist („**Must it be sold**")? Die Kundenkontaktperson ist neben der AdressatIn von leistungsrechtlich begründeten Rationalisierungsentscheidungen stets in besonderem Maße betroffen. Denn sie nimmt an der Frontline unmittelbar deren Konsequenzen wahr und ist mit den Menschen in existenziell bedeutungsvollen Situationen direkt konfrontiert. Häufig werden die HerlferInnen mit dieser Frage alleine gelassen und das Leistungsrecht tut so, als ob die Abgrenzung des gesetzlichen Leistungskatalogs genauso wie der „Einkaufszettel" einer Supermarkt-KundIn funktioniert. Wir wissen aber alle, dass selbst dieser nicht zuverlässig vor Spontankäufen und gefühlsgelenkten Kaufentscheidungen bewahrt, auch wenn wir Herr unserer Sinne und gesund zu sein scheinen.

Must it be sold?

Rationierungs-entscheidungen

Rationierungsentscheidungen aufgrund gekürzter Mittel oder gedeckelter Budgets werden häufig im Einzelfall getroffen, ohne ethisch, diskursiv abgewogen zu sein. Die Ausschöpfung von Ermessensspielräumen im Leistungsrecht obliegt meist dem einzelnen und wird selten im ethischen Diskurs auf deren Wertebasis hin überprüft. Bei welchen PatientInnen und bei welcher Therapieentscheidung die HausärztIn am Ende des Quartals Kürzungen vornimmt, weil das Budget ausgeschöpft ist, bleibt im Verborgenen und muss die ÄrztIn mit sich selbst ausmachen sowie mit ihrem Berufsethos vereinbaren.

Nachhaltige Wertschöpfung statt Absatzsteigerung als oberstes Ziel

Kundenbindung und Absatzsteigerung als oberste Ziele des gewinnorientierten, klassischen Marketings können nicht eins zu eins auf das Marketing sozialer und gesundheitsbezogener Dienstleistungen übertragen werden. Die Werte und die Zielrichtung im sozialen und gesundheitlichen Sektor sind bestimmt durch das Berufsethos der in diesen Sektoren agierenden Professionen. Diese arbeiten auf der Basis human- und sozialwissenschaftlicher Ansätze, bei denen Empathie, Ganzheitlichkeit und Schutz der Person sowie die Vermeidung von Leid als sittliche Maßstäbe an oberster Stelle stehen. Diesen humanistischen Grundsätzen können nicht einfach Paradigmen aus der Betriebswirtschaftslehre übergestülpt werden, die selbst in den Wirtschaftswissenschaften als überholt gelten. Die Grundannahmen vom rational handelnden Menschen, der jede Kaufentscheidung auf ihren Nutzen hin abwägt, wurde schon von Simon Ende der 1950er Jahre in Frage gestellt.

Entwurf einer Sozialmarketing Ethik

Für seine Kritik an der Theorie der rationalen Entscheidung erhielt der US-amerikanische Sozialwissenschaftler Herbert Alexander Simon 1978 den Nobelpreis für Wirtschaftswissenschaften. Rationalität erfordert vollständige Kenntnis und Voraussicht der möglichen Konsequenzen, die sich bei jeder Wahl ergeben. Dabei wird vorausgesetzt, dass die EntscheiderIn einen Überblick über alle Alternativen hat. Schon alleine wegen der begrenzten intellektuellen Fähigkeit des Menschen, seinem begrenzten Wissen und der Aufwand der Analyse reagiert der Mensch meist rein gewohnheitsmäßig (habitual behavior). Wir wissen von uns selbst, dass unsere Kaufentscheidungen auch manchmal rein emotional getroffen werden. Denken wir nur an den sog. „Frustkauf" oder wenn wir uns von einer besonders netten VerkäuferIn überzeugen lassen und erst zu Hause merken, dass wir das, was wir meinten unbedingt haben zu müssen, gar nicht brauchen. Kommen zu dieser von Natur aus begrenzten Rationalität des Menschen auch noch besondere Belastungen aufgrund existenziell bedeutungsvoller, gesundheitlicher oder sozialer Probleme dazu und sind die Leistungen, die wir in dieser emotionalen Ausnahmesituation „kaufen" wollen, aufgrund ihrer Spezifität bzgl. ihres Nutzens völlig undurchsichtig, so kann man sich vorstellen, dass eine rationale Kaufentscheidung nur in einzelnen Segmenten der Sozial- und Gesundheitswirtschaft möglich ist.

Kaufentscheidungen

Nachfolgend aufgeführte Punkte schränken die rationale Entscheidung und freie Wahl im gesundheitlichen und sozialen Bereich ein:

- persönliche Betroffenheit der NutzerIn
- meist besondere Schutzwürdigkeit des NutzerIn z. B. aufgrund psychischer Erkrankung, geistiger Behinderung (Vulnerabilität)
- Angst, existenzielle Bedrohung
- Meist erfordert die Beurteilung der Leistung hochspezifische Informationen, mangelnde Transparenz, Informationsgefälle zwischen Leistungsanbieter und NutzerIn
- Krankheitsbedingte und aufgrund der sozialen Situation eingeschränkte Informationsaufnahme und Verarbeitung z. B. bei Demenz, bei Suchterkrankung
- Krankheitsbedingte und aufgrund der sozialen Situation eingeschränkte Einschätzung und Entscheidungsfindung z. B. bei psychischen Erkrankungen wie Depression, Sucht

Die Werte und Ideen, die hinter dem SSD stehen, sind geprägt vom Ethos der sozialen und medizinischen Fachberufe und der Pflege. Empathie, Gesundheit mit einem ganzheitlichen Verständnis für das Gesundsein einer Person, Menschen dabei unterstützen, ihre individuell definierte Lebensqualität zu erhalten und zu erhöhen und keinen unnötigen Schaden oder unnötiges Leid zu verursachen, sind Grundprinzipien des SSD-Ansatzes (vgl. u. a. Jones 2013: 15).

Der Fokus auf der Erlebensdimension im SSD und nicht in erster Linie auf den Nutzen und die Kundenbindung bedeutet, dass die Erfahrung des Menschen als Person im Mittelpunkt des Design-Prozesses steht. Vielmehr sollen die Dienstleistungen zu einem möglichst selbstbestimmten und unabhängigen Leben beitragen. Im SSD wird systematisch nach Gelegenheiten gesucht, diese Selbstbestimmung und Unabhängigkeit zu entwickeln und dabei neue Produkte zu kreieren (Jones 2013: 29). Die Methoden des SSD fördern die Selbstbestimmung und gleichberechtigte Beteiligung an der Entwicklung des Leistungsprogramms der KundInnen und der Kundenkontaktpersonen gleichermaßen.

Wert statt Knappheit als Motor der Sozial- und Gesundheitswirtschaft

Das Prinzip des „Wertes" und nicht der „Knappheit" dient als Grundlage des Wirtschaftens in der so verstandenen Sozial- und Gesundheitsökonomie. Der Wertbegriff umfasst dabei nicht nur die monetäre Dimension sondern vor allem auch individuelle und höchst subjektive Größenordnungen. Wert ist in der Sozial- und Gesundheitswirtschaft als etwas zu verstehen, was zwischen handelnden Subjekten konstruiert wird. Die KundIn und die Kundenkontaktperson verständigen sich über den Wert, der im Leistungsgeschehen erfahren wird (**Wertkonstruktion**). Häufig lässt die Preisnormierung, also die leistungsrechtliche Festsetzung des Preises, eine Differenzierung des Leistungsangebots gegenüber anderen Anbietern eben nur über diese Wertkonstruktion zu. Die Knappheit der Mittel und der hohe Legitimationsdruck bei der Verwendung zwangsweise eingezogener Sozialversicherungsbeiträge verlangen nach einer besonders hohen Wertorientierung. Diese am individuell erfahrenen Wert in der Dienstleistungsbeziehung auszurichten liegt schon im Wesen der sozialen und gesundheitsbezogenen DL selbst. Denn diese Dienstleistungen erfordern den Menschen in seinem Person-sein auf beiden Seiten des Leistungserstellungsprozesses, auf der Seite der AdressatIn und der Kundenkontaktperson des DL-Unternehmens.

Ignorieren die Verantwortlichen in Sozial- und Gesundheitswirtschaftsorganisationen, ob Profit- oder nicht Profit-orientiert, die Dimension der Zuwendungsbeziehung und die spezifische, nutzerInnenorientierte Wertschöpfungslogik der sozialen und gesundheitsbezogenen Dienstleistungen weiterhin, wird sich der Fachkräftemangel und die schlechte gesundheitliche Situation der Beschäftigten in der Sozial- und Gesundheitswirtschaft weiter zuspitzen.

Wertkonstruktion

Legitimationsdruck

Entwurf einer Sozialmarketing Ethik

Im Fall von „Nina" wird die nachhaltige Wertschöpfung sowohl auf der Individualebene als auch auf der Ebene der Organisation und der Gesellschaft deutlich. Die BeraterIn der Schuldnerberatungsstelle konnte eine tragfähige Beziehung zu „Nina" entwickeln, weil sie sich am Anfang des Beratungsprozesses auf „Nina" eingelassen hat. Die BeraterIn war bereit, abzuwarten und mehrere Stunden zu investieren, bis „Nina" Vertrauen gewinnen konnte. „Nina" wurde durch die BeraterIn bestärkt, die Konsolidierung ihres Haushaltes zunehmend selbst in die Hand zu nehmen. Diese Erfahrung, wieder „Herrin der eigenen Haushaltslage" (user-perceived value) zu sein, hat ihr Mut gemacht, sich weiter um eine Arbeitsstelle als Chemielaborantin zu bemühen. Über den sozialpsychiatrischen Dienst erhielt „Nina" eine Therapie ihrer Depression. Als dann schließlich die Einladung zu einem Vorstellungsgespräch für eine Teilzeitstelle in einem Pharmaunternehmen kam, war „Nina" psychisch stabil genug, um sich der Herausforderung zu stellen. Und tatsächlich, sie erhielt den Halbtagsjob. Zudem bot ihr die Firma einen Platz im firmeneigenen Kindergarten für das jüngste Kind an. Einziger Wermutstropfen – die Firma hatte ihren Sitz in der 120 Kilometer entfernten Nachbarstadt. Die Schuldnerberatungsstelle vermittelte ihr jedoch den Kontakt zu einer Baugenossenschaft in dieser Stadt, um sich für eine Wohnung bewerben zu können. Heute lebt „Nina" in „Schönstadt" in einer 3-Zimmer Wohnung. In die neue Umgebung haben sich „Nina" und die Kinder schnell eingewöhnt, denn das regelmäßige Einkommen ermöglicht der Familie Teilhabe. Die Kinder können einen Turnverein besuchen und „Nina" hat neue FreundInnen über die Schule und den Kindergarten gewinnen können. Noch 2 Jahre dauert die Insolvenz und dann sind auch die restlichen Schulden abbezahlt. Hier in „Schönstadt" kennt niemand „Ninas" Vorgeschichte, sodass sich ihr gesellschaftlicher Status schnell verbesserte. Nur einer besten Freundin konnte „Nina" davon erzählen, was die Freundschaft noch vertiefte. Zur BeraterIn hat „Nina" etwa viermal im Jahr Kontakt. „Ninas" Erfolgsgeschichte gibt der SchuldenberaterIn viel Kraft und Mut (servant-perceived value), auch in den Fällen weiter zu machen, in denen das Regulierungsverfahren nicht so günstig verläuft wie bei „Nina". Die Schuldenberatungsstelle hat eine Erfolgsgeschichte mehr, die anonymisiert als Aushängechild dient (Wert auf der Ebene der Organisation). Die Gesellschaft hat eine Bürgerin mehr, die in der Lage ist, ihren Haushalt selbst zu führen, ihre Kinder aufzuziehen und Steuern zu zahlen (Wert auf der gesellschaftlichen Ebene). Die nachhaltige Wertschöpfung, die letztlich auf Basis des Vertrauens und der Zuwendungsbeziehung zwischen Schuldnerin und BeraterIn beruht, erfolgt auf individueller, organisatorischer und gesellschaftlicher Ebene.

Social Service Design als Chance für den angespannten Arbeitsmarkt in der Sozial- und Gesundheitswirtschaft

Die Beachtung der Dimension der Zuwendungsbeziehung und der spezifischen, nutzerInnenorientierten Wertschöpfungslogik (**user-dominant logic**) der sozialen und gesundheitsbezogenen Dienstleistungen im Social Service Design birgt das Potential, den Fachkräftemangel abzumildern und die schlechte gesundheitliche Situation der Beschäftigten in der Sozial- und Gesundheitswirtschaft zu verbessern. Sicher ist SSD nicht als alleiniger Ansatz ausreichend. Vielmehr sind wichtige Stellschrauben auf nationaler und internationaler Ebene der Sozial- und Gesundheitspolitik zu drehen. Der Service Design Ansatz mit seinem dahinter liegenden Denken (**design thinking**) und die Tools ermächtigen die NutzerInnen sozialer und gesundheitsbezogener Dienstleistungen (**empowerment**), indem ihre Perspektive (**customer-perceived value**) gezielt und systematisch in die Produkt-Neuanlage und Entwicklung einbezogen wird. Die demokratischen Methoden flachen Hierarchien in den Organisationen der Sozial- und Gesundheitswirtschaft ab und fördern die Wertschätzung der Kundenkontaktpersonen, die meist ganz unten in der Organisationshierarchie stehen, aber zur Wertschöpfung im Wesentlichen beitragen (**democratication**). Der Vielfalt in den lebensgeschichtlich und kulturell gewachsenen Entwürfen und Bedeutungszuschreibungen der Menschen, die in der Helfer-Branche Leistungen anbieten und beanspruchen, wird durch qualitative und kreative Methoden Rechnung getragen (**diversity & mixed-method approach**). Das Angebot ist ähnlich wie der Preis in der Sozial- und Gesundheitswirtschaft meist leistungsrechtlich reglementiert. Mit dem SSD-Ansatz kann trotzdem Innovation über die Art und Weise, *wie* diese Leistungen angeboten werden, also über die Erlebensdimension, erreicht werden (**innovation**). Dabei geht es im *Social* Service Design nicht in erster Linie um das Erlebnis (Erlebnisindustrie) sondern um das *Erleben* des Person-seins, die Entwicklung der Identität und um die Vermittlung von Sinn und Wert in der sozialen Interaktion als der Kern von sozialen und gesundheitsbezogenen Dienstleistungen (**humanisation**).

Demokratisierung und Humanisierung

Literaturverzeichnis

Aiken L H, Sloane D M, Bruyneel L, Van den Heede K, Sermeus W (2013): Nurses' reports of working conditions and hospital quality of care in 12 countries in Europe. In: International Journal of Nursing Studies 50 (2013): 143–153

Andreasen A R (2003): The life trajectory of social marketing. Some implications. In: Marketing Theory, 3 (3): 293–303

Antonovsky A: Health, Stress and Coping: New perspectives on mental and physical well-being. San Francisco: Jossey-Bass Inc, 1979.

Bartholomeyczik S (2004): Qualitätsdimensionen in der Pflegedokumentation – eine standardisierte Analyse von Dokumenten in Altenpflegeheimen. In: Pflege 17 (3): 187–195. DOI: 10.1024/1012-5302.17.3.187.

Beal D, Rueda-Sabater E (2014): Building well-being into national strategies. The 2014 sustainable economic development assessment. Hg. v. The Boston Consulting Group. Online verfügbar unter https://www.bcgperspectives.com/Images/Building_Well-Being_into_National_Strategies_SEDA_Feb_2014_tcm80-156479.pdf, zuletzt geprüft am 04.05.2015.

Beck Reinhilde, Schwarz Gotthart: Personalentwicklung. 2. Aufl. Augsburg: ZIEL-Verlag, 2004.

Bellebaum A (Hg.): Glück und Zufriedenheit. Ein Symposium, Wiesbaden: VS Verlag für Sozialwissenschaften, 1992.

Bendel K, Matiaske W, Schramm F, Weller I (2000): Kundenzufriedenheit bei ambulanten Pflegedienstleistern. Bestandsaufnahme und Vorschläge für ein stresstheoretisch fundiertes Messinstrument. Hg. v. Werkstatt für Organisations- und Personalforschung e.V. Berlin (Berichte der Werkstatt für Organisations- und Personalforschung e.V., Bericht Nr. 2).

Bimmerlein J, Reetz D K (2008): Design in der Arztpraxis: Mehr als extravagante Spielereien. In: Deutsches Ärzteblatt 50/105: 22–26. Online verfügbar unter https://www.wiso-net.de:443/document/DAE 62717, zuletzt geprüft am 26.06.2015.

Bindernagel D, Krüger E, Rentel T, Winkler P (Hg.): Schlüsselworte. Idiolektische Gesprächsführung in Therapie, Beratung und Coaching. 1. Aufl. Heidelberg: Karl-Auer-Systeme Verlag, 2010.

Borooah V K (2009): Comparing levels of job satisfaction in the countries of Western and Eastern Europe. In: International Journal of Manpower, 30 (4): 304–325

Brenda D (1998): Sense-making theory and practice: an overview of user interests in knowledge seeking and use. In: Journal of Knowledge Management 2 (2): 36–46.

Brinkmann V: Sozialwirtschaft. Grundlagen. Modelle. Finanzierung. 1. Auflage. Wiesbaden: Gabler, 2010.

Brüggemeier M, Röber M: Verwaltungsmarketing. Fachhochschule für Technik und Wirtschaft Berlin, Fachbereich Wirtschaftswissenschaften I, Arbeitsbereich Public Management. Manuskript, Berlin, Juli 2003.

Bullinger H-J, Fähnrich K-P, Meiren T (2003): Service engineering – methodical development of new service products. In: Int. J. Production Economics 85: 275–287

Bundesanstalt für Arbeitsschutz und Arbeitsmedizin (BAuA) (Hg.): Volkswirtschaftliche Kosten durch Arbeitsunfähigkeit 2013. Dortmund, 2015. Online verfügbar unter www.baua.de/de/Informationen-fuer-die-Praxis/Statistiken/Arbeitsunfaehigkeit/Kosten.html, zuletzt geprüft am 03.08.2015.

Bundesministerium für Familie, Senioren, Frauen und Jugend (BMFSFJ) (Hg.) (2012): Alleinerziehende in Deutschland. Lebenssituationen und Lebenswirklichkeiten von Müttern und Kindern. online (Monitor Familienforschung, Beiträge aus Forschung, Statistik und Familienpolitik, 28). Online verfügbar unter http://www.bmfsfj.de/RedaktionBMFSFJ/Broschuerenstelle/Pdf-Anlagen/Monitor-Familienforschung-Ausgabe-28,property=pdf,bereich=bmfsfj,sprache=de,rwb=true.pdf, zuletzt geprüft am 29.07.2015.

Bundesministerium für Gesundheit (BMG) (Hg.): Daten des Gesundheitswesens. Berlin, 2013.

Chase R B, Dasu S (2014): Experience psychology – a proposed new subfield of service management. In: Journal of Service Management 25 (5): 574–577

Chidley J, Pritchard N (2014): Drivers for creating value and enhancing customer experience through people. In: Industrial and Commercial Training, 46 (6): 293–301

Christa H: Grundwissen – Soziomarketing. Konzeptionelle und strategische Grundlagen für soziale Organisationen. Wiesbaden: VS Verlag für Sozialwissenschaften, Springer, 2010.

Cirkel M, Hilbert J, Schalk C: Produkte und Dienstleistungen für mehr Lebensqualität im Alter. Expertise. Hg. v. Institut Arbeit und Technik. Gelsenkirchen, 2004.

Clade H (2002): TOP II – „Individualisierung oder Standardisierung in der Medizin?" Medizin nach Maß, nicht von der Stange. In: Dtsch Ärztebl, 99 (23): A-1560/B-1312/C-1227

Clarke P N, Brooks B (2010): Quality of nursing worklife: Conceptual clarity for the future. In: Nursing Science Quarterly 23 (4): 301–305

Cohen-Mansfield J, Ejaz F K, Werner P (Hg.): Satisfaction surveys in long-term care. New York: Springer Pub. &Co, 2000.

Creditreform Wirtschaftsforschung (2012): SchuldnerAtlas. Deutschland. Neuss. Online verfügbar unter http://www.creditreform.de/fileadmin/user_upload/crefo/download_de/news_termine/wirtschaftsforschung/schuldneratlas/SchuldnerAtlas_Deutschland_2012.pdf, zuletzt geprüft am 04.07.2015.

Curedale R: Service Design. 250 essential methods. 1. Auflage. Los Angeles: dcc: Design Community College, 2013.

Dana Y, Gil L, Gal I (2008): Stressors and resources in customer service roles. Exploring the relationship between core self-evaluations and burnout. In: International Journal of Service Industry Management, 19 (5): 575–595

Das Europäische Parlament und der Rat der europäischen Union (2006): RICHTLINIE vom 12.12.2006, 2006/123/EG

Deutscher Berufsverband für Soziale Arbeit e.V. – DBSH (Hg.) (2015): Definition der Sozialen Arbeit. Neufassung an der Generalversammlung des IFSW Juli 2014 in Melbourne. Deutsche Übersetzung. Online verfügbar unter http://www.dbsh.de/beruf/definition-der-sozialen-arbeit.html, zuletzt geprüft am 04.06.2015.

Di Bucchianicoa G, Maranoa A, Rossi E (2012): Toward a transdisciplinary approach of ergonomic design for sustainability. In: Work 41 (2012): 3874–3877

Elmqvist C, Fridlund B, Ekebergh M (2011): On a hidden game board: the patient's first encounter with emergency care at the emergency department. In: Journal of Clinical Nursing, 21 (21): 2609–2616. Online verfügbar unter 10.1111/j.1365-2702.2011.03929.x, zuletzt geprüft am 22.07.2015.

Literaturverzeichnis

European Agency for Safety and Health at Work (Hg.) (2015): Healthy Workplaces Good Practice Awards 2014–2015. Managing stress and psychosocial risks at work. Bilbao, Santiago de Compostela. Online verfügbar unter doi: 10.2802/036607, zuletzt geprüft am 02.06.2015.

Europäische Dienstleistungsrichtlinie. In: Amtsblatt der Europäischen Union, S. L 376/36-L 376/68. Online verfügbar unter http://www.dienstleisten-leichtgemacht.de/DLR/Redaktion/PDF/dienstleistungsrichtlinie,property=pdf,bereich=dlr,sprache=de,rwb=true.pdf, zuletzt geprüft am 02.12.2014. Fließ S, Möller S, Momma S B (2003): „Sprachregelungen" für Mitarbeiter im Kundenkontakt – Möglichkeiten und Grenzen. Douglas-Stiftungslehrstuhl für Dienstleistungsmanagement; FernUniversität Hagen. Hagen (Diskussionsbeitrag, Nr. 334).

Fließ S, Möller S, Momma S B (2003): „Sprachregelungen" für Mitarbeiter im Kundenkontakt – Möglichkeiten und Grenzen. Douglas-Stiftungslehrstuhl für Dienstleistungsmanagement; FernUniversität Hagen. Hagen (Diskussionsbeitrag, Nr. 334).

Fließ S: Dienstleistungsmanagement. Kundenintegration gestalten und steuern. 1. Aufl. Wiesbaden: Gabler, 2009.

Foidl-Dreißer S, Breme A, Grobosch P: Personalwirtschaft. Lehr- und Arbeitsbuch für die Aus- und Weiterbildung. Berlin: Cornelsen, 2004.

Frey R-V: Kundenzufriedenheit als Determinante von Mitarbeiterzufriedenheit im Professional Services Kontext. In: Roth Stefan (Hg.): Aktuelle Beiträge zur Dienstleistungsforschung. Wiesbaden: Springer Gabler, 2013, S. 103–118.

Friedrich A: Personalarbeit in Organisationen sozialer Arbeit. Theorie und Praxis der Professionalisierung. Wiesbaden: VS Verlag für Sozialwissenschaften, Springer, 2010.

GKV-Spitzenverband, Vereinigungen der Träger der Pflegeeinrichtungen auf Bundesebene Bundesarbeitsgemeinschaft der überörtlichen Träger der Sozialhilfe Bundesvereinigung der kommunalen Spitzenverbände (2013): Vereinbarung nach § 115 Abs. 1a Satz 6 SGB XI über die Kriterien der Veröffentlichung sowie die Bewertungssystematik der Qualitätsprüfungen nach § 114 Abs. 1 SGB XI sowie gleichwertiger Prüfergebnisse in der stationären Pflege – Pflege-Transparenzvereinbarung stationär (PTVS) – vom 17. Dezember 2008 in der Fassung vom 10.06.2013. Online verfügbar unter http://www.sindbad-mds.de/infomed/sindbad.nsf/0/a92304c02a83759bc1257c6e00529e85/$FILE/PTVS_2014-01-24.pdf, zuletzt geprüft am 16.12.2014.

Glatzer W (1992): Lebensqualität und subjektives Wohlbefinden. Ergebnisse sozialwissenschaftlicher Untersuchungen. In: Bellebaum Alfred (Hg.): Glück und Zufriedenheit. Ein Symposium: VS Verlag für Sozialwissenschaften, Springer, S. 49–85.

Grant A M, Campbell E M (2007): Doing good, doing harm, being well and burning out: The interactions of perceived prosocial and antisocial impact in service work. In: Journal of Occupational and Organizational Psychology, Vol. 80, pp. 665–691. Online verfügbar unter 10.1348/096317906X169553, zuletzt geprüft am 22.07.2015.

Gray D, Brown S, Macanufo J: Gamestorming. A playbook for innovators, rulebreakers, and changemakers. 1. Aufl. Sebastopol, CA: O'Reilly Media, Inc, 2010.

Güldner I: Marketingethik. Grundlagen, Konzepte, Chancen: VDM Verlag Dr. Müller, 2007.

Halfar B, Moos G, Schellberg K: Controlling in der Sozialwirtschaft. Handbuch. 1. Auflage. Baden-Baden: Nomos, 2014.

Heinen M M, van Achterberg T, Schwendimann R, Zander B, Matthews A, Kózka M, Ensio A, Sjetne I S (2013): Nurses' intention to leave their profession: a cross sectional observational study in 10 European countries. In: Int J Nurs Stud. 50(2): 174–84

Hennig A, Riesner C, Schlichting R, Zörkler M (2006): Qualitätsentwicklung in Pflegeeinrichtungen durch Dementia Care Mapping? Erfahrungen und Erkenntnisse aus einem dreijährigen Modellprojekt im Landkreis Marburg-Biedenkopf. Hg. v. Institut für Sozialforschung und Sozialwirtschaft e.V. (iso). Saarbrücken.

Hermann S: Wissensintegration und -koordination Schlüsselkompetenzen wissensintensiver Dienstleistungsunternehmen. Ein Zwischenbericht aus dem Verbundprojekt SIAM „Strategien, Instrumente und arbeitsorganisatorische Gestaltungsmodelle zur Förderung der Dienstleistungskompetenz in Unternehmen". Hg. v. Hermann Sibylle. Stuttgart: Fraunhofer IRB Verlag (ISBN 3-8167-6230-1), 2002.

Herold-Majumdar A, Behrens J (2012): Lebensqualität im Fokus des Qualitätsaudits in der Langzeitpflege. Der Lebensqualitäts-Index (LQ-Index) – ein „Zauberstab" mit begrenzter Wirkung. Quality of life in the Focus of Quality Audits in Long-Term Care. The Quality of Life Index (QoL Index) – A Magic Wand with Limited Efficacy. In: Das Gesundheitswesen 74 (12): 806–811

Hinterhuber H H, Matzler K (Hg.): Kundenorientierte Unternehmensführung. Kundenorientierung – Kundenzufriedenheit – Kundenbindung. Wiesbaden: Gabler, 2004. Online verfügbar unter 10.1007/978-3-663-07659-9_15, zuletzt geprüft am 06.07.2015.

Horbel C, Weismann F: Wert für den Kunden – Ein Überblick über begriffliche Konzeptionen. In: Roth Stefan (Hg.): Aktuelle Beiträge zur Dienstleistungsforschung. Wiesbaden: Springer Gabler, 2013, S. 173–191.

Hujala A, Sari R (2011): Organization aesthetics in nursing homes. In: Journal of Nursing Management 19 (4): 439–448. DOI: 10.1111/j.1365-2834.2011.01193.x.

Hull K, Turton P (2014): Understanding the concept of the key worker: do focus groups help? In: British Journal of Nursing, 23 (15): 854–860

Institut für Sozialarbeit und Sozialpädagogik e.V., Beobachtungsstelle für die Entwicklung der sozialen Dienste in Europa (Hg.): Europäische Integration als Herausforderung. Rolle und Reform der sozialen Dienste in Europa. Frankfurt a.M. (Schriftenreihe der Beobachtungsstelle, 1/2001), 2001.

Janus K (2014): The effect of professional culture on intrinsic motivation among physicians in an academic medical center. In: Journal of Healthcare Management 59 (4): 287–303

Jeon H, Choi B (2012): The relationship between employee satisfaction and customer satisfaction. In: Journal of Services Marketing 26 (5): 332–341. Online verfügbar unter 10.1108/08876041211245236, zuletzt geprüft am 22.07.2015.

Jerome C. Glenn J C, Gordon T J (2009): Futures Research Methodology Version 3.0. Washington D.C.: World Federation of UN Associations (ISBN 978-0981894119).

Jones Peter H.: Design for Care. Innovating Healthcare Experience. New York: Rosenfeld, 2013.

Literaturverzeichnis

Kawamura K M (2013): Defining Care. Understanding the concept of care in cross-cultural settings. Toward a resource definition of care in work organizations. In: Cross Cultural Management 20 (2): 100–123. Online verfügbar unter 10.1108/13527601311313373, zuletzt geprüft am 22.07.2015.

Klie T, Roß P-S (2005): Wieviel Bürger darf's denn sein? Bürgerschaftliches Engagement im Wohlfahrtsmix. Eine Standortbestimmung in acht Thesen. In: Archiv für Wissenschaft und Praxis der sozialen Arbeit 4 (2005): 20–43

Knobloch M, Reifner U (2012): iff-Überschuldungsreport 2012. Überschuldung in Deutschland. Unter Mitarbeit von Wilfried Laatz, Anna Nizkich. Hg. v. Institut für Finanzdienstleistungen e.V. Hamburg. Online verfügbar unter http://www.iff-ueberschuldungsreport.de/media.php?id=4581, zuletzt geprüft am 04.07.2015.

König M, Clausen H, Schank C, Schmidt M (2012): Fachkräftemangel in der Sozialwirtschaft. Eine empirische Studie, Hg. v. akquinet business consulting GmbH, Hamburg, Universität St.Gallen: Institut für Wirtschaftsethik, Beuth Hochschule für Technik Berlin. Hamburg. Online verfügbar unter http://www.sonderpaedagogik.uni-wuerzburg.de/fileadmin/06040030/Downloads/Ratz/Studie_Fachkraeftemangel_2012_Ergebnisse_Langfassung_01.pdf, zuletzt geprüft am 04.03.2015.

Korczak D, Kister C, Huber B (2010): Differentialdiagnostik des Burnout-Syndroms. HTA Bericht. Hg. v. Deutsches Institut für Medizinische Dokumentation und Information. Köln.

Korzilius H, Rieser S (2013): „Wir arbeiten für Ihr Leben gern". Imagekampagne der niedergelassenen Ärzte. In: Deutsches Ärzteblatt | Jg. 110 | Heft 16 | 19. April 2013 110 (16).

Kotler P (1979): Strategies for Introducing Marketing into Nonprofit Organizations. In: Journal of Marketing 43 (1): 37–44

Kratz C, Gerbert P, Beal D, Rueda-Sabater E (2013): Wohlstand und Lebensqualität. Deutschland im internationalen Vergleich. Hg. v. Boston Consulting Group. München.

Krohwinkel M (2013): Fördernde Prozesspflege mit integrierten ABEDLs. Forschung, Theorie und Praxis. 1. Aufl. Bern: Hogrefe (vorm. Verlag Hans Huber).

Larson J S, Bradlow E T, Fader P S (2005): An exploratory look at supermarket shopping paths. In: Intern. J. of Research in Marketing 22 (2005): 395–414

Leana C, Appelbaum E, Shevchuk I (2009): Work process and quality of care in early childhood education: The role of job crafting. In: Academy of Management Journal 52 (6): 1169–1192

Lehndorff S (2008.): Motor der Entwicklung – oder fünftes Rad am Wagen? Soziale Dienstleistungen als gesellschaftliche Investitionen. Online verfügbar unter http://www.memo.uni-bremen.de/docs/m3308.pdf, zuletzt geprüft am 25.04.2015.

Lob-Hüdepohl A, Lesch W (Hg.): Einführung in die Ethik der Sozialen Arbeit, Stuttgart: UTB/Schöningh, 2007.

Luck D J (1969): Marketing Notes and Communications. Broadening the Consept of Marketing – too far. In: Journal of Marketing 33 (1969): 53–54

Mager B (2007): Von Obdachlosen lernen. Was haben eine Wärmestube für Obdachlose, das Angebot einer Bank und Hilfe für schwangere Frauen miteinander zu tun? All dies sind Dienstleistungen. In: BRAND EINS 5 (2007): 112–116

Mager B (2008): Mit Service Design in den Schuhen des Kunden wandern. Kundenwünsche aufspüren und umsetzen. In: Service CRM 1 (2008): 4–8

Mania E, Tröster M (2015): Kompetenzmodell Finanzielle Grundbildung. Umgang mit Geld als Thema der Basisbildung. In: Erwachsenenbildung.at 25 (2015): 2–10

Matzler K, Sauerwein E, Stark: Methoden zur Identifikation von Basis-, Leistungs- und Begeisterungsfaktoren. In: Hinterhuber Hans H, Matzler Kurt (Hg.): Kundenorientierte Unternehmensführung. Kundenorientierung – Kundenzufriedenheit – Kundenbindung. Wiesbaden: Gabler, 2004, S. 315–339.

McGillis Hall L, Doran D, O´Brien L, Tranmer J, Tregunno D, Rukholm E, Thomson D, Pink L, Peterson J, Johnston E, Palma A (2006): Quality worklife indicators for nursing practice environments in Ontario. Determining the feasibility of collecting indicator data. Hg. v. The Ontario Ministry of Health & Long-Term Care. (ISBN 0-7727-3610-3).

Meffert H, Bruhn M: Dienstleistungsmarketing. Grundlagen – Konzepte – Methoden. 7. Aufl. Wiesbaden: Springer Gabler, 2012.

Meiren T, Barth T (2002): Service Engineering in Unternehmen umsetzen. Leitfaden für die Entwicklung von Dienstleistungen. Stuttgart (ISBN 3-8167-6049-x). Online verfügbar unter http://www.iao.fraunhofer.de/lang-de/images/downloadbereich/200/leitfaden_service_engineering.pdf, zuletzt geprüft am 08.06.2015.

Meyer G, Krüger C, Möhler R (2013): Pflegeleitlinien und Standards. Untersuchung zur Verfügbarkeit und Qualität von pflegerischen Standards und Leitlinien im deutschsprachigen Raum. Hg. v. Zentrum für Qualität in der Pflege (ZQP). Department für Pflegewissenschaft, Fakultät für Gesundheit, Universität Witten/Herdecke. Witten/Herdecke. Online verfügbar unter http://www.zqp.de/index.php?pn=project&id=22, zuletzt geprüft am 02.09.2014.

Miettinen S, Valtonen A: Service Design with theory. Discussion on change, value and methods. 2. überarb. Aufl.: LUP Lapland University Press. (ISBN 978-952-484-587-8).

Mulgan G (2014): Design in Public and social innovation. What works and what could work better. Online verfügbar unter https://www.nesta.org.uk/sites/default/files/design_in_public_and_social_innovation.pdf, zuletzt geprüft am 03.08.2015

Nagel K: Employer Branding. Starke Arbeitgebermarken jenseits von Marketingphrasen und Werbetechniken. Mit 7 Fallbeispielen aus der Praxis. 1. Aufl. Wien: Linde Verlag, 2011.

Naumer C, Fisher K, Dervin B (2008): Sense-Making: A Methodological Perspective. Sensemaking Workshop, CHI'08, In: RQ, American Library Association. Reference and Adult Services Division 25 (4): 506–513

Norman D A, Verganti R (Hg.) (2012): Incremental and radical innovation: Design research versus technology and meaning change. Designing Pleasurable Products and Interfaces. Milano: ACM Digital Library. Online verfügbar unter http://dl.acm.org/citation.cfm?id=2347504&picked=prox, zuletzt geprüft am 21.11.2014.

Novatorov E V (2010): A critical appraisal of the concept of non-profit services marketing. In: Service Science 2 (3): 146–153

Nüß S, Schubert H: Managementkompetenzen in der sozialen Arbeit. Ergebnisse einer Berufsfeldanalyse. Hg.

Odeh B, Kayyali R, Gebara S N, Philip N (2014): Implementing a telehealth service: nurses' perceptions and experiences. In: British Journal of Nursing, 23 (21): 1133–1137

Literaturverzeichnis

Parasuraman A, Zeithaml V A, Berry L L (1985): A conceptual model of service quality and its implications for future research. In: The Journal of Marketing, 49 (4): 41–50

Parasuraman A, Zeithaml V A, Berry L L (1988): SERVQUAL: A Multiple-Item Scale f or Measuring Consumer Perceptions of Service Quality. In: Journal of Retailing 64 (1): 12–40

Pattloch A (2010): Service Design im Dienstleistungsmarketing. Teil I: Theorie. Einordnung von Service Design in das Dienstleistungsmarketing. Hg. v. Berichte aus dem Fachbereich I, Wirtschafts- und Gesellschaftswissenschaften, Beuth Hochschule für Technik Berlin. Berlin (Bericht Nr. 3).

Pattloch A (2010): Service Design im Dienstleistungsmarketing. Teil II: Praxis. Empirische Exploration zu Service Design an der Hochschule. Hg. v. Berichte aus dem Fachbereich I, Wirtschafts- und Gesellschaftswissenschaften, Beuth Hochschule für Technik Berlin. Berlin (Bericht Nr. 4).

Pfaff H, Neugebauer E A M, Glaeske G, Schrappe M: Lehrbuch Versorgungsforschung. Systematik – Methodik – Anwendung. Stuttgart: Schattauer, 2011.

Podnar K, Golob U (2007). Faculty of Social Sciences, University of Ljubljana, Ljubljana, Slovenia. In: Corporate Communications: An International Journal CCIJ, 12 (4): 326–340

Porter M E (1991): Towards a dynamic theory of strategy. In: Strategic management journal 12 (S2): 95–117

Pressestelle des AOK-Bundesverbandes, Berlin (Hg.) (2013): Fehlzeiten-Report 2013. (Ausgabe 05/22. 08. 2013), Berlin

Reed D, Fechner P, Baic A, Houedenou G, Strack R, von Funck K, Wilms S, Ziegler B (2016): Gauging long-term impact in the social sector. A cutting-edge approach. Hg. v. Boston Consulting Group. Im Internet verfügbar unter https://www.bcgperspectives.com/content/articles/innovation-strategy-gauging-long-term-impact-social-sector/?utm_source=201603&utm_medium=Email&utm_campaign=Ealert, zuletzt geprüft am 19.03.2016.

Rezaei-Adaryani M, Salsali M, Mohammadi E (2012): Nursing image: An evolutionary concept analysis. In: Contemporary Nurse 43(1): 81–89

Rodrigues R, Huber M, Lamura G (2012): Facts and Figures on Healthy Ageing and Long-term Care. European Centre for Social Welfare Policy and Research. Im Internet verfügbar unter http://www.euro.centre.org/data/LTC_Final.pdf, zuletzt geprüft am 03.08.2015

Rosenstiel von L, Nerdinger F W: Grundlagen der Organisationspsychologie. Basiswissen und Anwendungshinweise. 7. Aufl. Stuttgart: Schäffer-Poeschel Verlag, 2011.

Roth S (Hg.): Aktuelle Beiträge zur Dienstleistungsforschung. Wiesbaden: Springer Gabler, 2013.

Rubinstein R L: Resident satisfaction, quality of life, and „lived experience" as domains to be assessed in long-term care. In: Cohen-Mansfield J, Ejaz F K, Werner P (Hg.): Satisfaction surveys in long-term care. New York: Springer Pub. Co, 2000, S. 13–28.

Scholz L: Methodenkiste. Methoden für Schule und Bildungsarbeit. 4. Aufl. Hg. v. Bundeszentrale für politische Bildung. Bonn, 2010.

Shostack L G (1984): Designing Services that Deliver. In: Harvard Business Review HBR (84115): 132–139

Siegel D J: Das achtsame Gehirn. Korrigierte Neuauflage. Freiamt: Arbor Verlag, 2007.

Siegfried P (2010): Angewandtes Service Engineering für KMU. Hg. v. Prof. Dr. Alexander Fliaster, Prof. Dr. Max Göttsche, Prof. Dr. Tristan Nguyen, Prof. Dr. Martin Reckenfelderbäumer, Prof. Dr. Bernd Remmele, Prof. Dr. Stephan Schöning.

Simon H A (1955): A Behavioral Model of Rational Choice. In: The Quarterly Journal of Economics, 69 (1): 99–118

Staub-Bernasconi S: Soziale Arbeit: Dienstleistung oder Menschenrechtsprofession? Zum Selbstverständnis Sozialer Arbeit in Deutschland mit einem Seitenblick auf die internationale Diskussionslandschaft, Andreas Lob-Hüdepohl/Walter Lesch (Hg.): Einführung in die Ethik der Sozialen Arbeit, UTB/Schöningh, 2007, S. 20–53.

Stickdorn M, Schneider J: This is service design thinking. Basics-Tools-Cases. Auflage: Nachdruck. Amsterdam: BIS Publishers, 2013.

Straube F, Vogeler S, Bensel P, Spiegel T: Aktuelle Situation der RFID-Standardisierung. Themenfeld: Supply Chain Management. Hg. v. Straube Frank. Technischen Universität Berlin (Digitale Schriftenreihe Logistik der Technischen Universität Berlin), online verfügbar unter http://www.ub.tu-berlin.de/universitaetsverlag-und-hochschulschriften/verlagsprogramm/collection/fak7-itm-logistikdigital/, zuletzt geprüft am 03.08.2015.

Suchanek A: Überlegungen zu einer interaktionsökonomischen Theorie der Nachhaltigkeit. Diskussionspapier Nr. 04-7. Forschungsinstitut des Wittenberg-Zentrums für Globale Ethik, Halle-Wittenberg.

Summers K (2013): Children's nurse education – what is important to the service user? In: British Journal of Nursing, 2013, 22 (13): 747–750

Sünderkamp S, Weiß C, Rothgang H (2014): Analyse der ambulanten und stationären Pflegenoten hinsichtlich der Nützlichkeit für den Verbraucher. In: Pflege 27 (5): 325–336

Wainwright P (2000): Towards an aesthetics of nursing. In: Journal of Advanced Nursing 32(2): 750–756

Watson J: Pflege: Wissenschaft und menschliche Zuwendung. Bern u.a.: Verlag Hans Huber, 1997

Wendt W R (2006): Innovation tut Not. In: SOZIALwirtschaft 14 (1): 19–25

William G (2009): Shared Decision-Making. In: Healthcare Quaterly 12 (Special Issue): 186–190 Wissenschaftliche Hochschule Lahr. Lahr (Schriften der Wissenschaftlichen Hochschule Lahr, 21).

Wissenschaftliche Hochschule Lahr. Lahr (Schriften der Wissenschaftlichen Hochschule Lahr, 21).

Wöhrle A: Einführung in das Sozialmanagement und in das Management der Sozialwirtschaft. Veränderungen im Geschäftsfeld öffentlicher und intermediärer Dienstleistungen. Studienbrief 2-020-0100. Hochschulverbund Distance Learning (HDL), 2011.

Wright R F (2002): A review of four prominent marketing schools of thought. In: Journal of Advertising History (Special Issue 42.4): 1–14

Zeithaml V, Parasuraman A, Berry L: Qualitätsservice. Was Ihre Kunden erwarten — was Sie leisten müssen. Frankfurt a.M., 1992.

Index

A

Absatzziele 59
Achtsamkeit 97, 102, 163
AdressatIn 25, 26, 34, 35, 55, 59, 101, 102, 124, 125, 126, 128, 130, 134, 147, 148, 149, 150, 151, 153, 155, 157, 159, 160, 161, 164, 166
Akquise 58
Alterssimulationsanzug 134
Ambiguitätstoleranz 57
Anspruchsgruppenkarte 101, 103
Arbeitsausfall 24
Arbeitsunfähigkeitsstatistik 24
Ästhetik 17, 25
Auftragsklärung 27
Aufwand 44, 48, 51, 52, 86, 108, 131, 165
Ausfallkosten 25
autopoietisches System 58

B

balanced strategy 56
Behavioral Map 112
Berufsidentität 57
Betriebswirtschaftslehre 164
Beziehungsmarketing 157
Binnenperspektive 27
Bodystorming 137
Bruttoinlandsprodukt 16, 68, 152

C

Change Management 118, 133
Critical to Quality Tree 90
Customer Experience Map 107
Customer Journey 26, 107
customer journey map 143
Customer Needs Matrix 121
customer-perceived value 48
Customer Relationship Marketing 148
Customer Surplus 64

D

Dementia Care Mapping 45, 144
democratication 168
Depersonalisation 23, 147
depersonalisierende Effekte 21
design thinking 10, 15, 47, 81, 82, 168
Dienstleistungs-Blaupause 107
Dienstleistungsgesellschaft 16, 19
Dissemination 29
Diversity Management 29

E

Effizienz 48, 79
emotionale Dissonanz 15
Empathie-Karte 116, 117
empathy map 116
Employer Branding 59, 146, 154
empowerment 168
EndverbraucherIn 26, 108, 118, 146
Erlebensdimension 55, 77, 78, 92, 125
Erlebnisindustrie 78, 168
Ethnographie 27, 74, 79
Ethos 57
Evidence 17, 29, 42, 44, 147
Excess burden 71

F

Fachkräftemangel 22, 23, 25, 46, 146
Frontline 23, 41, 149, 164
futures wheel 87

G

Gebrauchswert 49
Genuine Decision Making 44
Gesundheitsfachberufe 54
Gewinnmaximierung 30
Gewinnspanne 47, 51
Globalisierung 16
goods-dominant logic 49
Green Washing 58
Grundsicherungspflicht 63

H

Habitual Behavior 44
Haus der Qualität 121, 125
Helfer 23
Hilfesystem 40, 41, 93, 104
House of Quality 121, 123, 126, 127
Human Concept of Marketing 61
Human Decision Making 44, 45
Humanisierung 55, 79, 168
Humankapital 54

I

Identität 29, 47, 57, 74, 77, 81, 168
inkonsistente Wohlfahrtskonstellationen 66
Inside-out- Sichtweise 15, 19
intangibel 65, 163
Integrationsgrad 36, 43
intensive technology 50
Interaktivitätsgrad 36
Interessenkonflikt 57, 150
interessenpluralistisches System 57
Irrtumswahrscheinlichkeit 44

K

Knappheit 46, 54, 62, 63, 64, 65, 146, 164
Konstruktivismus 52
Konsumerismus 44
kooperatives Produkt 79
Kostendeckungsprinzip 16
Kreativität 76, 86, 97, 160
Kunden-Bedürfnis-Matrix 121
Kundenbeschattung 139
Kundenbindung 58, 59, 71, 148, 164
Kundenkontaktperson 15, 17, 26, 43, 115
Kundenzufriedenheit 20, 58, 71, 128, 150

L

Lebenslaufmodell 73
Lebensqualität 39, 45, 61, 66, 67, 115, 150, 152, 165
Legalität 60
Leistungsanspruch 63
Leistungsrecht 49, 58, 63, 164
line of visibility 72, 107, 118, 135
lived experience 39
Lösungsverständigung 16, 54, 152

M

Mandat 37, 57
Markenstrategie 86
Marketing 16, 17, 43, 56, 58, 59, 77, 122, 146, 149, 154, 159, 164
Marketingstrategie 58
Markt 15, 29, 31, 45, 57, 58, 63, 71, 78, 80, 81, 83, 146, 161
Marktforschung 56, 77, 86, 96, 97, 125, 150, 153, 159
Marktlogik 58
Marktpotentiale 83
Marktregulierungsmechanismen 46
Marktversagen 43, 101, 128
mediating technology 50
Mikroebene 34, 49, 51, 54, 68, 82, 83, 162, 163
Mitarbeiterzufriedenheit 60, 133, 146, 147, 149, 150
Moments of Truth 107, 149

N

Nachhaltiger Wohlstand 68
Nebenwirkungen 44, 51, 56
Nutzen 27, 43, 55, 64, 65, 71, 164, 166
Nutzenmaximierung 31, 63
NutzerIn 10, 15, 17, 33, 36, 41, 43, 52, 57, 74, 80, 81, 82, 108, 122, 134, 138, 139, 140, 142, 149, 159, 165

O

Oberflächenhandeln 15, 25
Output 33, 47, 79
Outsourcing 16

P

Partizipations-und Gesundheitsbiographie 38
Paternalismus 44
perceived antisocial impact 143
Persona 94, 108, 116
personale Integrität 39
Personalmarketing 59, 146, 148, 154
Personalwirtschaft 47, 147
Pflege-Transparenzvereinbarung 20
Population 44
pre house of quality 125
Primäre Netze 30, 62
Produktentwicklung 13, 18, 32, 55, 56, 82, 83, 84, 88, 91, 108, 111, 119, 121, 122, 124, 126, 130, 131, 133, 135, 141
Produktinnovation 56, 126
Produktionsfaktor 42, 54
Produktivität 25, 48, 151
Prototyping 79, 80, 81, 134
Prozesskarte 107, 108

Q

Qualität 36, 42, 63, 71, 108, 124, 129, 130, 150, 151, 153, 157, 159
Qualitätsbaum 90
Quality Function Deployment 121, 122
Quality of work life 150
Quattro Mandat 56, 57

R

Rationierung 40, 63
Ressourcen 12, 16, 22, 25, 26, 54, 55, 63, 64, 67, 85, 101, 104, 122, 124, 127, 152
Rollenkonzepte 38

Index

S

Schuldenvolumen 12
sensemaking 72
sense of coherence 76
Serivcemodellierung 118
Service Blueprinting 73, 107, 108, 156
Service-Dominant Logic 48
Service Encounter 43, 146, 149
Service Engineering 20, 55, 76
Service Value 64
Shared Decision Making 44, 46
Social Design 17, 54, 82
Social Marketing 58
Social Service Design 11, 13, 15, 19, 20, 47, 54, 55, 56, 58, 82, 83, 97, 124, 125, 146, 148, 153, 160, 168
Social Washing 58
Soziale Arbeit 23, 54, 56
soziale Gerechtigkeit 56, 63
soziale Integrität 39
Sozialmarketingethik 10, 162
Sozial(markt-)forschung 55
Sozialökonomie 54, 166
Sozialpädagogik 54, 56
Sozialwirtschaft 10, 20, 23, 25, 26, 27, 30, 37, 40, 44, 46, 47, 48, 52, 54, 57, 59, 60, 62, 63, 64, 65, 72, 78, 82, 102, 104, 134, 147, 151, 152, 154, 155, 164, 166, 168
Sozialwirtschaftslehre 57, 58
Spezifitätsgrad 36, 42
Stakeholder Mapping 101
Standbild 105, 106
state of the art 29, 42
Steuerungseinheit 57
Storytelling 142
Sustainable Economic Development Assessment 68, 152
system of personal meaning 72, 151

T

tangibles Umfeld 112, 135
Tauschwert 48, 49
Teilhabe 25, 31, 32, 37, 38, 49, 67, 68, 73, 127, 131
Testszenarien 134, 135
Theorie der Wertkonstruktion 10, 11, 47, 48, 53, 152
Think-aloud-Methode 139, 140
Tiefenhandeln 15
Total Customer Costs 64
Total Quality Management 77
Triple Mandat 57

U

Uno-actu Prinzip 48
Usability 18, 78, 81
User-inspired Service Design 121
user-perceived value 10
User Shadowing 139
Use Value 51

V

value 10, 47, 48, 49, 51, 52, 61, 163, 168
Value Chain 47
Variabilitätsgrad 36, 43
Variabilitätsmarketing 158
Verhaltens-Landkarte 112
Verteilungsgerechtigkeit 54
Vertrauensgüter 42, 155

W

Wechselbarrieren 58, 59, 79
Weiterempfehlungsrate 36, 60
Wert 10, 15, 17, 19, 26, 27, 34, 42, 47, 48, 51, 52, 54, 55, 60, 63, 64, 65, 76, 77, 78, 79, 81, 107, 117, 127, 142, 146, 147, 149, 153, 157, 159, 161, 163, 166, 168
Wertkette 47, 50
wertkonstruierende Sozialwirtschaft 11
Wertkonstruktion 48, 52, 61, 73, 74, 166
Wertnetz 50
Wertschöpfung 26, 47, 68, 111, 126, 130, 131, 148
Wertschöpfungskonfigurationsmodelle 47
Wertshop 50
Wettbewerb 16, 63, 81, 130
Wettbewerbsposition 26
Wirtschaftlichkeit 47, 48
Wohlfahrtsökonomie 152
Wohlfahrtspflege 57
Wohlfahrtsstaat 63
Wohlstand 17, 68
Würde 35, 60, 65

Z

Zielkonflikte 57, 124, 133
Zufriedenheitsparadoxon 66, 67
Zukunftsrad 87
Zuwendungsbeziehung 23, 33, 34, 35, 36, 42, 61, 147, 149, 150, 153, 159, 163, 166, 168

Die Autorin

Astrid Herold-Majumdar, Prof. Dr. rer. medic., MScN, Dipl. Pflegewirtin FH, empfindet das Schreiben als co-kreativen Prozess *mit* der LeserIn, der Menschen über die Generationen hinweg verbindet und persönliche Entwicklung ermöglicht. Sie möchte die LeserInnen inspirieren und ermutigen, ausgetretene Pfade des Denkens und Handelns zu verlassen und ihre Potentiale zu entdecken und zu entwickeln. Sie sieht das geschriebene Wort als Ausgangspunkt für weiterführende Gedanken, die in sinnstiftende Handlungen münden können.

Am 22. August 1966 in München geboren findet die Autorin über zahlreiche Umwege wieder zurück in ihre Heimat, wo sie aktuell an der Hochschule für Angewandte Wissenschaften München als Professorin für Pflegewissenschaft mit dem Schwerpunkt Qualitätssicherung und Management lehrt. Nebenamtlich lehrt sie im europäischen Masterstudiengang Social Work and Social Economics (SOWOSEC), wobei sie auch Lehraufträge an der FH Campus Wien übernimmt. Ihr Antrieb, nach 1990 abgeschlossener Berufsausbildung als „Krankenschwester" noch zwei Studiengänge neben ihren Verpflichtun-gen als zweifache Mutter zu absolvieren, speiste sich aus dem tiefen Anlie-gen, die Rahmenbedingungen für eine an der Person orientierte, förderliche und qualitativ hochwertige Pflege zu verbessern, aus Respekt vor den NutzerInnen der pflegerischen Leistungen sowie auch vor den Pflegenden selbst und aus Liebe zu dem Beruf.

Die bedingungslose Unterstützung durch ihren, aus Indien stammenden Ehemann ermöglichte die Vereinbarung von Familie, Studium und Beruf. Sie studierte 1997 bis 2001 an der Katholischen Stiftungsfachhochschule München Pflegemanagement. Mit dem Schwerpunkt Qualitätsmanagement hospitierte sie 1999 am Institut für Statistik und Epidemiologie der TU München und in den USA am New York Presbyterian Hospital. An der Universität Halle-Wittenberg setzte sie Ihr Studium in Gesundheits- und Pflegewissenschaft fort, wo sie u.a. eine fundierte methodische Ausbildung erhielt und schließlich 2010 bei Prof. Dr. phil. habil. Johann Behrens promovierte. Im Rahmen der Promotion entwickelte und validierte sie ein Instrument zur Beurteilung der Berücksichtigung individueller Lebensqualitätsaspekte im Pflegeprozess (HLQ-Index) als Qualitätsmerkmal der Langzeitpflege.

Ihr beruflicher Hintergrund erstreckt sich von der Arbeit direkt mit pflegebedürftigen Menschen im Krankenhaus sowie in der häuslichen und stationären Altenpflege über Leitungs-, Fachreferenten- und Beratungstätigkeiten bis hin zur Tätigkeit als Gutachterin, Auditorin und Produktmanagerin im Consultingbereich. Die Pflege- und Gesundheitsbranche sowie die Altenhilfe sind ihr somit auf den unterschiedlichsten Ebenen bestens vertraut. Im Auftrag des Bayerischen Staatsministeriums für Arbeit und Sozialordnung, Familie und Frauen war Astrid Herold-Majumdar an der Entwicklung von fachwissenschaftlichen Empfehlungen, wie z. B. dem „Leitfaden zum verantwortungsvollen Umgang mit freiheitsentziehenden Maßnahmen" oder „Leitfaden Biographiearbeit" maßgeblich beteiligt.

Die Autorin

Als verantwortliche Kooperationspartnerin des Medizinischen Dienstes der Krankenversicherung in Bayern entwickelte sie mit dem Generation Research Program (GRP) der Ludwig-Maximilians-Universität München interdisziplinäre Projekte mit dem Ziel der evidenzbasierten und Person-zentrierten Versorgung von Menschen mit Langzeitpflegebedarf. Hier traf sie erstmals mit namhaften Wissenschaftlern zusammen, die sich mit Bewusstseins- und Hirnforschung sowie mit Ambient Assisted Living befassen. Weitere Schwerpunkte sind soziales Dienstleistungsmanagement mit dem Fokus auf Qualität, Marketing und Design, Organisations- und Evaluationsforschung, lebenslauforientierte, Autonomie- und freiheitsfördernde Pflege- und Versorgungskonzepte im Alter sowie Lebensqualität bei Langzeitpflegebedarf. Dabei arbeitet sie u. a. im Auftrag von Landesministerien und Instituten.

Astrid Herold-Majumdar ist in einschlägigen Fachgesellschaften engagiert, u. a. in der Bundesarbeitsgemeinschaft Sozialmanagement und Sozialwirtschaft. Die Förderung von begabten und motivierten StudentInnen ist ihr als Vertrauensdozentin der Studienstiftung des deutschen Volkes ein großes Anliegen.

Da sich die Familie von Astrid Herold-Majumdar über die Kontinente, Europa, Indien und USA verstreut, sind ihr tiefe Einblicke in die Lebens- und Denkweisen der Menschen dieser Länder vertraut. Dabei musste sie selbst ihr eigenes Menschen- und Weltbild laufend überprüfen und erweitern. Interkulturelle Kompetenz entwickelte sich dabei nicht nur als Überlebensstrategie sondern auch als Schlüssel, um den Zugang zu neuen Perspektiven auf die Welt und ihre Phänomene zu finden. Aus der tiefen Überzeugung heraus, dass die Fragestellungen, mit denen sich die Sozial-, Gesundheits- und Pflegewissenschaft beschäftigt, so komplex sind, dass nur interdisziplinär ein annäherndes Verstehen möglich ist, sucht Astrid Herold-Majumdar stets die Zusammenarbeit mit VertreterInnen verschiedener Fachrichtungen.

So vernetzt sich Astrid Herold-Majumdar weltweit über
persönliche Kontakte und digitale Netzwerke:

LinkedIn: https://www.linkedin.com/in/astrid-herold-majumdar-646725a7

Homepage (Hochschule München): http://www.sw.hm.edu/die_fakultaet/personen/professoren/herold_majumdar/index.de.html

Research Gate: www.researchgate.net

Aus der Forschungs- und Lehrtätigkeit sowie aus den schöpferischen Pausen heraus werden hoffentlich noch viele weitere Schriften entstehen, die die LeserIn inspirieren, begleiten und bei alltagspraktischen, ebenso wie bei theoretischen Fragestellungen unterstützen werden.